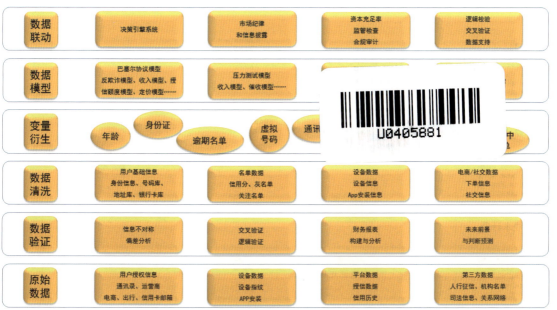

传统风控与智能风控相结合的全面数字化风控体系（第1章）

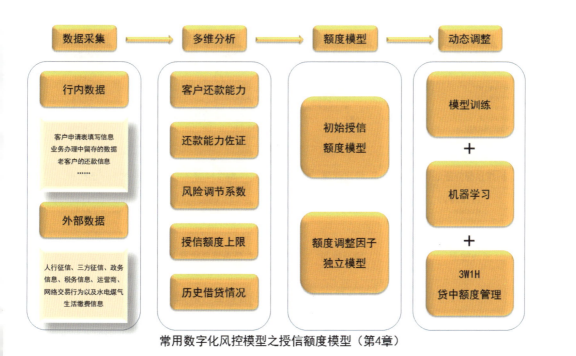

常用数字化风控模型之授信额度模型（第4章）

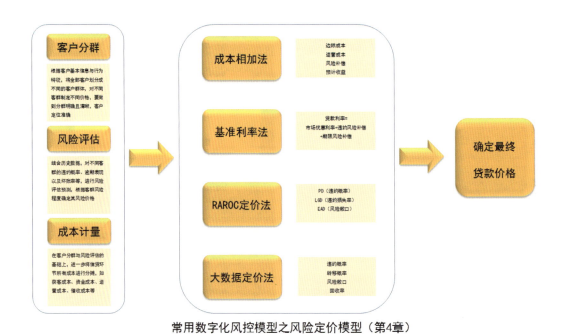

常用数字化风控模型之风险定价模型（第4章）

常用数字化风控模型之风险预警模型（第4章）

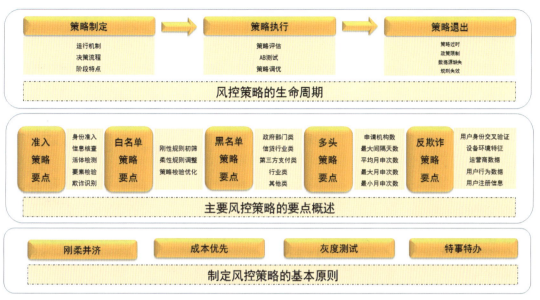

零售业务数字化风控策略的制定过程（第5章）

基于零售业务流程的数字化风控指标体系（第6章）

对公授信业务的全流程数字化模型（第10章）

基于数据治理的普惠金融数字化风控体系（第13章）

金融科技

BANK DIGITAL
RISK
CONTROL
Business and Practice

银行数字化风控
业务与实践

吴易璋 ◎著

机械工业出版社
China Machine Press

图书在版编目（CIP）数据

银行数字化风控：业务与实践/吴易璋著. —北京：机械工业出版社，2022.9（2024.9 重印）
（金融科技）
ISBN 978-7-111-71764-5

I. ①银… II. ①吴… III. ①银行业–风险管理–研究 IV. ① F830.2

中国版本图书馆 CIP 数据核字（2022）第 186320 号

银行数字化风控：业务与实践

出版发行：	机械工业出版社（北京市西城区百万庄大街 22 号　邮政编码：100037）			
责任编辑：	韩　蕊　何　洋	责任校对：	张亚楠　王　延	
印　　刷：	固安县铭成印刷有限公司	版　　次：	2024 年 9 月第 1 版第 3 次印刷	
开　　本：	170mm×230mm　1/16	印　　张：	22.5　插页：2	
书　　号：	ISBN 978-7-111-71764-5	定　　价：	99.00 元	

客服电话：（010）88361066　68326294

版权所有·侵权必究
封底无防伪标均为盗版

赞誉

这是一本实操指南，作者从场景实践入手，从体系着眼，把经验和新趋势有效融合，填补了金融领域实操书的空白，意义重大。

——江一　恒业资本管理合伙人、慧辰股份董事

吴易璋从银行数字化转型的核心需求入手，针对银行业现状，写出一本让业务人员既能读懂又能用上的数字化风控专业书。这是一部毫无保留地以当下实用的金融科技理念与数字技术，为银行人提升数字化风控技能而呕心沥血之作。

——林少　上海宇谷信息科技集团创始人

时至今日，数字化风控升级已是银行的必然选择。本书内容源自作者的工作经历，其中许多做法和感悟颇有借鉴意义，是一本帮助读者从业务角度理解银行数字化风控的著作。

——黄海珈　北京神州慧融科技有限公司 CEO

吴易璋具有丰富的银行总行信贷审批经验，通过耕耘专业咨询领域而对银行各级经营管理人员的需求感同身受，本书的观点和内容顺应时代、厚积薄发、度身定制。如同吴易璋提及数字化转型成功的标志之一——让银行人更轻松，本书架起了业务与技术之间的桥梁，一方面帮助业务人员深入理解技术，另一方面帮助技术人员更加贴近业务。

——卞垚　上海竞动科技有限公司 CEO

欣闻吴老师出书，从业务认知角度，详解银行数字化风控，阅后掩卷长思，

感慨颇多。本书堪称业务与技术之间的一条纽带，也可以说是打通了金融科技公司与银行之间的一堵墙。

——张颖　北京慧辰智信数字科技有限公司 CEO

吴易璋老师在书中指出，绿色金融给银行风控带来绿色风险新课题，银行更需要通过区块链、大数据、人工智能、联邦学习等金融科技手段，推进对公授信数字化风控建设。推荐各位从业者阅读本书。

——辛波　北京京能氢源科技有限公司　总经理

本书围绕政策要求，立足行业发展，具有理论高度，且深入场景，结合实战案例，针对难点堵点提供解法工具，对管理者、从业者、研究者以及银行服务的客户都有很好的借鉴意义。

——任妍　阿里云研究院　高级战略规划总监

本书融合作者 20 余年银行风控管理经验与银行数字化转型实践，结合对 500 余家金融机构培训中发现的现实问题，深入浅出地阐述数字化风控全流程，通过大量案例直接展示从现实问题到数字化解决方案的全过程，对银行从业者具有很强参考价值，推荐阅读。

——吴海斌　富数科技智能决策分析部　负责人、原海尔消费金融公司
　　　　副总经理、原渣打银行中国区　战略信息负责人

数字化风控既是银行数字化转型的重中之重，也是金融科技赋能银行数字化转型的直接体现。如何善用金融科技工具，培养数字化复合人才，尽速构建符合银行自身特点的数字化风控体系，提升核心竞争力，答案尽在本书中。

——汤向军　蒙商消费金融公司　总经理助理

吴老师的从业经历就是金融数字化演化历程的缩影，书中读出多年来他对数字化转型的思考与总结。本书全面系统地对零售业务和对公业务数字化风控做了梳理，涵盖数据、模型、策略与在信贷全生命周期的应用实践，深入浅出，通俗易懂。本书助力银行数字化转型，值得一读。

——马斌斌　融慧金科平台事业部　总经理

序 1

风险控制是银行永恒的业务主题。银行经营的"三性"（安全性、流动性、效益性）原则中，"安全性"排在首位，"效益性"则排在末位，因为风控能力不合格的银行是不会有盈利性可言的。即便时代背景换到了当前的数字化转型阶段依然如此，风控的重要性并不会随着技术手段的变化被弱化，反而会因为新技术带来了新风险而被进一步提升。

监管部门提出的数字化转型指导不仅建议银行注意数字化手段对风控能力的提升，还建议银行注意数字化转型本身的风险管理。对于数字金融这个大命题而言，风控能力是命题成立的基础。

吴易璋老师从业多年，经验丰富，理论与实践结合能力极强，深谙数字化风控之道，又具有多年的知识传播经验，广泛接触各类银行，对于数字化风控能力建设有独到见解。本书是吴老师多年积淀凝聚而成的，覆盖了风控原理、零售、对公、普惠等风控关键领域，能够为广大金融风控、银行数字化转型领域的从业者答疑解惑，助力大家在数字化转型之路上行稳致远。

付晓岩

《银行数字化转型》作者、极客邦副总裁

2022 年 6 月

序2

我与易璋很早相识,近日在一个聚会上有幸与他再次相遇,得知其正在写一本关于银行业数字化转型及风险控制方面的著作,很是感兴趣,遂多聊了几句,收获颇多。几天后,易璋约我,问是否可以给他的新书作序。

对于这个任务,我一开始是犹豫的,因为我觉得自己所从事的股权投资行业与银行业还是有很大区别的。但是他回复说:"风险控制也是股权投资的重要环节,风控手段正逐渐从传统方法向多元化、信息化、数字化发展。你是将风控用在投资领域,我是将风控用在银行业务,只是形式不同,实质是相通的。"对于他的这番话,我非常认同。而且我投资的一些企业也正在为银行的数字化转型提供服务,我正好可以借机进一步了解银行业数字化转型发展的情况。

其实,风险在我们的工作和生活中无处不在。风险是一种不确定性,这种不确定性影响了我们的预期。而如何预见这种影响,确定影响的大小,制定消除或削弱其所带来的后果的手段,就是我们所说的风险控制。

我认为风险有3个组成要素。首先是风险因素,也就是可能引发风险的原因;其次是风险事件,也就是风险的发生载体,只有发生风险事件,风险因素才会造成最终影响;最后是风险损失,就是风险事件发生后所产生的非预期的损失。

风险控制的主要任务是系统性地确定风险因素,跟踪及监测风险因素的变动,使得风险事件尽可能不发生,从而不会形成风险损失。当然,风险之所以称为风险,就是因为我们无法精准控制风险事件的发生,因此,风险控制中还有很重要的一部分,就是风险事件发生后能够及时地进行响应,使得风险损失最小。风险因素是所有风险的起源,风险控制首要做的就是能够通过各种方法找到风险因素并有效跟踪其变化。

风险因素会随着环境的变化而变化,而风险控制则会随着技术手段的发展而进步。在风险股权投资领域是这样,在银行业更是如此。尤其是我们已经开始从信息化时代进入数字化时代,各种风险因素的呈现方式也发生了变化。同时,信息化技术和数字化方案也使以前无法获得的风险因素数据可以轻松获取并用于风险判断。

由于特殊的地位和业务特性,银行对于新的技术普遍采取谨慎的态度。在银行业内,新科技的使用、数字化的发展始终掌握着技术成熟度与业务安全度的平衡。而通过阅读本书的内容,我们可以了解到银行业目前的数字化转型发展已经能够很好地适配其业务安全的要求。

易璋在书中提出,数字化风控是银行数字化转型的先行条件,也是银行数字化转型的重中之重。因此他对银行风控的演进、数字化风控的发展做了系统阐述,对零售业务和对公业务的数字化风控进行了详细分析,并通过理论与案例分析相结合的方式将数字化风控的核心展现在读者面前。此外,易璋用较大篇幅对普惠金融的风控进行了前瞻分析。普惠金融作为国家的一项重点金融政策,对银行业提出了新的要求,而全面的数字化技术能让普惠金融可持续发展。

我对本书印象最深的是他提出的银行数字化转型成功的标志。除了采用新的技术手段使客户办理业务更快捷、方便之外,还能解放银行从业人员,提升银行员工的幸福感,这才是真正意义上的银行数字化转型。

如果银行的数字化转型无法令内部从业人员感受到其带来的便利,那么他们就没有积极性去响应数字化转型,最终使得数字化转型效能大打折扣。希望读到这本书的银行管理层领导能够给予重视,在进行数字化转型的过程中,不但要面向业务客户去考虑决策,更要从内部考虑决策,先让内部从业人员真切感受到数字化转型带来的便利。

吴易璋是一位在银行业从业 20 余年的资深专家,在银行风险控制管理岗位工作多年,近年来致力于通过行业培训传播自己的工作经验。在本书中,他结合自己的工作经历和培训经验,总结了数字化风控的核心要素。相信本书可以给读者带来不一样的视角。

也祝愿易璋在自己的行业内越做越深!越做越精!

李东平

海银资本合伙人

前言

为什么要写这本书

很多年前，我就有写书的想法，但受限于各种原因，迟迟未能动笔。直到 2021 年 12 月 1 日，经蒙商消费金融高管汤向军老师的引荐，有幸结识机械工业出版社的杨福川老师，在二位老师的鼓励与支持下，我终于下定决心，写一本与银行数字化转型相关的书。

近年来有关银行数字化转型的著作并不少，但是总听到银行从业者慨叹，数字化转型的书读了不少，一到办理具体业务时却又不得要领，既不知道有哪些金融科技可以赋能，也不知道该怎样使用数字化技术提质、增效，最后不得不沿用传统的线下模式和做法解决现实问题。同时，也有很多银行的数字化转型看起来搞得轰轰烈烈、热热闹闹，却无法解决业务人员面临的现实问题，思之不免颇为尴尬。

举个例子，拿银行对公授信业务来说，尽职调查报告是信贷员人工完成还是机器自动导出？企业的财务报表是信贷员手工录入系统还是机器自动识别并录入系统？贷后舆情监测是信贷员上网查询负面信息还是系统自动提示预警？如果这几个问题没有解决，办理对公授信还是跟以前一样，绝大部分环节需要依赖人工，那这个银行的数字化转型效果就值得商榷了。

衡量一家银行数字化转型方向是否正确的标志是什么？我认为其实就是两点：一是有没有"让银行业更简单"；二是有没有"让银行人更轻松"。但凡能够做到这两点的银行，其数字化转型方向就是正确的。

提升客户体验是所有银行数字化转型的重要目标。很多银行却没有搞清楚客户到底是谁。银行的客户实际上有两类：一类是银行的理财、存款及贷款客户，属于行外客户；另一类是银行的各级干部员工，属于行内客户。反观一些看起来数字化转型做得不错的银行，在提升行外客户体验方面可谓不遗余力，却往往或有意或无意地忽视行内客户体验。这就造成了一个很突出的问题：很多银行每年在金融科技方面投入几十亿元甚至上百亿元，引进各种高精尖技术设备，行内员工却对数字化转型在思想上十分抵触，在行动上配合迟缓。遗憾的是，很多银行没有真正认识到行内客户体验的重要性。

如今，原有的经济秩序被打破重构，隔离经济迅猛发展，以往依托物理网点的银行业务正在加速转型线上。然而，很多银行，特别是中小银行，仍然采用传统风控手段应对线上业务风险，风控理念陈旧，风控技术落后，风控人才紧缺，对智能反欺诈与智能贷后催收等认知严重不足。在银行的零售、对公以及普惠金融等核心业务方面，不少银行的数字化风控体系远远不能适应自身发展需要。

尽快构建并完善自身的全面数字化风控体系是大多数银行，特别是中小银行的当务之急，更是银行数字化转型的重中之重，必须引起所有银行的高度重视。银行应迅速采取行之有效的落地措施，强化自身的数字化风控能力，在激烈的银行数字化转型大潮中抢占一席之地。

一个十分现实的问题是，银行业中具有科技或数理统计背景的数字化专业人才确实极度稀缺。银行缺少数字化人才，就无法提出具体的数字化风控需求，导致银行数字化转型严重滞后；银行数字化转型滞后，数字化风控能力不足，业绩增长乏力，核心竞争力欠缺，又使得银行无法吸引更多数字化人才，形成恶性循环。银行数字化风控要想获得成功，必须坚决果断地打破这种恶性循环。至于具体应该怎样去做，本书或许可以给出启示。

本书是笔者20余年银行风控经历和近7年为500余家银行培训经验的总结和沉淀，力求从银行业务实战角度出发，通过深入浅出的分析与介绍帮助读者熟悉、了解并掌握一些数字化工具和手段。希望读者能够有效借助金融科技赋能各项业务，培养数字化思维，增强数字化意识，提升数字化风控基本技能，从而适应时代发展变革的需要。

银行数字化转型是近几年银行业最火热的话题之一，绝大多数银行都在全面推进数字化转型。数字化风控则是银行数字化转型之中最为重要的一项工作。那么，银行数字化风控究竟是什么，零售业务、对公授信以及小微普惠等银行核心业务的数字化风控体系该如何构建，需要借助哪些工具，注意哪些环节，掌握什么技能，如何落地实施，等等，这些问题都会在本书中有详细讲述。

数字化转型是银行生死存亡之战。诚哉是言！

读者对象

本书适合以下读者阅读。

- 银行各级管理者、数字化转型办公室成员，以及从事零售业务、对公授信及普惠金融的相关岗位工作人员。
- 银行科技部门管理者与相关岗位工作人员。
- 希望了解银行数字化风控现状与发展趋势以及智能风控领域最新动态的读者。
- 即将进入或刚刚进入银行风控领域发展的新人。
- 研究银行风控实务与发展的专家、学者。
- 与金融科技及数字化转型专业相关的高校师生。
- 想要全面了解银行数字化风控的读者。

本书特色

近些年来，银行数字化转型相关话题持续火爆，市面上已经有很多从宏观以及银行业未来发展趋势的角度进行分析的图书，而站在银行业务角度研究数字化转型的书相对还比较稀少。

银行数字化风控是银行数字化转型过程中最为重要的一环，堪称重中之重，特别是零售业务中的智能反欺诈、对公授信的数字化做法以及数字普惠金融等内容，本身也是部分领先银行涉足不深的领域。本书旨在帮助广大银行从业者进一步提升数字化风控意识与能力，尝试为银行数字化转型细分领域填补一些空白。

本书具有以下4个特点。

第一，内容贴近银行一线实际业务，由浅入深，帮助读者了解并掌握银行数字化风控的相关知识与做法，特别适合没有科技及数理统计背景的银行业务人员阅读。

第二，深入分析银行零售、对公以及普惠金融的数字化风控体系建设与金融科技实践应用，为读者展现银行数字化风控全貌。

第三，笔者在银行风控领域深耕20余年，深知银行业在数字化风控方面的痛点与短板，可有针对性地提出解决思路。

第四，笔者从事银行业培训超过7年，已经为全国500余家银行做过互联网消费金融、零售数字化风控、对公授信数字化以及智能反欺诈等多种数字化风控主题的培训，深受好评。

如何阅读本书

本书分为4个部分。

第一部分　银行数字化风控（第1、2章），着重分析银行数字化风控的重要性、银行业发展的必然趋势以及金融科技在银行数字化风控中的应用，探讨银行如何构建全面数字化风控体系。

第二部分　零售业务数字化风控（第3～8章），从零售业务的贷前、贷中与贷后环节入手，着重介绍数字化风控策略、数字化风控模型以及数字化风控指标分析等内容，特别是智能反欺诈、智能贷后与智能催收等银行需要重点关注的内容。

第三部分　对公授信数字化风控（第9～12章），从对公业务数字化的重要性入手，介绍银行业的领先做法，涵盖全流程智能应用、数字化风险穿透识别与数字化金融事件分析等对公授信数字化风控的具体内容。

第四部分　普惠金融数字化风控（第13～16章），在分析普惠金融数字化风控难点与解决方案的基础上，探讨普惠金融破局之道，并深入阐述银行在数据管理与个人信息保护、农村数字普惠金融以及信贷资金流向监控方面的数字化风控做法。

建议初学者按本书目录顺序阅读，银行从业人员可以根据实际业务需要或者自己感兴趣的方向直接阅读第二、第三或第四部分。

勘误和支持

由于作者水平有限，且银行数字化转型工作一直在进行之中，书中难免会出现一些错漏或者意思表达不准确的地方，恳请读者批评指正。我的联系方式为：微信视频号"吴易璋"，微信号yanke1568。

致谢

首先要感谢蒙商消费金融的汤向军先生，是他一再鼓励，才让我下定决心将20余年的银行风控经验与对数字化风控的感悟总结成书，帮助更多有需要的读者。

感谢宇谷科技的林少及宇谷金融科技研究院的马斌斌、吴海斌、汤腊阳、陈炳等几位老师的大力支持，感谢我的助理王灿（铁牛）对我日常工作的大力支持，感谢上海竞动的卞垚、北京慧辰的张颖以及感易智能的辛丽娜和刘斌等老师提供的技术支持，感谢"山财硬人"群里的兄弟们对我的支持。

感谢《银行数字化转型》的作者付晓岩老师的鼓励与大力支持。

感谢机械工业出版社的杨福川老师和韩蕊老师，在我写作的过程中给予了大力支持。第一次写书经验不足，是他们不厌其烦、一次一次地提出修改建议，使本书得以顺利完稿。

感谢我的父亲和母亲，是他们赐予我生命，让我可以在世间做一点有意义的事情。

感谢我的夫人在本书写作过程中给予我无条件、全方位的支持。

最后特别感谢我的女儿。本书写作始于2021年12月，定稿于2022年6月。写作期间，多地出现疫情，女儿学校暂时停课。几个月朝夕相处，是她每天按时完成作业的认真态度鞭策着我，也促使本书比原定计划提前完成。

谨以此书献给我最亲爱的家人，以及众多的读者朋友们！

目录

赞誉
序1
序2
前言

第一部分 银行数字化风控

第1章 银行风控演进之路 002
1.1 从3个角度认识银行数字化风控 002
- 1.1.1 角度1：银行数字化风控的本质 003
- 1.1.2 角度2：银行数字化风控的范畴 003
- 1.1.3 角度3：传统风控、智能风控与数字化风控 003

1.2 银行数字化风控演进的4个阶段 011
- 1.2.1 第一个阶段：KYC与专家经验式风控 011
- 1.2.2 第二个阶段：5C与要素分析式风控 013
- 1.2.3 第三个阶段：数据库与信贷生命周期分析 015
- 1.2.4 第四个阶段：大数据与银行数字化风控 017

1.3 银行风控数字化必要性的5个方面 019
- 1.3.1 领先银行风控数字化成效显著 020

1.3.2　外部因素：监管约束　　　021
　　　1.3.3　内部因素：内生动力　　　022
　　　1.3.4　打造未来银行数字资产的关键一环　　　023
　　　1.3.5　培养银行数字化人才的有效途径　　　025
　1.4　本章小结　　　026

第2章　银行转型　风控先行　　　027
　2.1　数字化风控：银行数字化转型的重中之重　　　027
　　　2.1.1　提升数字化风控优先级的4个原因　　　028
　　　2.1.2　银行数字化精准定位的4个层级　　　029
　　　2.1.3　数字化风控要避免的4个误区　　　032
　　　2.1.4　传统风控的4块短板　　　033
　2.2　数据驱动银行数字化风控加速转型　　　035
　　　2.2.1　数据治理：银行数字化风控的根基　　　036
　　　2.2.2　金融科技：助力银行数字化风控　　　040
　　　2.2.3　破除迷信：银行数字化风控的风控　　　043
　2.3　金融科技是把"双刃剑"　　　045
　2.4　本章小结　　　051

第二部分　零售业务数字化风控

第3章　贷前、贷中数字化风控　　　054
　3.1　互联网贷款新规对传统风控的冲击　　　054
　　　3.1.1　银行核心风控为何不能外包　　　055
　　　3.1.2　提升数字化风控能力的4个因素　　　062
　　　3.1.3　数据、算法与模型赋能银行零售业务数字化风控　　　064
　3.2　银行必须具备数字化风控理念　　　067
　　　3.2.1　传统风控与数字化风控　　　067
　　　3.2.2　模型、规则与策略　　　068
　　　3.2.3　零售业务数字化风控的5个要点　　　070

　　　　3.2.4　案例：大数据风控漏洞引发10亿元骗贷大案　　　070
　3.3　数据驱动银行数字化风控　　　072
　　　　3.3.1　获取数据的3种方式　　　073
　　　　3.3.2　行内数据应用的3个要点　　　074
　　　　3.3.3　行外数据管理的6个要点　　　075
　　　　3.3.4　选取优质数据源的5个公式　　　077
　3.4　数字化评分模型的建立与应用　　　079
　　　　3.4.1　评分卡建模方法论　　　079
　　　　3.4.2　模型验证的4个指标　　　079
　　　　3.4.3　数据建模的步骤　　　081
　　　　3.4.4　自动化智能建模　　　082
　3.5　本章小结　　　088

第4章　数字化风控模型　　　089

　4.1　二代征信解析模型　　　089
　　　　4.1.1　什么是征信　　　089
　　　　4.1.2　二代征信报告解析面临的五大挑战　　　090
　　　　4.1.3　报告解析：衍生变量ABC　　　092
　4.2　授信额度模型　　　096
　　　　4.2.1　建模目标：利润最大化　　　097
　　　　4.2.2　矩阵额度模型：从一维到多维　　　099
　　　　4.2.3　模型训练与机器学习　　　100
　　　　4.2.4　3W1H：贷中额度管理　　　101
　　　　4.2.5　授信额度生命周期　　　102
　4.3　风险定价模型　　　102
　　　　4.3.1　风险定价一二三　　　103
　　　　4.3.2　利率市场化赋予银行自主定价权　　　105
　　　　4.3.3　从产品定价到客户定价　　　105
　　　　4.3.4　风险定价的3个核心思路　　　107
　　　　4.3.5　风险定价的4个方法　　　108
　4.4　风险预警模型　　　109

XVII

4.4.1	风险预警模型的构建过程	109
4.4.2	基于六大行为要素的风险预警	112
4.4.3	风险监控预警流程、模块与阈值	113
4.4.4	风险预警指标体系	116
4.5 本章小结		118

第5章 数字化风控策略   119

5.1	贷款的生命线：风控策略	119
	5.1.1 制定策略的4项基本原则	120
	5.1.2 风控策略生命周期的3个阶段	121
	5.1.3 准入策略的5个要点	127
5.2	白名单策略	130
	5.2.1 制定白名单策略的3种方法	130
	5.2.2 白名单策略的两类应用场景	131
	5.2.3 三步筛选白名单	133
5.3	黑名单策略	134
	5.3.1 内部黑名单	134
	5.3.2 外部黑名单	135
	5.3.3 常用的5类黑名单	136
5.4	多头借贷策略	138
5.5	反欺诈策略	139
5.6	本章小结	140

第6章 数字化风控指标及其分析方法   141

6.1	了解3个基础概念	141
6.2	掌握3个重要的指标分析	143
	6.2.1 账龄分析	146
	6.2.2 滚动率分析	150
	6.2.3 迁徙率分析	155
6.3	F（STQ）PD指标	157
	6.3.1 F（STQ）PD指标的含义	158

        6.3.2　FPD 的计算公式　158

        6.3.3　F（STQ）PD 的应用场景　158

  6.4　常用数字化风控指标　159

  6.5　本章小结　161

第 7 章　数字化风控的命门：智能反欺诈　162

  7.1　数字金融欺诈带来的严峻挑战　162

        7.1.1　反欺诈新动向　163

        7.1.2　揭秘欺诈"黑话"　163

  7.2　揭露黑色产业市场　166

        7.2.1　黑产欺诈银行的典型场景　167

        7.2.2　黑产攻击银行的 3 种表现形式　169

  7.3　伪造"优质客户"生产线　169

        7.3.1　银行优质客户的 5 个特征　170

        7.3.2　批量制造"真实"客户　171

        7.3.3　数据整容　172

  7.4　典型欺诈案例剖析　175

  7.5　智能反欺诈：思路、系统与技术　176

        7.5.1　策略反欺诈与技术反欺诈　176

        7.5.2　智能反欺诈的 5 个层级　177

        7.5.3　智能反欺诈之"六脉神剑"　178

  7.6　人手识别　183

        7.6.1　从人脸识别到人手识别　184

        7.6.2　生物识别技术面面观　185

        7.6.3　人手识别原理　186

        7.6.4　人手识别的三大特点　186

  7.7　本章小结　187

第 8 章　数字化贷后管理　188

  8.1　银行传统贷后催收工作　188

        8.1.1　传统贷后催收模式　189

8.1.2　传统贷后催收模式的6个痛点　　　　　　　　　190
　　　8.1.3　从传统走向数字化　　　　　　　　　　　　　193
　8.2　智能贷后催收新模式　　　　　　　　　　　　　　　194
　8.3　互联网法催：新型不良资产处置方式　　　　　　　　199
　　　8.3.1　互联网法院　　　　　　　　　　　　　　　　200
　　　8.3.2　互联网仲裁　　　　　　　　　　　　　　　　200
　　　8.3.3　网络赋强公证　　　　　　　　　　　　　　　203
　8.4　本章小结　　　　　　　　　　　　　　　　　　　　205

第三部分　对公授信数字化风控

第9章　银行数字化转型下半场：对公授信　　　　208
　9.1　对公授信局面：日趋复杂　　　　　　　　　　　　　208
　9.2　对公授信数字化：箭在弦上　　　　　　　　　　　　209
　　　9.2.1　企业形态出现根本性改变　　　　　　　　　　209
　　　9.2.2　与传统迥异的投入产出新规律　　　　　　　　210
　　　9.2.3　绿色金融提出对公风控新课题　　　　　　　　211
　　　9.2.4　金融生态圈进化增加风控难度　　　　　　　　212
　　　9.2.5　商业新模式带来风控新挑战　　　　　　　　　213
　9.3　"吐槽大会"——传统对公风控的四大痛点　　　　　214
　　　9.3.1　信贷员：难以全面收集多方信息　　　　　　　214
　　　9.3.2　审贷官：专家审贷标准不一　　　　　　　　　214
　　　9.3.3　风险经理：预警耗时、费事且不精准　　　　　215
　　　9.3.4　管理者：无法及时掌握对公业务全貌　　　　　215
　9.4　对公数字化的五大成果　　　　　　　　　　　　　　216
　9.5　案例解析：提前预警破产事件　　　　　　　　　　　217
　　　9.5.1　案件背景　　　　　　　　　　　　　　　　　218
　　　9.5.2　智能追溯破产原因　　　　　　　　　　　　　218
　　　9.5.3　智能识别风险事件　　　　　　　　　　　　　219

9.6 本章小结 220

第10章 全流程智能数字化 221
10.1 什么是全流程智能数字化 221
10.1.1 决策智能化 222
10.1.2 分析智能化 222
10.1.3 流程智能化 223
10.2 贷前调查阶段 223
10.2.1 常用智能技术 223
10.2.2 智能技术应用的典型场景 225
10.2.3 数字技术赋能贷前调查 226
10.3 贷中审查阶段 228
10.3.1 智能识别财务造假 228
10.3.2 智能识别客户欺诈 229
10.3.3 企业关联关系核查 230
10.3.4 大数据企业信用评级 232
10.3.5 智能授信合同管理 232
10.4 贷后管理阶段 233
10.4.1 智能财务风险预警 233
10.4.2 智能监控预警模型 234
10.4.3 智能舆情监控 234
10.4.4 有效掌握财产线索 234
10.4.5 黑名单管理 235
10.4.6 防止关联风险传导 235
10.5 本章小结 235

第11章 数字化风险穿透识别 236
11.1 图计算 237
11.1.1 什么是图计算 237
11.1.2 图计算的优点 238
11.1.3 图计算技术的应用场景 239

XXI

11.2 知识图谱 241
    11.2.1 什么是知识图谱 241
    11.2.2 从4个角度了解知识图谱 242
    11.2.3 知识图谱的应用场景 242
11.3 企业风险画像 244
    11.3.1 必要性分析 244
    11.3.2 企业风险画像的主要内容 245
    11.3.3 企业风险画像的应用场景 249
11.4 风险信号体系 250
    11.4.1 风险信号 250
    11.4.2 风险信号的自动识别与应用 251
    11.4.3 风险信号的主体与分类 252
    11.4.4 风险信号的层级 253
11.5 本章小结 253

第12章 数字化金融事件分析 254

12.1 事件语义学 254
    12.1.1 语义 255
    12.1.2 事件 255
    12.1.3 语义理解 255
12.2 事件图谱 256
    12.2.1 事件图谱的定义 256
    12.2.2 知识图谱与事件图谱 257
    12.2.3 事件抽取的相关概念 257
    12.2.4 事件抽取的相关技术 258
    12.2.5 事件图谱的应用场景 262
12.3 3个关键要素 263
    12.3.1 金融事件图谱 263
    12.3.2 银行应用场景 264
    12.3.3 金融风险事件集合 266
12.4 本章小结 268

第四部分 普惠金融数字化风控

第 13 章 普惠金融破局之道 270
13.1 破局的三大思路 270
13.1.1 政策破局——取势 271
13.1.2 思维破局——明道 271
13.1.3 科技破局——优术 274
13.2 普惠金融的风险诱因 275
13.2.1 过度授信遭遇经济下行 275
13.2.2 短贷长用助长盲目扩张 276
13.2.3 连环担保导致风控失效 276
13.2.4 多重因素造成生存艰难 277
13.3 普惠金融数字化风控的着眼点 277
13.3.1 发现 4 个不足之处 277
13.3.2 提出 4 个改进举措 278
13.3.3 解决 4 个棘手问题 279
13.4 数字普惠金融 280
13.4.1 数字普惠金融促进银行全面升级 281
13.4.2 银行推进数字普惠金融全面发展 282
13.4.3 银行数字普惠金融的未来 284
13.5 本章小结 285

第 14 章 银行数据管理与个人信息保护 286
14.1 银行数字化：三部重要法律 287
14.2 银行数据管理 287
14.2.1 银行数据管理的必要性 287
14.2.2 银行数据管理面临的挑战 288
14.2.3 银行数据管理的实施路径 288
14.3 自然人数据管理与应用 289
14.3.1 多头借贷 290

14.3.2	反欺诈评分	290
14.3.3	App 行为风险特征	292
14.3.4	还款能力评估	293
14.3.5	客户综合评分	293

14.4 中小企业数据管理与应用　　294
  14.4.1　中小企业风险结构　　294
  14.4.2　中小企业风险画像　　296
  14.4.3　风险画像数据来源　　296
  14.4.4　中小企业风险监控　　297

14.5 "三大纪律、八项注意"　　298
  14.5.1　"三大纪律"　　298
  14.5.2　"八项注意"　　301

14.6 本章小结　　304

第15章　农村数字普惠金融　　305

15.1 农村普惠金融的四大困境　　305
  15.1.1　金融科技普及推广难　　306
  15.1.2　金融市场供求不均衡　　307
  15.1.3　金融服务功能单一　　307
  15.1.4　贷款准入门槛高　　308

15.2 当乡村振兴遇上金融科技　　308
  15.2.1　什么是农村数字普惠金融　　309
  15.2.2　农村数字普惠金融的3种模式　　309
  15.2.3　农村普惠金融的6个不足　　310

15.3 服务"三农"心中有"数"　　311
  15.3.1　"三农"数字征信　　311
  15.3.2　"三农"数字化风控　　313
  15.3.3　"三农"数据采集　　315
  15.3.4　"三农"数据分析　　316

15.4 整村授信数字化　　317
  15.4.1　整村授信数字化破解两大难题　　317

  15.4.2 整村授信数字化实现 3 项收益 318
  15.4.3 整村授信数字化实施 5 个步骤 319
 15.5 本章小结 320

第 16 章　信贷资金流向监控 321
 16.1 传统监控无效的三大原因 321
 16.2 现金流核查的三大难点 322
 16.3 监管要求与处罚案例 324
 16.4 智能监控与预警 326
 16.5 资金流向知识图谱 330
 16.6 本章小结 333

第一部分　银行数字化风控

重塑世界经济格局的数字化进程，同样也在深刻影响银行业。

当前，全球范围内数字化变革如火如荼，美国、日本等发达经济体均已将数字经济上升为国家战略，不断加大科技投入。我国在政府、社会乃至个人生活层面也在全面推进数字化转型，党的十九大更是明确提出建设数字中国。数字经济大潮汹涌而至，银行的对公、对私客户线上化趋势愈发明显，零接触银行随之出现，银行数字化转型已成必然。

笔者在总结近年来的实际工作与培训授课经验的过程中能够深刻感受到，当前银行从业者，特别是基层业务人员，在数字经济大潮面前普遍有一种茫然的心态，不知该如何顺应时代变迁。不想被时代抛弃，唯有奋起直追。然而纵观国内银行业，复合型数字化人才极其短缺，具有IT以及理科背景的从业者更属凤毛麟角。银行亟须大量数字化人才，特别是掌握基本数字化知识，具有一定数字化意识、数字化思维及数字化理念的人才。

本书第一部分在梳理银行风控体系发展与变化的基础上，围绕构建银行数字化风控体系的重要性展开介绍。

第 1 章

银行风控演进之路

几十年以来，为顺应时代发展与客户需求，在不断发展的科技推动下，银行的风控体系一直在提升与进步，从最初的传统线下人工模式，经过《巴塞尔协议》、信贷工厂、IPC 技术⊖、台州模式等创新与实践，逐渐演进到金融科技全面赋能的数字化、智能化风控模式，在银行降本、提质、增效的同时，也让风控更加及时、有效、到位。

本章通过梳理国内银行风控体系的演进，帮助读者捋清银行风控发展的脉络，让读者了解实施数字化风控的必然性。

1.1 从 3 个角度认识银行数字化风控

银行数字化风控是一个全新的概念，在很多方面与传统风控区别很大。为了尽快熟悉数字化风控体系，我们不妨从以下 3 个角度入手。

⊖ IPC 技术是德国国际项目咨询公司为金融领域提供的一体化信贷咨询服务和解决方案。

1.1.1 角度1：银行数字化风控的本质

风控指的是风险管理者采用各种措施和方法，消灭或减少风险事件发生的可能性，或者减少风险事件造成的损失。

数字化风控涵盖所有提高风险效能的数字化因素，包括流程自动化、决策自动化、数字化监控与智能化预警等。

银行数字化风控的本质就是在数据、策略、模型、流程、组织、架构、人才以及文化等各方面联动协同，用数字化方式提升银行的风控效能，达成精准识别与计量风险，从而实现收益最大化的目标。

1.1.2 角度2：银行数字化风控的范畴

从广义上讲，银行数字化风控涵盖银行信用风险、操作风险及市场风险等三大风险类别，是一个全面风险管理体系数字化的过程。从狭义上讲，银行数字化风控主要指的是数字化信用风控体系的构建。

巴塞尔委员会将银行面临的风险分为信用风险、市场风险、操作风险、流动性风险、国家风险、声誉风险、法律风险及战略风险八大类。国内监管部门要求，在信用风险、市场风险、操作风险三类风险中，符合条件的银行应首先开发信用风险、市场风险的计量模型。就信用风险而言，现阶段应以信贷业务（包括公司风险暴露、零售风险暴露）为重点推进方向。

数字化时代，银行重塑风控体系需要通过金融科技赋能、数字技术加持以及智能算法优化，在流程自动化、决策智能化、监控数字化的基础上持续提升风险管控的能力与效率。

1.1.3 角度3：传统风控、智能风控与数字化风控

银行的风控经历了从传统风控到智能风控，再到数字化风控的进化过程。本节介绍这几种风控模式之间的关系、优势和劣势。

1. 传统风控模式

传统风控的做法更多是基于专家经验的人工审批，依赖于审贷官对材料的理解与把握，并给出最终意见。假设有两笔贷款同时审批，那么审贷官会根据经验，基于排序做出相应决策，很快得出结论——甲贷款要优于乙贷款。如果更进一步，请审贷官详细说明，甲贷款比乙贷款风险低多少，甲、乙两笔贷款的风险分别处于什么水平，审贷官就很难给出精确的回答了。这有点类似大脑在处理一些模糊信号的时候，虽然能够做出评估排序、对比排序，但是很难做到足够精确。

传统风控模式包括信贷工厂模式、IPC 技术模式、台州模式以及巴塞尔模式等，下面进行简要介绍。

（1）信贷工厂模式

信贷工厂模式是指银行在授信业务管理时，通过设计标准化的产品和流程，统一规范不同信贷产品的信贷作业过程，类似于工厂"流水线"，主要强调全流程风险管理。从前期接触客户开始，到调查、审查、审批、贷款发放、贷后维护、管理以及贷款的回收等工作，均采取流水线作业、标准化管理。

这一模式起源于新加坡淡马锡模式。淡马锡公司成立于 1974 年，是由新加坡财政部监管、以私人名义注册的一家控股公司。淡马锡公司在对中小企业授信管理的过程中，开发出了一种批量化生产中小企业融资产品的运作方式，被业界称作淡马锡模式或信贷工厂模式。

该模式解决了中小企业的融资问题，适用于批量化作业的各类信用贷款领域，从个人消费到小微企业经营均可使用，应用空间比较广阔。

信贷工厂模式的优点如下。

- 责任落实到位：在信贷工厂模式下，作业被切割成最小单元，每个参与人员都能熟练从事岗位职责内的工作，责任可以落实到个人。
- 规模效应凸显：由于个人负责的工作领域极度细分，所以工作效率大幅提升，规模化效应得以显现，从而提高了利润率。
- "四眼"交叉验证：在贷款办理过程中，客户经理、审批人员和贷后管理人员分工明确、各司其职，对于同一笔业务，可以从不同角度进行交叉验证，有效遵循四眼原则[⊖]。
- **提升工作效率**：客户信息被录入信贷系统后，自动评分、自动审批；客户经理也可以根据评分结果，筛选符合本行风险偏好的优质客户，既节省时间，又可以避免做无用功。
- **迅速抢占市场**：对于异地客户，也可以做到依靠系统自动审批处理，审批时间快，客户体验好，有利于迅速拓展客户并抢占市场。

信贷工厂模式的缺点如下。

- **资金投入多**：银行开展信贷工厂模式，前期需要投入大量成本，包括平台的搭建、客户评分模型的开发或者其他有针对性的研发。
- **人员成本高**：该模式需要的岗位较多，在实际管理上难度很高，相应的人力成本也很高。
- **风控要求严**：该模式不能做到对每位客户精细审查，对整体风险监控能力以及坏账处理的要求都比较高。

（2）IPC 技术模式

IPC 技术模式来源于德国，重视实地调查和信息验证，主要通过对客户经理调查走访、信息交叉验证等方面进行培训，提升客户经理辨别虚假信息和编制财务报表的能力，防范信用风险。IPC 技术模式的核心主要为三方面：一是考察借款人的偿债能力；二是衡量借款人的偿贷意愿；三是控制借款人公司内部操作风险。IPC 模式的创新之处在于，银行风险把控的侧重点是关注借款人的还款意愿、借款人的经营情况以及现金流，而不是根据借款人资产价值评估等因素决定其风险。

IPC 技术模式的优点如下。

- **专注业务**：银行能够专注于贷款业务本身，微贷额度较少，资金挪用的可能性较小。
- **管理精细**：客户经理对每户贷款都可以做到逐笔调查，精细化管理。

[⊖] 四眼原则源于西门子的管理制度，又称四眼管理原则，指所有重大业务决策都必须经由技术主管和商务主管共同商讨，以保证运营战略能平衡商业、技术和销售等方面的风险。在信贷领域，一般指客户经理与审查人员共同决策。

- 信息对称：客户经理从贷前决策到贷后管理全程参与，信息对称程度高。
- 风险定价：能够做到根据客户的资质进行风险定价，利润回报率较高。
- 方便快捷：贷款方式较为灵活，适合不同的企业选择。

IPC 技术模式的缺点如下。

- 人员数量多：采用单户调查和分析的方式，依赖大量人才支持，银行必须不断做好信贷人员的招聘与培训工作，充实一线队伍。
- 服务单一化：无法为客户提供全面的金融服务，市场竞争力较弱，不利于锁定客户。
- 工作效率低：逐笔操作业务，在走访客户时需要大量时间，放款周期长，跟踪效率低下，规模增速较慢。
- 道德风险高：决策过于依赖客户经理的主观判断，很容易产生道德风险。

（3）台州模式

在小微贷款、普惠金融等领域，台州作为我国小微金融发展的标杆地区，在长期发展过程中取得了重要成就，逐步形成了颇具特色的台州模式。如今在国内外金融市场的冲击下，台州模式的发展也面临着巨大的压力和挑战。

台州模式的典型代表如下。

- 泰隆银行：形成了以"三品""三表""三三制"为特色的小企业金融服务模式。
- 台州银行：探索出"三看三不看"的风控技术和"下户调查、眼见为实、自编报表、交叉检验"的信贷经验。
- 民泰银行：形成了"看品行、算实账、同商量"的风控九字诀特色做法。

台州模式面临的挑战如下。

- 个性化服务供给偏少：面向小微企业的信贷产品虽然多，但产品功能单一，具备地方性、区域性特色的小微金融服务产品创新较少。
- 技术赋能有待提升：小微金融机构亟需科技赋能，打造线上融资产品体系，提高服务效率和降低运营成本。
- 复合人才集聚不足：台州金融人才结构不合理，单一专业人才偏多，缺少跨专业复合型人才，尤其缺少对国内小微金融市场和业务熟悉的人才。

（4）巴塞尔模式

传统银行以《巴塞尔协议》为基础开展相关风控工作，可称之为巴塞尔模式。从1988年的《巴塞尔协议Ⅰ》到2001年的《巴塞尔协议Ⅱ》，直到2010年推出的《巴塞尔协议Ⅲ》，最终要求银行进一步明确资本定义，扩大风险覆盖范围并加强交易对手信用风险管理。在巴塞尔模式中，信用风险主要以违约率（Probability of Default，PD）、违约损失率（Loss Given Default，LGD）、违约风险敞口（Exposure At Default，EAD）、期限、相关性等计量方法为核心来计量。

巴塞尔模式的优点如下。

- 实现了全面风险管理。
- 涵盖信贷业务等各类风险。
- 具有可实施的风控计量体系和方法。

巴塞尔模式的缺点如下。

- 实施巴塞尔模式需要监管机构审批。
- 内部计量模型依靠银行自身数据，其局限性极易导致估计偏差。
- 对于金融创新监管没有实时更新和统一的方法。

2. 智能风控模式

从线下到线上，从互联网到移动互联网，随着时代的不断发展，银行风控体系也在不断演变。起初银行人工审核办理信贷业务，后来逐渐引入系统辅助，完成了从人工审批到自动审批的进化。随着大数据的发展，更多弱变量加入风控体系，替代了原先的单一强变量风险评估，完成了从自动化到大数据的进化。在互联网与移动互联网时代，新型欺诈手段层出不穷，人工智能技术催生大数据向智能化演变。

智能风控技术是银行在自动化、大数据、云计算、人工智能、区块链等金融科技应用的基础上，逐渐发展而来的。与传统风控相比，智能风控技术在以下方面具有鲜明特点。

智能风控的优点如下。

- 大数据平台是基础，为数据模型与风控策略提供高质量的数据保障。

- 决策引擎是媒介，为数据模型与风控策略提供高效的部署能力。
- 智能模型是大脑，将原始数据提炼为规则集，实时预测风险水平。

智能风控的缺点如下。

- 与传统业务匹配度低，业务人员难以理解和应用。
- 传统风控制度与智能风控方式仍存在一定矛盾，经验驱动的传统风控与数据驱动的智能风控难以融合。

与传统风控模式侧重专家经验不同，智能风控更多的是以量化模型和基于数据分析的策略为主，不仅能够对每个申请进行对比和排序，还能进一步说明每个申请的风险是什么水平、PD 是什么水平、LGD 是什么水平。在这个基础上，不仅能做审批，还能够进行精确的风险定价等更多工作。

具体而言，两种风控模式在以下 3 个方面有所区别，如表 1-1 所示。

表 1-1 传统风控与智能风控的区别

项目	风控模式	
	传统风控	智能风控
数据来源	企业财务信息	在传统风控数据来源的基础上增加社交信息、行为信息，以及水、电、煤、气、税等政务大数据
	人行征信数据	在传统风控数据来源的基础上增加物联网大数据
数据维度	采用强相关变量	采用弱相关变量
	维度较少	如社交数据、埋点信息等
模型类型	基于专家评分卡	基于机器学习的算法
	基于相应财务模型	基于深度学习的算法

3. 数字化风控

永远不要忘记，银行的本质是风控，无论传统模式还是智能模式，最终目的都是要做好风险管理。数字化风控堪称传统风控与智能风控的集大成者，既吸取了两种模式的优点，也最大限度地避免了两种模式的缺点。数字化时代，传统风控的短板显而易见，而智能风控从银行实际情况来看，应用领域有限且处于探索阶段。大部分银行最需要实现的是风控的标准化与数字化，其中最关键的是信用风险决策的底层逻辑及量化过程。

数字化风控的表现形式主要有以下 3 个方面。

（1）数字化风控流程

数字化流程是数字化风控的基础，贯穿信贷业务贷前、贷中、贷后等部分或全部环节。例如在贷后环节，信贷资金真实流向、客户还款记录、客户回访信息及其他风险信息，需要通过流程来获取并保存。数字化流程以优化客户体验、提高决策效率、降低操作成本为目标，其最重要的意义在于风控的标准化与稳定性。流程标准化才能产生有价值的数据。

（2）数字化风险信息

在传统模式中，银行信贷决策依据的信息包括文字和数字形式，可能是行内采集的或者外部数据源提供的，可能是原始材料或者经过加工的。这些信息首先都需要数字化，变为数字和标签，然后通过特定的数据逻辑归纳后呈现出来，用于风险决策的信息依据。为了支持应用层面的数据需求，往往需要对系统内部的数据资源进行治理。从数据治理到数据呈现，是信息由里到外进行数字化的完整过程。

（3）数字化风险决策

风险决策自动化是数字化风控的高级表现形式。目前在信用卡审批和小额消费金融领域，已经完全实现了风险决策自动化。风险决策自动化涉及数据和风险决策模型。数据涉及内部数据和外部数据的连接和管理。设计模型需要根据信贷产品的结构、流程、数据资源和客户情况，形成风险逻辑并量化。量化的风险决策模型能避免人员的主观性和道德风险。

数字化时代，土地等不动产要素的价值会不断降低，企业创造价值的方式也在发生改变，越来越多的企业不再依赖土地、厂房、设备来创造价值。银行未来客户的业务模式迥异于传统客户，如果还坚持无担保、无抵押不能放款，将面临客户大量流失、业务严重萎缩的极端不利局面，在新的经济生态系统中无法立足。因此，选择数字化风控升级，是银行的必然选择。

银行要基于传统风控模式，如信贷工厂模式、IPC 技术模式、台州模式以及巴塞尔模式的成功经验，结合最新智能风控技术，构建全面数字化风控体系，如图 1-1 所示。

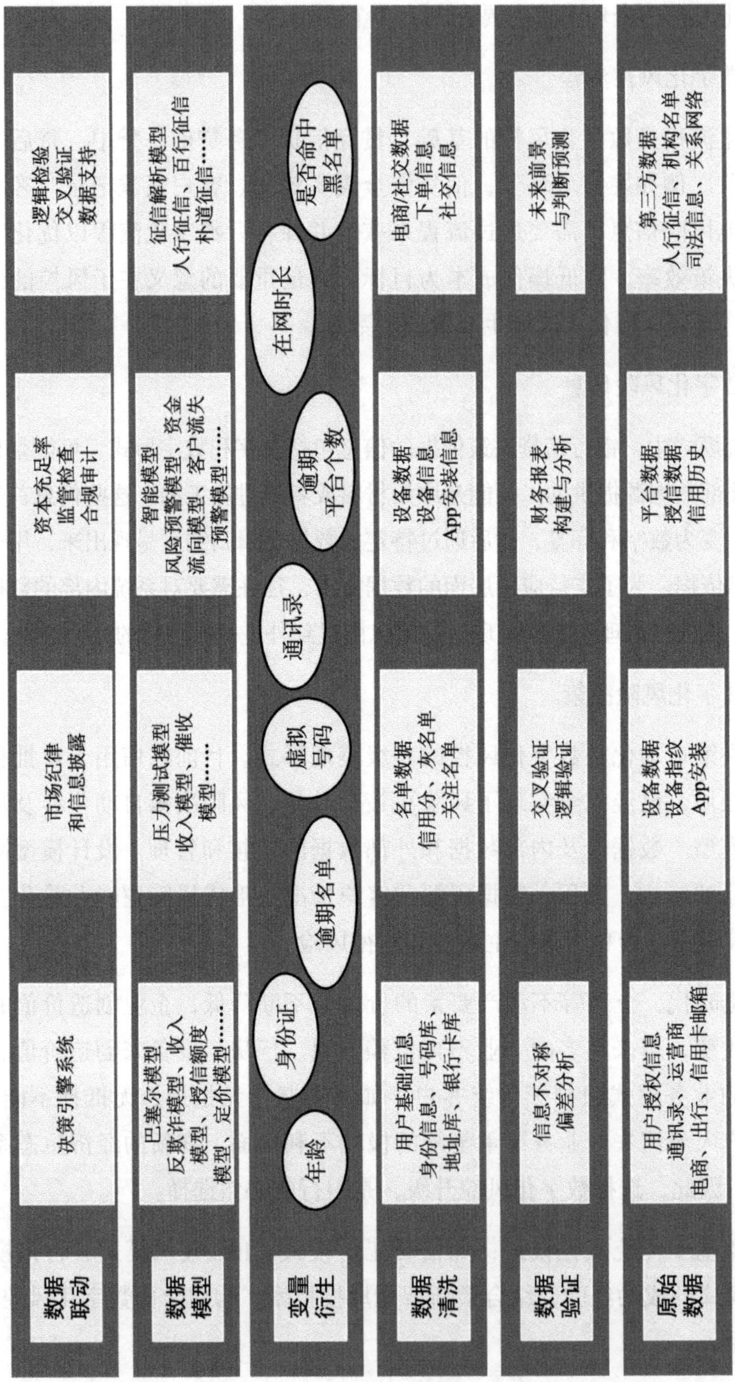

图 1-1　传统风控模式与智能风控模式相结合的全面数字化风控体系

1.2 银行数字化风控演进的 4 个阶段

银行经营的本质是对风险的承担与管理,也就是风控能力。

在一家银行的经营管理过程中,有两个因素决定其最终风险承担能力。

一是资本金管理。资本充足率高的银行具有更强的竞争力,也有能力接受高风险、高收益的项目。3 个版本的巴塞尔协议的核心内容,都是对银行核心资本充足率的具体要求。

二是风险管理水平。资本充足率决定了银行承担风险的潜力,而银行承担的风险能否带来实际收益,最终还是取决于一家银行的风控能力。

我们有必要了解银行是如何从传统风控模式,逐渐演进到数字化风控模式的。一般来讲,银行风控的演进大致经历了 4 个阶段,如图 1-2 所示。

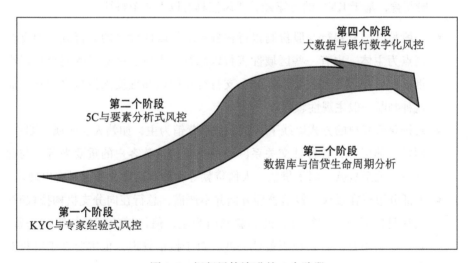

图 1-2 银行风控演进的 4 个阶段

1.2.1 第一个阶段:KYC 与专家经验式风控

在现代化银行信贷风控的第一个阶段,主要做法是以专家经验为主,辅之以早期的 KYC 规则,实施风险管理。那么,什么是 KYC 呢?银行人对此应该是十分熟悉的。

KYC（Know Your Customer，了解你的客户）也可称为投资者适当性管理体系。在《中华人民共和国反洗钱法》中，KYC被具体表述为客户身份识别。KYC是指金融机构在与客户建立业务的过程中，对客户身份进行识别和背景调查，了解客户及其交易目的、账户实际控制人与受益人的流程。

1998年12月，巴塞尔银行监管委员会在《关于防止犯罪分子利用银行系统洗钱的声明》中，明确提出金融机构在提供服务时，应当对客户信息和客户画像进行采集和识别。随后，KYC规则被各国的监管机构所接受并推行。

在信贷领域，如果银行不能清晰地识别客户身份，客户经理、审查审批人员不了解目标企业的营业范围、公司规模、经营状况、法定代表人、疑似实际控制人、股东、对外投资企业等基本状况及风险状况，那么银行是不会发放贷款的。

一般而言，基于KYC的专家经验式风控具有以下4个特征。

- 一般是以国有银行及股份制银行在各省级行政区设立的分行或当地支行网点为主体，也有一些区域性银行以总行为主体。一笔贷款能否获得审批，在风控因素上主要依据分、支行行长的认知程度来做最终判断，而这种判断一般主观性较强。
- 银行获取客户的方式以线下营销、关系营销为主，如熟人、亲属、朋友、同学、邻居等，各种社交关系网络都是银行贷款客户的重要来源。与此同时，关系贷款、面子贷款、人情贷款等种种非正常业务也时有出现。
- 大部分银行在授权、授信管理方面并不严谨，总行在向分支机构授权时，往往是以对分、支行行长的经验判断为主，信得过的行长权限高一些，觉得能力不足的行长权限就低一些。对于授信管理，也主要基于行长对客户的主观印象。
- 此阶段的风险管理是最为原始也最为薄弱的，还谈不上技术、风控。负责任的分、支行行长，大多数会要求客户提供担保物或抵押品，对于第一还款来源、现金流分析等其他因素并不看重。同时，整个信贷流程冗长而缓慢，做一笔贷款花上大半年时间是常有的事。

这一阶段的银行风控主要依靠专家经验，并不严谨，也不科学。

1.2.2 第二个阶段：5C 与要素分析式风控

在现代化银行信贷风控的第二个阶段，主要做法是在专家经验的基础上，提炼关键要素，并在授信过程中逐一分析。相较第一个阶段，银行风控技术含量有了大幅提升，业界一般称之为 C 要素分析法，是西方经济学家就企业客户信用要素分析归纳、提炼、总结的重要风控技术。从最初的 3C 分析法到普遍运用的 5C 分析法，C 要素分析法在不断增加分析要素的过程中，逐渐趋于成熟稳定。

1. 3C 分析法

衡量企业的信用要素，最早出现的是 3C 分析法。3C 分别指品德（Character）、能力（Capacity）和资本（Capital），能够体现客户最基本的品质，是企业信用分析的基础要素。因为这 3 个要素的英文单词开头字母均为 C，所以称为 3C 分析法，主要含义如下。

- 品德：侧重于了解企业过往的信用记录。
- 能力：侧重于考察企业的还款能力。
- 资本：侧重于探求企业的"家底"，分析其资本实力。

2. 4C 分析法

4C 分析法，在 3C 分析法的基础上，增加了担保品（Collateral）要素。担保品要素是指客户在拒付款项或无力支付款项时，可以被用作抵押的资产。一旦不能如期收到欠款，银行就会处置抵押物。是否增加担保，对于首次贷款或信用状况存有疑点的客户非常重要。一家银行的风控能力，在一定程度上可以从其对担保品要素的分析及运用上看出来，特别是信贷退出机制。当然，银行在分析担保品的时候，也需要避免"抵押物崇拜"⊖的认识误区。

3. 5C 分析法

5C 分析法，在 4C 分析法的基础上，增加了环境状况（Condition）要素。环境状况是指可能对中小企业客户的履约偿付能力产生影响的所有因素，包括政

⊖ 抵押物崇拜指银行在风控方面完全依赖于抵押物。

治的、经济的、文化的因素，以及客户所从事的行业、所处的经济发展区域和地理位置、经营软环境等。环境状况要素是由外部引起中小企业履约偿付能力变化的因素，是中小企业自身无法控制的。

4. 其他要素分析法

在要素分析方面，业内常见的还有 3F 分析法、5P 分析法以及 10M 分析法等，都是通过定性与定量相结合的分析方法，剖析企业客户的信用风险。

（1）3F 分析法

美国罗伯特·莫里斯协会将 5C 分析法归纳、提炼、概括为 3F 分析法。其中，品德和能力要素合并为个人要素（Personal Factor），资本和担保品合并为财务要素（Financial Factor），环境状况要素则改为经济要素（Economy Factor）。

（2）5P 分析法

5P 分析法立足于信贷实践的需要，主张实用性和完整性，具有鲜明特色。例如，在分析贷款资金用途时，更加凸显从银行角度分析信贷资金的流向和安全性，也顺应了监管部门的要求。5P 分析法的主要内容如下。

- 个人要素（Personal Factor）：注重人的分析，关注企业实际控制人。
- 资金用途要素（Purpose Factor）：评估企业贷款客户的资金用途。
- 还款来源要素（Payment Factor）：重点考察企业的还款意愿。
- 债权保障要素（Protection Factor）：重点关注授信合约的限制条件，以及担保品的种类、性质、价值及变现性等内容。
- 企业前景要素（Perspective Factor）：重点研究宏观经济周期规律与银行信贷的关系，分析企业生命周期规律，预判企业破产的概率。

（3）10M 分析法

10M 分析法力求多维度、全方位、系统化分析企业客户的信用状况，主要内容如下。

- 人力（Man）：经营者的品质、能力、经验、作风和技术水平。
- 财力（Money）：从财务角度分析客户资本结构，包括资金的流动性、安全性和收益性，并辅助考察资金长期、短期筹集和运用的计划情况。
- 机器设备能力（Machinery）：重点了解企业的机器设备配备、规格、出厂日期、价值、折旧、产能等信息。
- 销售能力（Market）：分析授信客户销售能力对其收益能力的影响程度。
- 管理能力（Management）：分析客户高管层的领导能力、组织能力、协调能力和计划执行能力。
- 原材料供应能力（Material）：分析客户的原材料品质、价格、成本、存量等因素对其经营造成的影响。
- 计划能力（Making Plan）：从客户有无制定长期、短期经营活动的方针，制定的方针是否适合其经营和发展等方面进行分析。
- 制造能力（Manufacturing）：从客户的人力、财力、机器设备能力、原材料购买能力等多方面分析其制造能力。
- 方法（Method）：透过生产、经营、技术等角度分析客户持续发展的能力。
- 获利能力（Margin）：回归信贷经营的本质。

1.2.3 第三个阶段：数据库与信贷生命周期分析

随着数据库的出现，现代化银行信贷风控进入了第三个阶段，银行更加看重对客户信贷生命周期的分析。在信贷业务中，常见的贷款流程为申请→审批→签约→放款→贷后管理→催收回收→资产处置，也就是人们常说的，信贷生命周期管理。随着数据库的发展及其在银行的广泛应用，信贷生命周期管理得以实现。

数据库是按照数据结构来组织、存储和管理数据的仓库。随着信息技术和市场的发展，特别是 20 世纪 90 年代以后，数据管理不再仅仅是存储和管理数据，而转变成用户所需要的各种数据管理的方式。在信息化时代，充分有效地管理和利用各类信息资源，是进行科学研究和决策管理的前提。数据库技术是管理信息系统、办公自动化系统、决策支持系统等各类信息系统的核心部分，是进行科学研究和决策管理的重要技术手段。

随着银行信息化建设进程的加快，数据库在银行风控中发挥了独特作用，特别是在信用周期（Credit Cycle）的风险管理方面。此时，风控跟营销、业务以及盈利形成共同体，更加强调银行资产之间的互补性与协调性。客户一旦逾期不还，要做相应的贷后处置，泛称资产管理。为了能够明确获悉此笔业务的最终盈亏状况，银行需要针对每一个客户建立数据库，从各个维度进行分析。

1. 产品设计

结合数据库及信用周期分析，产品设计主要包括以下内容。

- 确定目标市场。
- 进行产品调研和市场调研。
- 分析产品利润结构。
- 评估损失率。
- 制定产品调整和复盘规范。
- 制定产品启用、还款、逾期的处理方法。

2. 营销配置

营销配置主要包括以下内容。

- 渠道配置，包括在线、网点、门店、委外。
- 制定营销管理规则。
- 制定营销激励办法。
- 设计营销及获客流程。

3. 风控政策审批

风控政策审批主要包括以下内容。

- 制定授信规则。
- 制定授信流程。
- 制定审批授权办法。
- 制定违例审批办法。
- 制定政策执行细则。
- 编制风控报表。
- 制定政策调整。

4. 贷中管理与客户维护

贷中管理与客户维护主要包括以下内容。

- 获取客户还款记录数据。
- 对客户进行电话回访。
- 预防优质客户流失。
- 对客户分层分类维护。

5. 贷后/资产管理

贷后/资产管理主要包括以下内容。

- 催收部署，包括发短信催收、电话催收、上门催收、法务催收、委外催收。
- 不良资产综合管理，包括不良贷款、毛损失、净损失、不良回收。

6. 盈亏分析

盈亏分析主要包括以下内容。

- 获利（或损失）分析。
- 有利因素分析。
- 不利因素分析。
- 制定解决方案。
- 进行全流程检讨。

1.2.4 第四个阶段：大数据与银行数字化风控

近年来，以大数据、云计算和人工智能等技术为代表的金融科技，正在改变和重塑传统银行的业务流程、经营模式乃至风险理念，推动银行向数字化、智能化的银行 4.0 时代迈进。大数据作为云计算和人工智能的重要技术基础，经过多年发展，已取得瞩目成效，特别是在金融领域的作用更加明显。

2021 年，《中华人民共和国数据安全法》《中华人民共和国个人信息保护法》先后落地实施，再加上 2017 年施行的《中华人民共和国网络安全法》，国家在法律层面严格规范了数据使用与对个人隐私的保护。近几年，确实也有相当一部分大数据公司或金融科技公司因涉嫌违法相继被查，引发行业风波，客户隐私保护等敏感问题再次受到公众热议。随着整肃深入，行业风波已经波及助贷业务，并向信用卡共债风险蔓延，部分中小银行也暂停了风控相关的大数据合作业务。在大数据应用上，银行必须坚守合法合规的安全底线。

大数据的广泛使用推动银行走上数字化转型之路。大数据风控技术则帮助银行在构建数字化风控体系方面取得了极大进展。下面介绍大数据技术在贷前、贷中及贷后的全流程应用分析中带给银行的 3 个方面重要改善。

1. 贷前：有效解决信息不对称问题

应用大数据技术，让银行有能力服务更多的小微企业，让普惠金融成为可能。服务小微客户，实现普惠金融，从政府到监管部门，再到银行层面，已经说了很多年，但实际效果非常不理想。最关键的原因就是传统风控模式无法解决信息不对称的难题，导致银行不愿做、不敢做。具体来看，可以归结为以下 3 个原因。

（1）收益低下

与传统对公贷款相比，小微贷款具有单笔金额低、借贷频率高、用款要求急的特点。同时，业内普遍认为，小微贷款存在"三高"现象，即风险成本高、运营成本高、获客成本高。在传统风控模式下，银行在小微贷款上的收益非常低。

（2）风险极大

绝大多数小微企业成立时间短，抵御风险能力弱，受经济波动影响大，存在极大的不确定性。同时，由于缺乏长期经营数据，也没有合适的担保，对于银行而言，信息不对称、不透明，按照传统风控做法，难以有效识别风险。

（3）定价困难

传统银行很难做大小微企业贷款，也难以实现真正的普惠。高风险高收益，低风险低收益，是风控定价要优先考虑的因素。然而，与个人业务相比，小微贷款客户对价格的敏感度却非常高，也导致银行不愿过深介入小微企业贷款。

大数据与智能风控的出现，首先解决了信息不对称的难题；其次，银行可以凭借金融科技的手段，全方位、多角度了解企业整体情况，根据企业画像进行分层分类管理，大幅降低企业尽职调查成本，提高边际收益；最后，银行还可以对企业进行更多的风险识别和评估，大幅提升风控精准度。

2. 贷中：大幅提升模型精准度

随着人工智能的广泛应用，在相同数据基础的情况下，分别用传统方式和机器学习算法构建模型，在性能方面可以提升 20%~30%。例如在某项目中，基于相同的数据源，分析人员分别用传统算法与机器学习算法，得到两个不同版本的模型。经过性能对比可知，传统算法模型的 KS 值为 0.31；机器学习算法模型的 KS 值可以达到 0.37，提升幅度非常大。无论我们开发什么模型，有了机器学习、深度学习等人工智能技术的参与，性能提升都十分明显。

3. 贷后：明显提高逾期催回率

在传统风控模式中，贷后管理与催收主要依靠人工完成，辅之以客服系统，不仅工作效率低、催回率不高，客户体验也很差。建设数字化风控体系，引入互动式语音应答（Interactive Voice Response，IVR）系统、文字机器人、外呼机器人，制定机器人催收策略，对传统贷后管理模式进行数字化智能改造，能够发现，智能催收可以大幅降低催收成本。某行实际数据显示，催收成本可以降低 1/3 左右，同时催回率得到大幅提升。

在 M1 阶段（逾期 1-30 日），智能催收可以替代 90% 以上的人工作业。智能催收相对人工催收来说，产能是无限的，产能不够时，只需要增加线路，不像人工催收短缺时，银行还要进行招聘、培训、考核之类的烦琐工作。

1.3 银行风控数字化必要性的 5 个方面

本节从 5 个方面入手，介绍银行建立数字化风控体系的必要性。

1.3.1 领先银行风控数字化成效显著

麦肯锡调研报告表明,数字化风控可以显著提高风险管理的效率与效能,使风险活动运营成本降低20%～30%。对于大多数全球银行、跨地区银行和区域性银行来说,风险管理蕴藏着诸多良机,做好风控,机会更多。银行传统风险流程不仅占用大量资源,而且效果不佳,数字化风控建设领先的银行,已取得显著成效。

1. 推动银行数字化转型

数字化风控体系的基础是基于人工智能、微服务等先进技术,建立数字化风控平台,实现业务流程自动化及风险控制智能化。银行数字化风控平台是金融科技赋能银行的重要体现,在推动银行整体数字化转型、产品研发规范化以及经营数字化等方面,均具有重大而深远的意义。

2. 有效防控金融风险

数字化风控平台基于人工智能风控模型,能够做到持续监测多维度、多场景的风险指标,在风险防控上先人一步。近年来,黑天鹅、灰犀牛事件[1]层出不穷,市场"暴雷"不断,而领先银行由于数字化风控平台的及时预警,能够做到避免"触雷",新发放的贷款逾期率均保持低位,有效防范重大企业信用风险与授信政策违规事件,降低银行业系统风险,助力社会金融保持稳定。

3. 支持实体经济发展

鉴于数字化风控平台对风险的强化控制和对重大企业风险的有效识别,银行信贷资源配置得以进一步优化,可以将更多资源投入顺应国家经济结构转型和产业政策发展的方向,为先进制造业、战略性新兴产业、现代服务业和文化产业等提供更多的资金支持。信贷支持经济实体,促进实体经济与金融发展的协调发展。

---

[1] 黑天鹅事件指极其罕见、出乎人们意料的风险;灰犀牛事件指太过于常见以至于人们习以为常、容易忽视的风险。

1.3.2 外部因素：监管约束

银行数字化风控转型的外部因素源自不断强化的监管约束，主要体现在以下 4 个方面。

1. 法律法规持续完善

《中华人民共和国民法典》《中国人民银行金融消费者权益保护实施办法》《最高人民法院关于审理银行卡民事纠纷案件若干问题的规定》《中华人民共和国数据安全法》《中华人民共和国个人信息保护法》《中华人民共和国反电信网络诈骗法》等重要法律法规的陆续出台，对银行适应政策环境变化，加强数据安全管理、个人信息保护及消费者权益保护等方面，均提出了更高要求。

2. 监管政策不断趋严

2016 年，中国银行业监督管理委员会（简称银监会）发布《银行业金融机构全面风险管理指引》，提出银行业金融机构应当建立全面风险管理体系。近年来，中国人民银行、中国银行保险监督管理委员会（简称银保监会）联合发布《系统重要性银行评估办法》，起草《系统重要性银行附加监管规定（试行）》。为强化金融机构危机意识和危机应对能力，银保监会制定了《银行保险机构恢复和处置计划实施暂行办法》。为防范系统性风险、维护金融安全和稳定，监管部门越来越强调宏观审慎管理与微观审慎监管的结合，注重综合化管理以及风险之间的传染和影响已经成为共识，对金融机构全面风险管理能力的要求进一步提升。

2020 年以来，中华人民共和国财政部、中国人民银行、银保监会出台了一系列强有力的措施，出台相关政策 70 余条，内容重点围绕提升金融服务、防范风险等方面。

3. 市场环境深刻变化

随着市场竞争不断加剧，不少银行业务增速放缓，盈利空间持续压缩。曾经高速发展的银行业已步入调整转型的关键期，精细化风控和数字化运营能力成为银行的核心竞争力。市场环境已经发生深刻变化，诸如消费者信息保护不充分、信用审核不审慎、信贷资金用途监测不到位等风险隐患，在不断积聚或暴露；个人对数据保护的日益重视、民众的心理变化以及媒体矩阵的复杂化，使得银行需要精准把握民众的心理，准确研判风险的变化趋势，有效甄别信息情报的关键信息。

4. 处罚力度不断加大

在强监管周期，监管机构对银行业的处罚力度不断加大。笔者简单统计了2019—2021年的银行业处罚金额，2019年处罚金额为10.54亿元，2020年处罚金额为14.88亿元，2021年处罚金额为20.51亿元。讨论监管罚单金额并没有什么实际意义，我们需要知道的是，银行在哪些方面更容易发生违法违规行为。分析近年来各类银行业监管罚单发现，有两个领域最容易出问题，一是信贷管理，二是反洗钱，均属于银行风控范畴。因此，银行必须完善数字化风控体系，否则犯过的错误难免还会再犯。

1.3.3 内部因素：内生动力

数字化时代，全面数字化转型是当前银行业生存与发展的必然选择。同时，金融科技也不再是外在冲击，而是银行主动适应数字经济、实现全面转型的内生动力。银行的发展在一定程度上需要国家政策倾斜、地方政府支持，更为关键的是，银行必须强化自身"内生动力"，要从顶层设计、体制机制、战略规划等方面入手，自上而下、由内向外，全面实施数字化变革。

据《中小银行金融科技发展研究报告（2021）》调研显示，与2020年相比，2021年中小银行在运用金融科技推进数字化转型方面取得了显著进步，具体表现在以下方面。

- 金融科技战略认知明显提高。
- 科技投入显著增加。
- 研发和技术支撑有较大改善。
- 数据治理超越起步阶段。
- 金融科技应用开始赋能业务和管理流程。

当前，对中小银行来讲，普遍面临双重压力：一方面是确定性的政策导向，要求中小银行回归本源、服务本地经济，过去几年形成的外部风控依赖，导致很多银行自主风控能力退化；另一方面是不确定性的竞争局面，面对大行下沉以及互联网金融挤压生存空间，中小银行自身没有完善的数字化风控体系，在激烈的竞争中毫无还手之力。

数字化迭代升级趋势已成为银行业的普遍共识，在构建适应数字经济、全面转型的内生动力方面，更多的还是需要银行找准自身定位，不断强化内生动力。

1.3.4　打造未来银行数字资产的关键一环

目前学术界一直未能给数字资产以明确的定义，还出现了越来越多与之类似的概念，比如数字财产、数字财富、数字产品、数字资源、虚拟资产等。数字资产是指企业拥有或控制的，以电子数据的形式存在的，在日常活动中持有以备出售或处在生产过程中的非货币性资产。伴随着信息科学技术的飞速发展，尤其是区块链及其技术的应用和拓展，该定义已不能满足现实世界的实际情况。

经营和管理数字资产是银行当前面临的一项重要课题。不过，数字经济本身发展时间不长，基本理论体系尚不完善，银行的数字资产运营与管理也还处于初级探索阶段。银行在构建数字化风控体系的过程中，要有意识地将各类业务办理过程中留存的数据，如企业经营信息、个人行为信息以及交易转账记录等，加以妥善保存和应用，为未来银行管理数字资产夯实数据基础。

那么，到底什么是数字资产？它有哪些特征呢？不妨从以下4个方面来看。

1. 处于虚拟环境之中

从字面上看，数字资产首先是数字，而且是存在于网络虚拟环境之中的，是肉眼无法看到的；其次，它是一种资产，由某一经济实体拥有或控制，能够带来经济利益。我们可以这样认为，数字资产是一种处于虚拟环境之中、可以为企业带来经济利益的无形资产。数字资产在互联网上以比特结构登记、存储，这意味着资产存在于现实空间的同时，也在互联网上有相应记录。例如，网上银行账户，就是以电子形态记录个人资产。

2. 源于具体行为或权利

数字资产源于各种经济主体的各种行为或权利。

- 企业的交易活动或电子支付。
- 自然人的交易活动或电子支付。
- 知识产权、专利权、商标权、软件著作权等的交易。

3. 以电子数据的形式表现

数字资产的表现形式包括电子数据、日常经济活动中用于出售或生产经营活动的非货币性资产。

- 域名。
- 账号及周边。
- 数字货币。
- 数字金融资产。
- 实物资产的数字化登记大数据。
- 数字化的知识产权。
- 虚拟积分。
- 电影门票、游戏装备。
- 付费音乐、付费课件。

4. 可以用来交易

数字资产既有使用价值，也有交易价值，是一种可以用来交易的资产。当进行市场交易时，数字资产即可体现它的交易价值，此时，它是一种交易商品。而在企业内部使用时，数字资产属于一般资产，具有使用价值。资产一旦以数字化的形式存在，便具备了数字的流动性。数字资产的交易不再局限于现实世界，而是可以在互联网上自由传递和流通，从而大大提高了价值的流转速度。例如，在电商网站购物时，人们的银行账户自动扣款，并不需要线下通过纸质货币交易。

银行的数字资产是其经营过程中产生的数字信息，是一种可以用来做决策、实现经营目标的资源，属于数字资产的初级运用状态。

目前银行拥有的数字资产主要有以下几类。

- 银行核心系统数据及其衍生的各类数据。
- 客户在支付结算时形成的数据。
- 银行宣传推广过程中产生的数据。
- 对公和对私客户的基本信息。
- 客户的历史交易信息。
- RPA（Robotic Process Automation，机器人流程自动化）数字员工。
- 信用卡积分。
- 付费金融知识培训。

银行在数字化风控过程中获得的数字资产主要有以下几类。

- 办理贷款过程中，对公客户的全方位信息。
- 企业供应链上的经营信息。
- 与企业相关的管理信息。
- 个人贷款客户的资信状况。
- 个人客户的信息。

1.3.5　培养银行数字化人才的有效途径

银行数字化转型成败的关键，在于是否有足够多的复合型数字化专业人才。人才的获取方式不外乎外部聘用和内部培养。纵观整个银行业，目前处于数字化人才极其短缺的状态。外部聘用到合适人才的机会，虽然不能说没有，但是概率极低。因此，从内部发现人才、培养人才，成为大多数银行的必然选择。

首先了解一下银行在数字化人才培养方面的3个痛点。

- 相较于互联网金融企业，传统银行的科技人才占比较低，现有的科技人才远远达不到银行数字化转型的要求，难以将现实的金融科技需求落地，更遑论要求更高的数字化人才。
- 银行缺乏既懂科技又懂业务的复合型人才。曾经有一些银行尝试将科技人员转至业务部门实习半年或一年，以熟悉业务，但由于科技人才本身数量有限而无奈作罢。
- 从高管到基层员工，都需要具备基本的数字化思维和数字化意识。从目前各行现状来看差异比较大，需要在体制机制上加以创新，激励更多员工成为复合型人才。

银行数字化风控是培养数字化人才的有效途径。下面介绍在解决银行上述痛点问题方面，银行数字化风控起到的作用。

目前银行业在零售业务方面的数字化转型已经进行了至少十年，很多银行在此过程中先后建立了数字化风控、营销与运营体系。而培养银行数字化人才的有效途径，可以考虑从银行数字化风控方面来挖掘。

银行现在所做的数字化营销、数字化产品以及数字化运营，都需要建立相应的数据模型。实际上，数据模型引入银行体系，最早是在零售业务，且主要为零售数字化风控服务。从这个角度来讲，如果计划在内部挖掘、培养数字化人才，可以在建立银行数字化风控体系的过程中，让更多的人才参与其中，边学边做，在建成银行数字化风控体系的同时，就可以培养出很多数字化人才，而这些具备基本数字化技能的人才，很容易转化为银行在营销、产品、运营等方面进行数字化转型的得力干将。因此，银行数字化风控可以作为银行数字化人才的"蓄水池"，为银行源源不断地提供高素质复合型数字化人才。

1.4 本章小结

数字化风控是银行全面推进数字化转型过程中最为重要的一项工作，必须给予足够的重视。本章从3个角度切入，介绍了银行从传统风控到数字化风控的4个阶段，并从5个方面进一步探索了银行数字化风控的必要性。

第 2 章

银行转型　风控先行

新冠疫情使得原有经济秩序被打破，隔离经济迅猛发展。以往依托物理网点的银行业务，比如贷款业务，正在加速转型线上。然而，很多银行，特别是中小银行，仍然采用传统的风控手段应对线上业务风险。特别是银行在数字化转型的过程中，将更多的资源投向开放银行、供应链金融，以及一些新场景、新产品，对数字化风控的投入和重视程度却严重不足。

本章主要围绕银行数字化风控的重要性这个主题展开讨论。

2.1　数字化风控：银行数字化转型的重中之重

很多银行风控理念陈旧，风控技术滞后，风控人才紧缺，特别是在对公授信数字化风控、线上业务智能反欺诈、智能贷后催收管理以及小微普惠数字化等方面，认知匮乏，严重制约业务发展。在激烈的市场竞争中，如果错失数字化发展的机遇，一些实力本就不强的区域性银行可能会一蹶不振。尽快构建并完善数字化风控体系，是大多数银行，特别是中小银行的当务之急，更是银行数字化转型的重中之重，必须引起所有银行的高度重视，迅速采取行之有效的措施，强化数字化风控能力，在激烈的银行数字化转型大潮中抢占一席之地。

2.1.1 提升数字化风控优先级的 4 个原因

银行转型，风控先行。这本应是银行的基本共识，然而现实中有相当一部分银行，或有意、或无意，忽视了风控体系的重要性。各家银行制定的数字化发展战略，一般都会将金融科技作为核心竞争力，在获客、营销、产品及运营等领域投入大量资金和资源。与此形成鲜明对比的是，对中后台的管理，特别是在风控领域上的投入却相对滞后。

由此可见，银行，特别是中小银行，数字化风控优先级必须进一步提升，具体有以下 4 个原因，如图 2-1 所示。

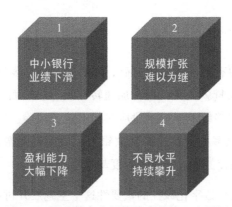

图 2-1 提升数字化风控优先级的 4 个原因

1. 中小银行业绩下滑

受宏观经济周期性波动、国际经贸形势变化、监管趋于严厉以及异业竞争等多重因素叠加影响，银行业受到剧烈冲击。公开数据显示，2010—2020 年，除了少部分具备核心竞争力的头部银行外，广大中小银行业绩呈整体下滑趋势，部分衡量指标低于行业均值。相当一部分中小银行的不良率大幅增长，某些行业及地区的资产质量持续恶化，且难以得到有效遏制。

2. 规模扩张难以为继

受利率市场化改革不断深化的影响，银行信用扩张模式正在发生转变，亟待摆脱诸如城投、地产等路径依赖，部分地区出现结构性资产荒。强监管成为新常态，银行依赖同业业务实现规模扩张的模式不可持续，资产缩表压力巨大。过去十年，中小银行整体资产规模增速大幅下降，已经从超过 20% 下降到不足 10%。资产规模增速超过 30% 的银行曾经比比皆是，如今却风光不再。

3. 盈利能力大幅下降

公开数据显示，截至 2020 年年底，6 家国有银行的 ROE（Return On Equity，净资产收益率）同比全部出现下降，10 家上市股份制银行的 ROE 也全部下降；99 家城商行中，仅有 25 家的 ROE 超过 10%，且大部分出现同比下降的趋势；404 家农商行中，仅有 143 家的 ROE 在 10% 以上，同比实现增长的不足一半。以上数据清楚地表明，部分中小银行难以摆脱对传统盈利模式的依赖，盈利能力较为落后的银行仍占绝大多数。

4. 不良水平持续攀升

2020 年年底，虽然大多数地区不良贷款率有所下降，但从局部来看，不少地区的中小银行资产质量仍不容乐观。以西部某省为例，截至 2020 年年底，该省银行业金融机构不良贷款金额为 1493.51 亿元，不良贷款率为 6.74%。其中，大型商业银行、股份制银行和城商行的不良贷款率分别为 1.82%、2.6% 和 2%。这意味着，包括农商行、农信社这类金融机构的不良率已经超 6.74%。三类银行不良率分化加剧的主要原因在于，部分银行选择的商业模式不恰当，且风控能力建设严重滞后。

为更好地应对数字经济发展对银行的影响，切实把握金融科技带来的改革转型契机，真正享受数字化转型带来的发展效益，基础就是提升银行数字化风控的优先级！

2.1.2 银行数字化精准定位的 4 个层级

当前，在数字化转型浪潮中，国有银行和头部股份制银行处于引领地位；

近年来出现的民营银行则后来居上，普遍采用互联网技术服务普惠金融，具有天生数字化的优势；大部分城商行、农商行以及外资银行发展相对滞后，处于赶超阶段。

银行的本质是风控。传统银行，传统风控；数字银行，数字风控；智慧银行，智慧风控。其中，智慧风控是银行数字化转型发展进程中，在数字化风控体系方面的更高目标。若想实现与自身实际相符的数字化风控目标，银行首先要做好定位，即精准定位自身的数字化层级。

国内银行的数字化层级可大致划分为以下 4 个层级，如图 2-2 所示。

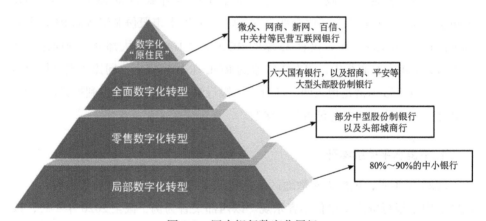

图 2-2 国内银行数字化层级

1. 数字化"原住民"

第一层数字化"原住民"以微众、网商、新网、百信、中关村等 19 家民营互联网银行为代表，具有先天数字化属性，不仅有大型互联网公司给予数据方面的大力支持，银行员工也自带互联网基因，基本每家银行至少有 70% 的员工具有 IT 背景。互联网银行没有线下物理网点，依靠技术驱动，实现与主流金融机构的错位竞争。

2. 全面数字化转型

第二层全面数字化转型包括六大国有银行，以及招商、民生、浦发、平安等大型头部股份制银行，数字化战略先进，经济实力雄厚，金融科技领先，数字化目标十分清晰，数字化应用维度广泛且推进力度大，社会影响力强。各大银行纷纷开启全面数字化转型探索。例如，工行运用知识图谱与机器学习技术，已经建立起覆盖"全客户、全业务、全机构、全人员"的风险监控天网体系。

3. 零售数字化转型

这一层的代表是部分中型股份制银行以及头部城商行，它们纷纷在零售业务方向发力，主要聚焦于零售业务的营销数字化、风控数字化和运营数字化，取得了很好的效果。例如，华夏银行以线上化、数字化手段，提升服务、管理、运营和风控效率，以更低的成本创造更高价值的服务，深入渗透业务场景，赋能、优化、重塑传统服务业态，让银行的产品与服务更加专业化、精准化。

4. 局部数字化转型

从数量上看，80%～90%的中小银行（或称区域性银行）集中在这个层级，从自身实际出发，尝试对单一业务环节或单一产品种类进行数字化转型改造。受限于资金、资源等因素，中小银行要缩小同大型银行、互联网银行在数字化发展方面的差距，应积极尝试开放合作新路径，以更灵活的策略推进数字化发展。例如，有些农商行围绕轻量级示范项目建设，借鉴大型银行、互联网银行的先进经验和成熟做法，提升自身数字化应用能力。

当然，由于基础不同，国内各类银行的数字化战略也处于不同阶段：既有建立金融科技子公司的，也有仅在内部进行产品流程数字化改造的；既有已经开始外部生态拓展的，也有刚刚开始内部流程数字化的。在此形势下，银行风控体系数字化转型必将出现明显分化。

定位精准的银行可按以下3种模式推进数字化风控。

- 核心竞争优势明显的银行，既有资金实力，又有技术基础，可以进一步提升数字化风控在数字化转型发展战略中的重要性，调配更多资源，动员更多力量，用于数字化风控体系的搭建与路径研发。
- 数字化转型规划明确的银行，已经制定并开始执行数字化风控（或智慧风控）体系规划建设方案，可以持续完善原有方案，使之更加具备前瞻性，凸显并提升数字化风控体系的短期、中期以及长期目标。
- 暂时对数字化转型缺乏统一认知的银行，要统一全行思想，确立本行数字化风控战略目标，制定全面明确的规划方案，力争在 3 ~ 5 年内，完成大数据平台、数据中台、数据治理体系等基础设施的建设，并优先对风控体系进行数字化改造。

2.1.3 数字化风控要避免的 4 个误区

数字化风控体系与传统风控体系的内在逻辑、业务模式以及实施路径均有明显差异。银行风险管理部门必须尽快适应风控数字化转型，建立与新业务模式相匹配的风控措施，支持业务可持续发展。银行需要将数字化浪潮带来的新算法、大数据以及新的技术手段更好地融入银行风控中，为银行创造出额外价值。

银行开展数字化风控转型，首先要平衡好两大关系。

1. 获客与风控的关系

获客与风控是时刻摆在银行面前的难题。受益于数字技术的发展与应用，银行一方面可以利用互联网平台的长尾优势，连接数以亿计的企业和个人，有效触达客户，解决获客难的问题；另一方面，可以利用机器学习的方法，以交易和行为特征等数据替代抵质押品，开展信用风险评估，采用大数据模型预测和控制风险，解决风控难的问题。

2. 数字技术与新型风险的关系

一方面，银行要加强数字化技术的应用能力，在风险管控中应用大数据分析技术降本增效、创造价值；另一方面，针对数字化带来的新风险类型，如模型风险、网络风险等，银行也要相应提高应对能力。

在推进银行数字化风控体系建设时，要全面考虑各类风险及其交叉性影响，注重对新型风险的认知、预测、反馈与及时处置，将数据治理与全面风险管控有机统一起来。此外，也要特别注意避免一些"跑、冒、滴、漏"现象。

"跑",即跑偏。银行大多热衷于数字化转型,由于缺乏整体规划,发展方向不明确、不清晰,特别是不重视数字化风控在数字化转型中的重要作用,因此很容易在战略上跑偏,将资源过度投放于金融科技、产品设计等方面,而忽视了数字化风控建设。

"冒",即冒进。一些中小银行不顾自身实际,跟风冒进,贪大求全,处处对标大型银行,盲目建设各种新型技术或系统,未认真考虑数字化转型的方向、内容与路径等,也不顾是否与自身基础能力相匹配,一些区域性小银行在这方面尤为突出。曾经有个别银行投资上千万元引进金融科技系统,因未做好风控而不敢启用,造成资源浪费。

"滴",即滴灌。很多银行的数字化转型交由 IT 部门主导,仅在技术上单点发力,属于"剃头挑子一头热"。而这种滴灌式投入,由于缺乏业务支持及配套的体制机制改革,与业务实际脱节,导致效果并不理想。数字化风控体系建设得不到应有的支持,业务发展滞后,成为银行数字化转型的短板,必须坚决杜绝此类现象。

"漏",即漏洞。数字化转型的速度和程度已经逐渐成为一家银行是否具备和能否保持竞争力的关键。由于重视程度不足,数字化风控体系未能在数字银行整体建设层面处于统领地位,一些过于追求短期利益的做法导致风控体系在应对各类风险方面存在严重不足,进而形成数字化风控体系漏洞,对银行的健康经营和发展极其不利。

2.1.4　传统风控的 4 块短板

随着人工智能、大数据、云计算、区块链以及物联网等技术在银行领域的深入应用,传统风控模式已经远不能满足银行对风险管理的精准度及多元化的风控需求,如何借助数字化转型拥抱智慧风控,有效提升风控能力,是商业银行面临的长期课题和挑战。在银行传统风控模式下,普遍存在着流程依赖手工、模型工具落后、管理机制不完善等痛点。

以下 4 块短板已经严重制约银行风控的有效性和精准度,如图 2-3 所示。

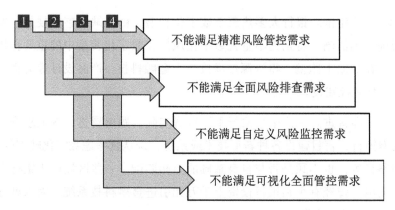

图 2-3 制约银行风控有效性和精准度的 4 块短板

1. 不能满足精准风险管控需求

数字化时代,银行对公、对私客户结构及业务办理方式均出现明显改变,银行的各项业务都面临转型压力。例如,在贷前阶段,各家银行普遍存在这样的问题,传统信贷流程以线下手工操作模式为主,尽职调查耗时费力,且存在信息搜集不全面、风险揭示不到位、政策执行不一致等突出问题,凸显传统风控困境。

2. 不能满足全面风险排查需求

重贷轻管是银行业长期存在的客观现象,不时会出现因贷后管理有问题而收到监管部门的巨额罚单的情况。传统风控采取人工方式监控企业贷后动态,分析不及时,风险过程追踪难度很大,手工台账式的贷后管理时效性低、漏警率高。受传统贷后管理模式所限,贷款风险无法做到全面、有效、及时排查,受技术所限,存在不少监控死角,很难做到实时监控,贷后跟踪措施未形成闭环管理,造成风险事件频发。

3. 不能满足自定义风险监控需求

以传统对公业务为例,由于缺乏相应技术与工具,风控部门无法为不同客户的不同风控要求设置专属监控指标,一般都是无差别设置统一监控项,尤其对于非结构化数据,未做到多源风险整合及关联分析,预警消息不精准。此外,对审贷风控业务知识未进行充分有效的利用，对客户的审贷、风险排查和风险管控未做到全流程打通，只是简单的企业负面信息分发。

4. 不能满足可视化全面管控需求

传统风控模式流程复杂，环节众多，传递文档资料通常采取线下手工交接方式，而各业务系统间由于烟囱式建设，数据信息交互不及时，导致分、支行行长等主要管理者无法看到业务风险全貌。加之缺少专门的平台展示各分行、各部门层面的客户风险、客群风险，管理者无法及时调阅、督办预警消息的落实情况，做不到全局掌控。

2.2 数据驱动银行数字化风控加速转型

传统风控模式相对粗放，精细化不足，专业程度较低，在数字化变革时代，难以应对诸多挑战，制约着银行业服务的纵深发展。银行特别是中小银行迫切需要创新风控模式，提高风控效率，增强风险管理的准确性和前瞻性，主动适应新业务场景的挑战。

银行主要面临以下 4 个方面的挑战。

1. 量化模型方面

由于缺乏适应业务特点的风险量化评估模型，导致风控主观性、随意性强，规范性、标准化程度不高，风险发现不准确、不充分。

2. 数据来源方面

风险数据来源单一，主要使用行内数据，且不同系统之间的数据并未完全打通，难以客观、真实、全面地反映欺诈风险的状况。

3. 科技工具方面

缺乏自动化工具支持，依靠人工开展客户风险甄别和维系管理，面对大量小额金融需求，风险管控效率低、成本高、效果差。

4. 风险管控方面

偏重于事后管理，缺乏事前预警和事中介入的有效途径，风险管控前瞻性和预见性不足。

银行必须在夯实数据治理的基础上，借助金融科技，全面推进数字化风控，助力业务全面稳健开展。下面介绍银行应该如何进行数据治理。

2.2.1 数据治理：银行数字化风控的根基

银行数字化转型过程中，数据治理是实施关键，也是实现银行数字化风控的基础。银行需要在内部树立数据决策理念，建立以数据为核心的决策机制和管理流程，并基于数字化银行的流程再造，打通内部各组织、机构和机制，通过数据分析和可视化处理，全面掌握经营管理状态，实时监控内部风险传导和政策落实进度，从而有针对性地采取应对措施。同时，银行要加大金融科技在内部管理中的应用，持续提升管理效率，例如移动办公、区块链信息平台、大数据考评等，提升后台管理部门的管理效率和能力，赋能前台业务拓展。

1. 银行数据治理的 3 块短板

由于历史与现实的种种约束，目前银行业在数据治理上还存在以下 3 块短板。

（1）数据管理缺少制度化

在基础数据获取阶段，很多银行缺少制度化的质量控制要求。每一类基础数据都由若干属性信息组成，属性信息又有大量的参数选项，这就造成在实际业务开展中，如果数据录入人员主观性过强、填写随意性大，就会直接影响最终数据的准确性和完整性。目前，在基础数据录入过程中有一些必填项，而不少银行确定必填项的依据来源于监管的数据报送要求。这种做法会导致数据可分析性大为降低。

（2）数据治理缺乏标准化

各类数据之间存在标准差异，导致各业务系统成为信息孤岛。长期以来，随着业务的不断创新与发展，银行会持续引入各类系统以支持业务。这些系统大多来自不同厂商，而每个供应商都有自己独立的数据标准和数据处理逻辑。一些较复杂的业务场景需要多业务系统进行数据交互才能完成，但由于数据标准存在差异性，因此跨系统进行数据交互的难度很大。

（3）数据处理缺少灵活性

僵化的报表依赖无法满足灵活数据处理工作的要求。目前监管机构的数据统计工作调整已是常态，很多银行都会采用报表+Excel的方式。很显然，在数字化转型的过程中，这种处理方式不能也不应该成为长期做法，长此以往，银行的数据应用分析能力会越来越弱。另外，在银行日常经营管理的过程中，数据统计也要有足够的灵活性，以便业务人员进行多角度、全方位的分析，呈现多样化的结果，从而满足决策支持需要。

除了上文提到的3个短板，实际上，银行在监管报送数据方面也存在很多难点，需要借助数据治理解决，如图2-4所示。

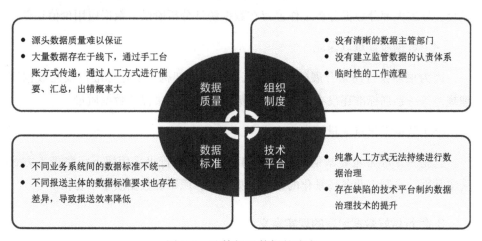

图2-4　监管报送数据的难点

2. 银行数据治理体系缺失的5个表现

很多银行在数据治理方面存在上述短板，在监管数据报送上也存在不少问题。最根本的原因在于，银行上下对于数字化转型还没有清楚的认知，对数据治理还没有感觉，不知如何下手，还没有建立全面、系统的数据治理体系。

一般来讲，银行数据治理体系的缺失有以下5种表现。

（1）数据治理权责模糊

还没有在总行层面对各数据治理主体（如业务、风险、运营、信息等）的管理权责进行划分。数据治理工作主要依靠IT部门的信息化建设推进。

（2）数据资产概况不清

目前还无法做到对全行数据资产全貌的有效掌握，不知道自己有多少数据资产，不知道谁在使用数据资产，也不知道数据资产保存在什么地方，更不知道该如何采集数据。

（3）数据价值难以挖掘

没有设置数据专家岗、数据架构岗等重要岗位，业务模型与技术模型难以融合，导致大部分数据分析工作停留在数据统计分析阶段，数据应用价值很低。

（4）数据质量难以保证

因为很多银行尚未开展数据梳理工作，数据架构、数据标准以及元数据管理规范等一系列标准还没有落地，导致数据混乱，无法保证数据质量。

（5）数据采集点大量缺失

这是一个非常重要却常被忽视的问题。很多银行仍采用线下台账录入方式采集数据，未制定业务场景化的数据采集方案，源系统数据质量不合格。

3.银行做好数据治理的现实意义

（1）满足日趋严格的监管数据治理要求

自2013年开始，监管部门将银行数据治理作为重点监控内容，连续几年发布系列数据治理监管文件，要求日趋严格。特别是2020年5月，银保监会下发《关于开展监管数据质量专项治理工作的通知》，提出"提高认识，压实责任；突出重点，标本兼治；强化整改，完善机制"的总体要求，确立为期1年的监管数据质量专项治理工作,覆盖所有银行与保险类金融机构。有关监管部门数据治理的具体文件如图 2-5 所示。

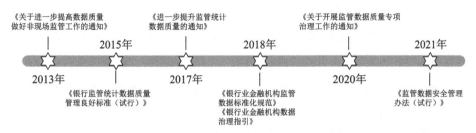

图 2-5　近年来监管部门下发的银行数据治理文件

(2)满足数字化转型与业务发展的需要

银行数字化转型是一项宏伟的工程,需要通过顶层设计、实施路径、转型策略等一系列具体措施,循序渐进地开展,最基础的工作非数据治理莫属。为什么这么说?一方面,这是监管政策近年来不断严格要求的一项重要工作;另一方面,这也是银行数字化转型进程中必须夯实的一项基础工作。具体内容如图 2-6 所示。

图 2-6　内外部双重推动银行数据治理

2.2.2 金融科技：助力银行数字化风控

在第 2.1.2 节曾经提到，国内银行在数字化方面可分为 4 个层级，其中第三、四层级以广大区域性银行为主，具有天然地缘优势，这些银行是服务当地中小企业、实施普惠金融的重要力量。然而，风控能力不足一直在制约区域性银行的发展。

随着互联网贷款新规的发布与实施，以往由银行提供信贷资金，互联网平台提高实质风控的做法已经难以为继，银行必须尽快构建独立的数字化风控体系。此外，在金融科技等风控新技术逐渐被大型银行广泛应用之际，区域性银行由于缺人、缺钱、缺经验而停滞不前，与大型银行之间的差距越来越大。

1. 银行应用金融科技的 3 个痛点

为尽快提升自身风控能力，在数字化转型中抢占先机，许多银行选择与金融科技公司合作，以"借船出海"的方式直面竞争。然而，银行自身实力的欠缺以及金融科技工具的繁杂，导致双方在合作时仍面临很多困难。银行应用金融科技的 3 个痛点如下。

（1）市场缺乏统一标准

大多数金融科技公司会采用决策树、逻辑回归等算法建模，并进行产品设计与数据挖掘。由于大量"黑箱"的存在，且市场缺乏统一标准，银行很难选择合适的产品。

（2）与业务契合度偏低

很多金融科技公司提供的风控产品原本是从互联网角度设计的，与银行信贷业务、流程和产品契合度偏低。银行即使进行大量改造，依然难以满足业务需要。

（3）数据质量问题较大

市场上数据来源众多，有很多数据源存在数据结构单一且精准度有限的问题，如果银行基于这些数据源做出决策，很有可能导致巨大的风险隐患，必须慎之又慎。

那么，该如何解决上述痛点呢？笔者认为，银行可以借助金融科技赋能，打造适合自身业务的数字化风控体系，快速提升风控能力，掌握风控主动权与决策权。为此，笔者总结了一些银行与金融科技融合的成功经验，特别是金融科技工具在助力银行风控方面的应用，以飨读者。

2. 金融科技赋能银行的5个应用

（1）大数据风控技术助力线上贷款

金融科技赋能银行，使远程开户、线上申请、零接触服务成为可能，在远程面审、智能双录、申请材料上传、信息线上验真等风控环节中也有广泛应用。随着样本量增加及贷后数据的积累，银行还可以借助人工智能AI技术迭代训练风控模型，使之更加精准。例如，农行基于图计算技术开发的知识图谱，用于识别贷款申请与历史黑名单、可疑记录的交叉点，以及对高风险客户进行精准预警；平安银行采用微表情、声纹识别等高新技术，基于多数据源交叉验证与历史黑名单，有效防范欺诈风险。

（2）区块链、隐私计算助力供应链金融

在供应链金融中，如何检验业务背景及交易真实性，是困扰银行的一大难题。银行通过大数据风控技术，基于垂直交易场景，引入如海关数据等多种数据源，进行多方数据交叉验证，可以优化或取代大部分传统业务流程，有效提升风控能力。例如，区块链以及多方安全隐私计算（加密算法）等技术具有去中心化、防篡改以及不可逆的特性，在确保源头交易等数据验真的前提下，可以保证整个交易流程数据的真实性、可靠性，尽量避免银企之间的信息不对称。

（3）多维风险预警助力贷后数字化升级

基于内部数据、政府数据、合作机构数据以及互联网数据等多源数据，运用大数据分析、人工智能及关系图谱等科技手段，银行可对客户进行多维度风险画像并实时监测。在综合外部因素与内嵌模型的基础上，建立多维度预警方式，帮助银行提前识别风险，快速采取风控措施，降低风险损失。

外部因素是指客户的经营状况、所在行业情况、工商信息、法院信息、资产状况、关联实体情况等。内嵌模型是指行业模型、企业风控模型、股权链模型、家族链模型、供应链模型、债权链模型等风控工具。

（4）云计算、云端部署助力流程优化

云计算为现代银行业务的发展带来巨大变革，银行可以利用云计算实现资源聚合、共享及按需分配，优化业务流程，极大提升效率。云计算的三大理念分别是基础设施即服务（IaaS）、平台即服务（PaaS）以及软件即服务（SaaS）。基于云计算的云端部署，可以让银行数据库更加标准化、规范化，极大加快科技与模型的融合创新，缩短审批时间，提升客户体验。先进的云技术可以保证数据安全，相比于本地化部署，领先银行的云服务被黑客攻击或因其他情况泄露客户信息的概率已经大大降低了。

（5）RPA+AI 助力降本、提质、增效

RPA 于 2015 年引入国内，2017 年应用于银行业。RPA 具有投资少、见效快、易部署、非侵入等诸多优点，非常适合替代银行人工执行大量重复、烦琐、容易出错且机械的规则性工作。随着与 OCR（Optical Character Recognition，光学字符识别）、AI 以及低代码技术的融合，RPA 应用于更多、更复杂的业务场景，帮助银行真正实现降本、提质、增效。

适合使用 RPA 的银行业务场景包括但不限于以下方面。

- 零售业务
    - 个人信贷业务流程
    - 信用卡审批机器人
    - 信贷数据机器人
    - 信用卡自动发卡
    - 车贷自动分期放款
    - 反洗钱与合规监控
    - 反洗钱录入与报送
- 对公业务
    - 对公信贷业务流程
    - 账户管理机器人
    - 账户信息变更

- KYC 管理机器人
- 信贷审批机器人
- 企业合作方资信监控
- 国际业务机器人
- 金融市场
  - 资金业务机器人（降低差错率）
  - 资金业务机器人（记账）
  - 资金业务机器人（理财产品净值报告）
- 运营管理
  - 运营管理机器人（报表处理）
  - 运营管理机器人（监管报送）
  - 运营管理机器人（OA 公文收发）
- 信贷管理
  - 贷款户财务报表自动录入
  - 贷款户网络舆情跟踪

2.2.3 破除迷信：银行数字化风控的风控

银行构建数字化风控体系，一方面能够大幅提升银行的风控能力，增强核心竞争力；另一方面，也不能迷信金融科技是万能的，还要注意数字化风控本身存在的问题，要做好银行数字化风控的风控。具体而言，要破除 4 种迷信思想。

1. 科技颠覆金融，改变风控本质

曾经有很长一段时间，人们普遍认为金融科技无所不能，既可以改变风控本质，也可以颠覆传统金融，迷信金融科技是银行一切问题的解药。事实是，无论科技怎么日新月异，金融的本质并不会有任何改变。贷款一定需要按时还，投资一定需要收益回报。

不可否认，金融科技既可以帮助银行利用多源数据，构建风控模型，精准预测借款人的还款意愿，准确预估借款人的预期收入与现金流，也能够设计交

易结构以达到风险闭环，还可以进行更准确的风险定价，简化银行的决策审批流程，改善客户体验。请注意，金融科技本身只是一种技术手段，它既不能消除风险，也不能降低实际风险，风控的本质不会因金融科技而有任何改变。我们必须首先破除这种迷信。

2. 所有融资需求，银行皆可满足

传统银行由于风控不力，不敢也不愿为小微企业提供普惠金融服务。金融科技则在很大程度上让更多的长尾客群以及资质不佳的小微企业能够得到定价较低的银行融资服务。这是不是意味着银行在金融科技加持下就能为所有客户提供服务呢？或者说，只要不是欺诈，但凡客户有真实需求，银行就能全都满足呢？显然事实并非如此。

高风险、高收益，是银行风险管理的基本准则，对于真实的融资需求，银行可以基于收益大于风险进行客户的风险定价。但现实中，由于监管机构和银行自身的限制，定价不可能无限高，因此对于高风险客群的真实融资需求，也很难得到银行的贷款。期望建成数字化风控后银行就能满足所有客户的融资需求，也是一种不现实的迷信。

3. 数字化风控，就是建模型、定策略

业内有一种观点认为，银行的数字化风控就是做好两件事情：一是建立风控模型；二是定好风控策略。模型配合策略，就可以做好风控。不得不说，这也是较为普遍的一种迷信思想。银行风控贯穿业务全流程，从目标客群分层、客户画像、获客渠道、风险定价，到风控策略、信贷审批、风控模型，再到贷后预警、贷后催收、不良重组等各环节，都会影响最终贷款的质量。

风控人员一方面要善于运用大数据风控技术，另一方面也需要了解一线市场、客群特征，结合风险经验做出正确判断。风控人员应该了解业务全流程，并参与到业务的所有环节之中，做好风险识别、风险计量、风险预警、风险判断、风险处置等所有风险管理工作。风控部门还要牵头做好全行风险意识的教育工作，前、中、后台通力合作，共同防范风险。如果仅靠风控模型、风控策略的"围追堵截"，路只会越走越窄。

4. 数据模型越复杂，风控效果就越好

还有一种迷信思想是过分相信风控模型，将所有风控效果完全寄托在风控模型上。为此，银行不惜下大力气，花费巨额成本，构建越来越多、越来越复杂的模型。有的银行数据样本充足，数据源有效，并持续不断地维护模型、训练模型；有的银行每个月一拿到新数据，就会调整模型变量。不过即便如此，银行也常常会有这样的困扰——模型在训练数据上表现很好，一旦上线进入真实环境，就失去区分能力。

这很有可能是因为模型过度拟合。过度拟合指的是模型训练太多，用于训练的数据中掺杂太多噪声。造成过度拟合的原因主要有两点：一是样本太少；二是模型太复杂。银行最常见的问题是构建的模型太过复杂。完全避免过度拟合是不可能的，在建模过程中，一方面要努力保证模型稳定性，好坏排序正常且保持分离；另一方面需要降低模型的复杂度，使变量保持较低的相关性。

2.3 金融科技是把"双刃剑"

数字化风控在给传统银行风控带来新变化的同时，可能会带来新型的金融科技风险，诸如信息系统停摆、数据丢失或泄露等。在数字化时代，新型金融产品与业务模式将更为复杂，市场风险更具隐蔽性，一旦出现问题可能产生连锁反应。如果银行过度依赖助贷、导流等合作模式，将弱化自身的信用风险管理能力，无法及时预警、防控潜在风险，而模型风险、技术风险、顺周期风险等也将成为银行面临的新风险和新挑战。

从这个角度讲，金融科技实际上是一把"双刃剑"，用好了，无往而不利；用不好，还不如不用。在赋能银行提升风控能力的同时，金融科技自身的风险如果没有得到银行重视，必会产生严重后果。例如，2020年西南某省发生的10亿元骗贷案（详情参见第3.2.4节），就是由于大数据风控"漏洞"造成的。

下面重点介绍金融科技风险的各种表现形式及相应的风险防控。

1. 强化数据安全管控，防范外部风险传导

数字化转型过程中，银行与金融科技公司的关系逐渐由过去相对单纯的外包合作关系，发展为与业务、账户、数据、基础设施等相关的全方位、多类型的关联交互关系，双方不可避免会产生数据交互。金融科技公司自身存在的各类风险有可能借此机会间接传导至银行。而如果银行各部门在数据安全管控上各自为政，则会进一步放大此类风险。

银行与金融科技公司等外部企业的数据合作，一般存在以下 3 种情况。

- 对外数据合作，往往由不同业务部门在各自业务领域分别主导，加之部分银行尚未明确总行层面的数据安全管理职责，导致企业级数据安全管控职能缺位。
- 银行尚未确立数据敏感程度划分标准、数据开放范围和相应风控管理要求等以供业务部门参考，从而导致业务活动中的数据分享与安全防控存在一定隐患。
- 银行部分业务部门认为，数据安全应由科技或风控部门统筹管理，因此未能主动承担起数据合作中风险防控的第一责任，导致数据传输至行外无人问津。

2. 提升数据安全意识，深化运营风险管理

由于当前网络安全形势越发严峻复杂，银行在数字化转型进程中必须高度重视数据安全工作，强化全员数据安全意识，采取有效措施，防止数据泄露。

在深化内部运营管理方面，银行一般存在以下 3 种情况。

- 银行的主要业务流程逐渐转至线上，以及日常办公电子化的快速推进，均会产生海量内部数据，要特别注意在复杂网络环境之下针对电子数据的安全防护。
- 金融数据本身就是黑市紧盯的对象，在数字化风控过程中产生的高质量数据在黑市的价格持续走高，加上部分银行员工的数据安全意识薄弱、信息系统用户数据访问权限过高或设置不合理等因素，进一步加大了银行数据泄露的风险。

- 部分银行具备数据安全意识，并引入先进的防控工具，部署了数据泄露监控软件，但缺乏配套管理流程，无人分析监控结果，且没有采取干预阻断及事后追责等措施，因此导致数据安全防护效果大打折扣。

3. 加强业务部门管控，关注厂商离场风险

银行数字化转型本应由"一把手"总揽全局，在完成顶层设计的基础上，自上而下，循序渐进，逐步开展。一些银行为抢占先机，快速响应市场需求，提升产品迭代速率，允许业务部门或分支机构自行开展金融科技工作，此举也直接导致厂商离场风险等新型风险的产生。

银行的业务部门与分支机构大多缺乏专业科技人员，在系统投产运营初期可以采用部分人力外包的形式进行系统运维管理，但等到合作期满，外部厂商离场，就会出现有系统、无维护的情况。而且，业务部门主导的系统开发，在数据标准化、规范化方面以供应商标准为主，很多时候未能落实行内信息安全规范，存在较多隐患。这极有可能造成行内科技部门不愿接手，而业务部门又没能力管理的尴尬局面，小则造成资源浪费，大则形成风险隐患。因此必须高度关注此类新型风险，并妥善处置。

4. 敏捷开发蕴含风险，严峻考验科技部门

敏捷开发是数字化转型的重要标志，它是一种以用户需求进化为核心，采用迭代、循序渐进的方法进行软件开发的开发方式。要求系统敏捷开发建设并快速投产，是银行业务部门在面对激烈市场竞争时的必然选择。在银行数字化转型过程中，采用了敏捷开发、敏捷交付的新系统、新流程，也极有可能蕴含严重的金融科技风险。

银行在转型过程中，会有大规模新建系统的需求，也会有在新旧系统融合及重构方面的需求。业务部门要求的系统交付时限越来越短，而系统建设工作量又持续增加，为银行科技部门带来更加严峻的挑战。系统建设周期的缩短，也进一步压缩了原有的信息系统测试、投产前验证等关键质量控制环节的时间。在极为有限的时间内，既要保证系统开发质量，又要防范敏捷开发风险，已成为科技部门必须直面的关键问题。

5. 建设科技管理平台，管控金融科技风险

数字化转型过程中，银行更为重视核心业务系统的建设以及渠道系统的快速迭代，却往往忽略金融科技管理平台的建设。重业务服务、轻内部管理的现象较为普遍，如部分银行缺乏金融科技管理平台支撑，日常管理仍依赖于线下纸质单据或台账记录。

此外，还有以下3种情况需要引起足够重视。

- 部分银行针对不同的金融科技管理环节，自建或采购相应的信息系统，但系统供应商不同，不同平台与系统间缺乏联动，导致数据相互隔离，形成诸多数据"孤岛"，因此在全面管控金融科技风险方面仍存在极大不足。
- 部分银行建设的金融科技管理平台，与堡垒机、部署工具等生产运维技术工具联动不足，存在严重壁垒，管理流程与技术实施工具没有完全打通，从而形成管理行为与技术操作"两层皮"的现象。
- 部分银行在授权管理上存在重大纰漏且长期得不到有效解决，造成在实际业务中未经授权变更之类的风险事件层出不穷，既威胁金融科技服务的安全稳定运行，也大幅增加防范金融科技风险的成本投入。

那么，面对这些新型风险，银行该如何防控，又该怎样着力做好数字化风控的风控？不妨从以下5个角度进行一些探讨。

1. 创新与风控协同推进，强化顶层设计

面对金融科技应用带来的新型风险，银行在数字化转型的过程中，要全方位审视金融科技可能带来的风险，完善银行风险管理组织架构，并推动风控工作有序开展。

具体而言，须做好以下3项工作。

（1）完善组织架构

银行要依托大数据、人工智能等手段构建多层次风控体系，落实金融科技风险管控职责，构建与数字化转型相匹配的总行级金融科技风险管理组织架构，为创新发展构筑安全防护根基。

（2）梳理部门职责

银行在数字化转型过程中，要做到创新与风控协同推进，重点是强化金融科技风险管理顶层设计；还要做到有效识别风险管控空白地带，重点是梳理部门之间职责交叉、职责不清的灰色地带。

（3）全面风险管理

伴随银行数字化进程的持续深入，在金融科技渗透银行运营管理的同时，金融科技风险已经超出科技部门的管理范畴。对于此类风险的管理，要从点向面全面展开。

2. 推动数据安全管控，保护敏感数据

为强化数据安全管控，保障敏感数据安全，银行应当持续强化风险管理部门在数据管理中的重要作用。具备条件的银行可在时机成熟时单设数据管理部门，专职负责企业级数据管控，从业务角度考虑来开展全行数据管理工作，最终，形成由数据主管部门牵头，业务部门、科技部门、风险部门及其他保障部门共同参与的全行数据管理体系。

2021年，《中华人民共和国数据安全法》与《中华人民共和国个人信息保护法》相继落地实施，银行要在对标人民银行《个人金融信息保护技术规范》《金融数据安全 数据安全分级指南》以及《金融数据安全数据生命周期安全规范》的基础上，制定实施本行数据分级标准，为不同等级数据明确安全防护要求，最终形成覆盖数据收集、传输、共享、存储、使用、删除、销毁等的全生命周期数据安防体系。

3. 优化信息系统建设，强化科技引领

一直以来，银行的科技部门本身就承担着信息化建设的重任。在数字化转型过程中，也有很多银行选择把数字化转型牵头部门定为科技部门，期望其发挥引领业务发展的重要作用。科技要向业务靠近一步，在数字化变革中，科技部门应跳出部门视角，不断提高自身站位，基于专业技能，从全行视角看待业务发展，前瞻性引领业务发展。

（1）优化内部环节

科技部门要进一步优化 IT 系统，重新审视内部环节，从需求、立项、研发、测试到投产，缩减冗余、重复的环节，并持续强化业务、开发、测试、运维等多部门的沟通联动机制，满足不同场景的业务需求。

（2）构建松耦合架构

科技部门要通过构建松耦合架构，降低系统变更可能引发的关联风险，加速推进 IT 系统产品质量管理重心前移，在业务部门对时限要求越来越严的情况下，力求以更短时间达成更高要求，并做好相应的风险防控。

（3）统筹全行系统管控

对于业务部门基于业务外购的 IT 系统，科技部门要有全行科技统筹管理意识，结合行内托管云平台，逐步吸收、集中接纳并管理分散在各业务部门以及分支机构的 IT 系统，确保所有系统的平稳运行与数据安全。

4.确保人力资源投入，提高风控意识

银行数字化转型往往结合金融科技领域的新技术，因此要拥有一支掌握高精尖技术的数字化人才队伍，银行必须不断加大人力资源以及金融科技投入。银行可在一定范围内打破原有员工激励政策，向数字化人才战略倾斜，借鉴市场化的薪资及激励手段，吸引金融科技专业人才加盟，避免出现银行发展受困于金融科技人才不足的情况。

此外，银行要同步开展对行内员工的数据安全意识教育。金融科技风险态势日趋复杂，涉及范围也越来越广，新型风险与银行各层级、各岗位员工日常工作的关联性越来越强。在数据安全领域，一线业务员工风险意识不足，已成为近年来银行数据泄露的重要原因。在引进外部高素质数字化人才的同时，持续加强行内员工风险意识教育是每家银行都要高度重视的工作。

5.平台管控新型风险，落实管理规范

在数字化时代，银行依靠人工方式已经无法做到实时、全面监控金融科技的所有工作环节，这为新型金融科技风险的出现创造了条件。随着科技体系规

模的日益庞大，银行要投入一定资源，将金融科技风险管理嵌入金融科技日常管理平台，通过自动化工具平台，实现金融科技风险的事前预警、事中阻断以及事后回顾，辅以全面的日志记录与集中存储机制，保证异常行为可溯源、可分析。将各类管理规范以及监管合规要求部署在金融科技日常管理平台上，由平台进行自动化监控，促使银行遵守各项金融科技管理要求，避免出现系统性金融科技风险。

2.4 本章小结

数字化风控是银行数字化转型的重中之重。本章首先从 4 个方面分析了银行数字化风控的必要性，然后进一步阐述数据治理与金融科技在数字化风控中的重要作用，最后指出金融科技是把"双刃剑"，银行必须采取有效措施，防范金融科技带来的新型风险。

第二部分　零售业务数字化风控

从第二部分开始，进入银行数字化风控实务。

2021年2月，银保监会发布《关于进一步规范商业银行互联网贷款业务的通知》，从三方面明确互联网贷款业务的定量指标，并严控地方法人银行跨区域经营，收紧程度超过业内预期。这是自2020年7月17日《商业银行互联网贷款管理暂行办法》（下文简称"互联网贷款新规"）正式落地之后，监管部门再度出手，加强规范商业银行互联网贷款行为。

进入金融强监管时代，合规有序经营是银行长远发展的基础。与此同时，互联网贷款新规在短期内又会对部分银行造成一定约束。面对业绩增长与合规监管的双重压力，银行亟须为包括互联网贷款在内的零售业务找准突破方向。尽快构建并完善零售业务数字化风控体系，是大多数银行，特别是中小银行的当务之急。

本部分涵盖数字化风控策略、数字化风控模型、数字化风控指标分析、智能反欺诈、数字化贷后管理等内容，帮助读者打破传统风控惯性思维，掌握数字化风控的核心技能，顺利开展数字化时代的零售业务。

第 3 章
贷前、贷中数字化风控

2020 年 7 月 17 日，银保监会发布的互联网贷款新规给传统银行带来了强烈冲击。为有效做好核心风险管理，银行必须自建零售数字化风控体系。具体应该怎么做呢？笔者认为，银行应当从转变风控理念入手，进一步认识数据、算法、模型等数字化手段如何赋能数字化风控，掌握核心风控自主权。

3.1 互联网贷款新规对传统风控的冲击

2017 年至今，一系列互联网贷款政策相继出台，持续规范银行以及其他金融机构的互联网业务。其中，对银行，特别是中小银行影响最大的政策之一，就是银保监会发布的互联网贷款新规。该办法对商业银行开展互联网贷款业务做出了明确规定。2021 年 2 月 20 日，银保监会又下发《关于进一步规范商业银行互联网贷款业务的通知》（银保监办发〔2021〕24 号）对互联网贷款新规进行大幅补充，充分体现了监管部门对互联网金融业务的收紧态势。

监管要求：银行开展互联网贷款业务，需要分散合作机构的集中度风险

(25%)，降低合作机构自身的杠杆率（出资30%），限制城商行异地扩张冲动（禁止异地发放贷款）；结合此前央行和银保监会对互联网存款的新规（禁止第三方引流，禁止城农商行异地互联网吸收存款），从资产和负债两端，分别对互联网存款和互联网贷款进行严格约束。

互联网贷款新规要点如图3-1所示。

图3-1　互联网贷款新规要点

3.1.1　银行核心风控为何不能外包

监管部门对银行的监管目标是促进银行业的合法、稳健运行，维护公众对银行业的信心，防止出现系统性金融风险。具体到互联网贷款领域，是要防止由合作机构所产生的风险向银行传导，同时避免银行只是成为单纯的资金提供方；在开展业务过程中，避免银行对合作机构的过度依赖。

1. 互联网贷款"一二三"

（1）什么是互联网贷款

互联网贷款也叫网络借贷或者网上贷款。随着时代变迁，越来越多的人选择在线上办理银行业务，网上贷款也逐渐成为一种趋势。借助互联网的优势，人们可以足不出户完成贷款申请的各项步骤，包括了解各类贷款的申请条件，准备申请材料，一直到递交贷款申请，都可以在互联网上高效完成。

在互联网贷款的整个业务模式中，核心部分就是大数据应用下的数字化风控，即运用互联网和移动通信等信息通信技术，基于风险数据和风控模型进行交叉验证和风险管理，线上自动受理贷款申请、完成风险评估及全流程管理。

（2）互联网贷款的"前世今生"

起初，一些头部互联网企业与几家互联网民营银行率先进入互联网金融领域。互联网金融的诞生极大影响了传统金融业的发展进程。信息技术创新与金融业务深度融合，令银行业务模式与经营理念发生变革。网络银行进入新的创新发展阶段，既有互联网银行，也出现了民生直销银行、平安口袋银行等依托互联网渠道的直销银行。此外，大大小小的各类传统银行也陆续开办了互联网贷款业务。

行业爆发、业务井喷的同时，隐忧逐步显现，风险管理不充分、金融消费者保护缺失、资金用途监测不到位、信息安全隐患等问题不断暴露。为规范互联网金融业务的经营行为，促进互联网金融业务平稳健康地发展，监管部门陆续出台多份文件，对业务漏洞"围追堵截"，现金贷、校园贷、催收、助贷机构等均划入规制范围，直至互联网贷款新规重磅落地。

（3）银行与互联网贷款

银行的自主风控能力不可能一蹴而就，需要时间积累、资金投入、资源倾斜、人才培养，也需要在组织结构改革与企业文化建设方面加大力度。对很多中小银行而言，建设独立自主、功能强大的数字化风控体系，还有很长一段路要走。然而，残酷的市场竞争与越来越大的业绩压力，迫使很多银行选择向现实低头，不得不与互联网企业以及第三方助贷机构谋求合作，依靠对方的风控与获客能力完成任务。

尽管如此，我们也一定要清楚，监管政策导向明确无误，所有银行都必须加快建设数字化风控体系，独立自主地做好互联网贷款的风控工作。

2. 从 3 个方面充分、完整地理解监管意图

(1) 增强金融体系稳定

银行在互联网贷款方面的合作方一般有两类：一类是自带流量且具备风控能力的互联网平台；另一类是拥有线上渠道的第三方助贷机构。这两类合作方在不同程度上都存在着多变性与不确定性。

对合作银行而言，借助互联网平台确实可以短时间内获得大量客户，互联网基因却使得这些客户具有多变性，难以把握。第三方助贷机构游离于金融监管之外，很多机构依靠风险投资来发展壮大并被短期目标所牵制，非常不稳定。慎重选择合作方与合作模式，是银行维护金融稳定的必然选项。

(2) 提升自主风控能力

互联网贷款对于银行而言，必须是一项可持续发展的事业。银行从高管到基层都要充分理解监管的"苦心"，要在监管容许试验改进的过渡期内从自身实际出发，从避免出现系统性风险的高处着眼，更深层次认真考虑如何将独立自主的数字化风控能力建成、建好。

2022年1月1日，中国人民银行发布的《征信业务管理办法》正式实施，助贷机构"断直连"势在必行，以往的业务模式急需调整。银行必须强化风控职能，构建分析能力，快速提升自主风控能力，既是为了满足监管部门要求的稳定金融秩序，也是为自身的长远发展奠定坚实基础。

(3) 明确业务发展方向

在信贷业务的数字化应用中，银行互联网贷款办理模式与线上业务流程是最为大众所熟知的，比如客户线上自助操作、银行系统快速审批、自动放款等。与此同时，我们还要看到，在实际工作中，除了互联网贷款新规界定的互联网贷款，银行其他信贷业务（如小微普惠、对公授信）的数字化应用也是大势所趋。银行信贷业务的数字化应用趋势必然是未来业务发展的基本方向，这已经是业界共识。具体来说，各个信贷流程上的数字化应用覆盖了信贷业务全生命周期，如图3-2所示。

图 3-2 信贷业务数字化

3. "第三只眼"看第三方合作

（1）银行为什么会选择业务外包

业务外包是一种业内常见做法，银行经常会把一般性的业务或业务辅助环节转交给第三方专业公司去做，比如进件收集、档案管理，以便将自身资源及人力等配置在关键环节和业务流程上。例如，美国有接近70%的信用卡业务都是通过外包机构完成的，国内银行的业务外包也很常见。

多数银行一般会在以下方面选择业务外包，以降低人力成本、提高运营效率。

- 技术外包：呼叫中心、计算机中心、网络中心、IT系统。
- 处理程序外包：协助确认客户身份及签名核对、信用卡客户资料的输入与封装。
- 营销外包：车贷营销、房贷营销、信用卡营销。
- 专业性服务外包：法律事务、不动产评估、安全护卫。
- 后勤性实务外包：贸易金融服务的后勤处理作业、会计凭证保存、各类档案管理。

随着互联网金融的兴起与发展，近些年越来越多的银行选择以提供资金的方式与各大互联网平台合作，发放互联网贷款。互联网平台具有技术实力与数据资源，往往会主动提供引流、获客及风控的一站式解决方案。而很多银行由于风控人力不足、风控能力有限，并没有深入研究哪些业务适合外包，而哪些业务不能外包。

在轻松获客完成业绩的同时，还不用投入巨额风控成本，一些银行自然乐意"躺平",纷纷选择全盘接受。不得不说,这对银行来说是一种非常危险的投机心理。

(2)如何理解独立风控的法律责任

首要先明确一点,独立风控是银行的法定责任,疏于风控或风控外包均面临法律制裁。相关法律法规明确要求,银行从事贷款业务应当进行动态管理,具体包括以下方面。

- 在贷前调查阶段要严格履职尽责,包括对借款人的借款用途、偿还能力、还款方式、信用状况等严格审核,并严格执行贷款面谈制度以确定借款人信息的真实性,不得将授信审查、风险控制等核心业务外包。
- 在贷款审批阶段要遵循审慎性原则,进行贷中、贷后监控,包括违约率、资金流向、资金使用情况、借款人的信用及担保情况变化等,以确保贷款安全。
- 若违反相关规定,银行在放贷环节的风控形同虚设或核心风控外包,则将承担包括但不限于被责令暂停部分业务、限制分配利润、罚款等法律责任,银行董事及高级管理人员将受到权利受限、纪律处分、罚款、一定期限甚至终身不得从事银行业工作等处理。

银行必须清醒认识到核心风控不能外包的本质,必须要有这样的心理准备与底线思维,即最终承担全部责任。在银行与第三方助贷机构的合作中,助贷机构应仅扮演银行的服务中介角色,为银行提供信息、技术、流量、获客、辅助手续办理等服务,回归服务银行机构的本源。

(3)银行应如何规范第三方合作

1)统一机构准入标准。银行必须建立第三方合作机构准入机制,标准明确,全行统一。机构准入评估工作要做到严谨、全面、尽职。制定准入办法,实行名单准入,分层、分类规范管理,从机构经营情况、管理能力、风控水平、技术实力、服务质量、业务合规和机构声誉等方面进行准入前评估,保留准入评估尽调资料并形成尽调报告。

2)明确双方合作范围。很多银行在合作协议中会要求第三方机构认真履行以下职责,如贷款营销、贷前调查、贷款审批、贷款发放及贷后管理等,对于银行自己应当承担的风控责任及义务却约定较少或语焉不详,这就很容易被质疑,或被监管部门认定为构成风控外包。双方应在合作协议中明确合作范围、操作流程及各方权责,避免出现可能构成风控外包的相关条款。

3)避免风控外包陷阱。银行一方面要加强自身风控能力的建设,另一方面要防范第三方机构合作风险。为避免落入风控外包陷阱,银行应严格按照法律法规的具体规定,坚持审慎原则,强化自身风控意识与风控能力,切实做好第三方风险防范工作。在实际业务中,一旦银行被有关主体投诉或举报,第三方机构往往会反向举证,以证明银行风控流于形式。银行对以下风控环节必须予以高度重视。

- 核实借款人基本信息的真实性。
  - 借款人的身份信息、工作、住址、收入状况、婚姻状况等。
  - 借款人的还款来源、还款能力及还款方式等。
  - 借款合同及有关协议文件内借款人的基本信息与实际是否一致。
- 着重关注借款人(企业)的异常情况。
  - 借款人在贷前或贷中存在经营异常。
  - 经营地异常。
  - 疑似空壳公司(未开业、未实际经营)。
  - 在借款期间内注销营业执照。
  - 存在涉案记录。
  - 公司登记事项变更频繁。
- 确保借贷相关材料的一致性、完整性。
  - 借贷材料内容相互矛盾。
  - 借贷材料形式不完整。
  - 大量借贷相关协议缺页、未盖章或者盖章与协议主体不一致。
  - 缺少时间、金额或购销合同金额与借款合同金额不一致等。
- 动态监测贷款资金流向。
  - 贷后大量借款人失联。
  - 借款人经营异常。

- 贷款资金经中转后流向集中。

4. 银行5招掌握风控主动权

互联网贷款业务数字化风控涵盖信贷业务全生命周期，包括客群定位、核身鉴权、欺诈防范、信用评估、额度测算、风险定价等诸多环节。而中小银行的短板很明显，既包括数据资源的获取与使用，也包括风控系统的建立与完善，乃至风控分析能力，都与互联网平台有显著差距。

有鉴于此，在双方合作中，银行应该清楚自身的优势与劣势、强项与弱项，有序引进、尽快掌握大数据风控技术，做好风控工作。其中尤为重要的是，加强对风控模型效果的分析，辩证对待与第三方机构的合作。这里的第三方机构是指金融科技公司或系统集成供应商等科技类企业。

第1招：以我为主

建设与应用风控模型是银行互联网贷款数字化风控的核心所在，苦于自身数字化人才的短缺，很多银行会选择与第三方机构合作，共同构建风控模型。对于这种方式，需要辩证看待，既要借力，更要自主。将建模各环节进行合理有序的分解分工，确保银行在模型建设上牢牢把握主动权。

第2招：花开并蒂

建设风控模型的周期比较长，包括模型开发、模型测试、模型评审、模型监测以及模型分析与退出管理等很多步骤，银行可以找出相对独立的部分将其分离出来。例如，模型开发与模型测试环节的专业性都很强，相对独立，可以予以分离。

第3招：借力使力

银行在风控模型开发方面要敢于并善于借助第三方科技力量。实际上，监管部门并未直接禁止银行与第三方联合建模。银行如果想借助金融科技公司或专业助贷机构的力量，必须先夯实自身基础，加强开发测试环境保护与数据脱敏，同时要求合作方向银行公开源代码。

第 4 招：双管齐下

银行自主风控能力的提升主要体现在互联网贷款业务合作中，对银行自身风控模型管理的自主性，包括模型开发各个阶段，如测试管理、模型评审、模型监测、模型分析与迭代等。此外，在与第三方机构合作时要双管齐下，将银行风控模型部署在自有系统环境中的同时，尽可能将合作方的风控模型也部署进来。

第 5 招：另辟蹊径

互联网平台的特定场景使其数据获取来源具有特殊性，这也是很多银行沦为廉价资金方的根本原因。银行自建风控体系的最大困难在于没有场景。中小银行要另辟蹊径，发挥地缘优势，深耕本土市场，与地方政府深度合作，利用本地税务、社保等政务信息，结合数字化手段，大力开展自营业务。

3.1.2 提升数字化风控能力的 4 个因素

1. 转变：数字化思维与理念

数字化风控的建设过程也是风控人员从传统思维向数字化思维转变的过程。正是因为身处转型过程之中，很多事情没有定论，所以大家对数字化风控在理解与认识上还有很大差别。现实中，不同条线、不同部门，甚至同一部门的不同岗位，对数字化的认知都大有不同。例如，对于数字化风控的核心内容——风控模型，有人认为模型是万能的，有了建模人员的参与，一切靠系统、靠模型，可以有效解决所有风控问题；也有人认为模型没有什么大用途，只是为合规而做的摆设，这种想法往往会导致模型结果与实际业务不契合。

建设数字化风控模型需要风控人员转换视角，对已经习以为常的做法用数字化思维重新审视。特别是银行具体的风险管理工作，需要从主观的专家经验判断，转向客观的机器算法预测。在面对新情况、新问题时，风控人员也要先从数字化角度重新定义问题，并用数字化方式解决。

此外，数字化并不等同于建系统。有一种观点认为，数字化风控就是把过去的业务流程与风控措施陆续导入新系统。这种想法也是错误的，必须彻底转变思维与理念。

2. 挑战：制度与机制创新

数字化建设是"一把手"工程，必须做好顶层设计。作为具体工作人员，风控团队的模型岗与策略岗一般最关注的是如何建立更好的风控模型，或是制定更加贴近市场的风控策略。一直以来，如何在顶层设计上建立完善的制度与配套机制，是数字化风控面临的最大挑战。这个问题不解决，业务人员再努力，也可能收效甚微。

银行要从提升客户体验的角度出发，及时响应市场需求。银行中高层管理者要持续探索创新，从各自职能出发，建立适应自身企业文化、数字化风控发展需要、市场与客户需求的数字化风控体系。在体制机制建设方面，要明确银行内部各业务条线、各职能部门的分工，明确出现问题应如何进行有效沟通与反馈，敏捷团队如何运行，制定决策机制、追责机制等。

3. 关键：数据与模型积累

数据与模型是数字化风控的基础，重要性自不待言。除了数据与模型之外，还有更关键的一点要注意，即动态迭代。数据积累能力与动态迭代能力是银行核心风控能力的重要组成部分。

在起步阶段，银行建设数字化风控的各种资源还是比较丰富的。网上有很多关于建模方法、规则设置、风控策略以及授信决策方面的方案，银行可以套用这些方案，尽快实现风控初期上线。上线之后，要在积累业务数据的基础上，对模型、策略运行效果持续监测，逐渐迭代至最符合银行业务需求的状态。

4. 成败：人才与资源投入

数字化风控让很多银行看到了解决痛点问题的最佳方案。但由于缺乏数字化思维意识，很多银行对数字化风控理念的理解并不一致，导致无法建立清晰的战略规划，不知道该从哪里切入。于是，数字化风控建设就可能演变为买进数据、引入系统、招聘专家……仔细一看，赛道还是那个赛道，节奏也还是那个节奏，可谓"新瓶装旧酒"尚不自知。

数字化人才与资源的投入已成为决定银行数字化风控成败的关键。数字化人才的培养，不外乎外部引进与内部培养相结合。银行既要积极利用薪酬待遇与品牌优势吸引同业、跨界科技人才，也要注重内部青年才俊的培养和挖掘，不断加大对科技人才在资金、培训等方面的支持力度，如在内部设立金融科技人才成长专项基金，还要加强与高校、科研机构在金融科技与数字化建设方面的交流，提高对数字化人才认识的广度与深度，促进数字化人才在产学研方面实现一体化发展。

3.1.3 数据、算法与模型赋能银行零售业务数字化风控

银行数字化转型以用户体验为核心、以数据为中心、以技术为驱动。数据、算法与模型的赋能，在银行数字化风控建设中均具有极为重要且不可替代的作用。

1. 数据赋能

下面从 4 个方面分析数据如何赋能银行零售业务数字化风控。

（1）数据作用

数据在风控中的作用主要体现在 3 个方面。

- 数据采集能力：确保精准风控的坚实基础。
- 多维度数据分析能力：数字化风控系统的有力支撑。
- 数据中台：数字化风控系统的核心驱动力。

（2）应用领域

银行数字化风控的大数据应用一般会涉及提升客户体验、KYC、信用风险识别与监测、欺诈风险识别与监测、反洗钱监测、贷前调查、贷中审查、贷后管理、逾期催收、不良处置等。

（3）全域数据整合

数据获取、整合是数字化风控的基础，银行要整合内外部数据资源，为风

控工作提供数据支持。在数据共享成为大趋势的背景下，有可能形成某种数据联盟，在保证自身数据安全的同时识别和对抗共同风险。

（4）提升数据分析能力

银行可以通过建立多头共债分数、流式计算平台等技术手段提升多维度、深层次的数据分析能力。在强调技术赋能深层数据分析的同时，加强业务、技术联动，打造自助建模平台，降低建模门槛，让业务人员主导分析过程。

2. 算法赋能

算法是指解题方案的准确而完整的描述，是一系列清晰的指令，算法代表用系统的方法描述解决问题的策略机制。不同的算法可能用不同的时间、空间或效率来完成同样的任务，一个算法的质量可以用空间复杂度与时间复杂度来衡量。

那么算法如何为银行数字化赋能呢？比如对于手机银行中的各种客户行为数据，可以利用分类算法进行分类，从而实现精准化服务以及智能推荐。可以根据预测算法，对未来的各种数据进行预测。科学的数据预测可以辅助信贷决策，甚至可以进一步代替部分人工决策，帮助提升工作效率以及决策精确度。

机器学习中常见的 10 个算法如下。

- 线性回归
- 逻辑回归
- 决策树
- 随机森林
- 人工神经网络
- 支持向量机
- 朴素贝叶斯
- K- 最近邻算法
- K- 均值
- 降维

3. 模型赋能

数据是基础，算法是支撑，模型是落地。下面介绍在数字化风控体系中的常用模型。

（1）贷前

- 用户响应模型：主要用于线上获客及用户转化情况分析。
- 申请评分卡模型：主要侧重贷前的风险控制，结合客户填报信息及其他大数据，预测未来放款后违约的概率。
- 申请反欺诈模型：识别高风险欺诈客户及其欺诈行为，如信息造假、伪冒申请、篡改设备指纹、安装作弊软件等。
- 风险定价模型：根据客户评分情况，结合其信用历史、违约概率、行为信息等数据进行分析，确定客户的初始利率。
- 用户价值模型：在风险评分难以决策的区域制定置入置出策略，预测客户未来给银行带来的潜在收益。如果客户风险等级相同，则选收益更高的。

（2）贷中

- 行为评分卡模型：通过分析客户贷款期间的各种行为，挖掘客户需求，推荐差异化的信贷产品，多用于交叉销售以及额度调整。
- 交易反欺诈模型：通过客户交易行为，判别刷单、薅羊毛、套现等欺诈行为，以及盗号盗刷行为。
- 客户流失预警模型：针对客户流失数据进行分析，提取特征变量，帮助银行提前采取客户挽留措施。

（3）贷后

- 早期催收预警模型：对非还款意愿差造成的短时间逾期客户进行预警，一般无须人工电话参与催收，以短信、微信提醒为主。
- 还款率预测模型：预测经过催收之后，最终有可能收回的欠款比率。
- 迁徙率模型：评估客户短期内是否会违约，可以预测逾期的人群从低账龄逾期变为高账龄逾期的概率。

- 失联修复模型:借款人失联后,银行通过数据库或关系网络找到其新的联系方式(如亲友、同事、同学等),修复客户失联状态。

3.2 银行必须具备数字化风控理念

在第 1.1.3 节已经对传统风控、智能风控以及它们与数字化风控之间的区别及联系做了阐述。为便于读者理解,本节从风控理念方面做进一步解读。

3.2.1 传统风控与数字化风控

先来看两张图,直观感受传统风控与数字化风控之间的区别。

图 3-3 展示了传统银行的贷款流程。

图 3-3 传统银行的贷款流程

图 3-4 展示了互联网金融平台的贷款流程。

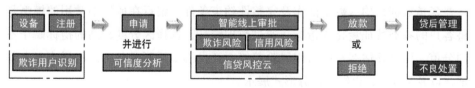

图 3-4 互联网金融平台的贷款流程

银行从业者对于流程优化的概念应该再熟悉不过。十多年前,笔者在筹建消费金融公司时,领导也提出了同样的要求,要改变传统银行零售业务的烦琐流程，大幅精简客户申请资料，提高业务处理效率，满足消费金融客户"短、频、快"的需求。但是，传统银行的风控流程如果没有金融科技或其他数字化工具的支持，在合规的前提下，基本没有太大的调整空间。

在这里，笔者想强调一点，传统风控与数字化风控在理念上最大的区别是核心关注点不一样。传统风控对于线下业务，最关心的是信用风险管理，重点是对客户还款能力的预判；而数字化风控既要满足线下风控要求，更要防范线上欺诈风险。回顾图 3-4，互联网贷款的数字化风控首要关注欺诈风险。

举个例子，如果某银行想上线一款互联网贷款产品，按照过去的传统风控思路，一般会建立一个信用风控模型，重点分析该产品的客户群体的违约率、预期损失率等指标。假设该产品预计违约率为 1.5%～2%，属于银行可接受范围，那么就会直接上线；反之则不会。不知道大家注意到没有，在这个过程中，银行是没有考虑欺诈风险的。当然，现实当中也有部分银行直接把线下流程搬到线上，连上述步骤都省略了。

3.2.2 模型、规则与策略

在银行的数字化风控体系中，我们经常会听到模型、规则、策略等在传统风控体系里很少遇到的名词。本节介绍模型、规则与策略的含义，以及它们之间的区别与关系。

1. 什么是模型

模型是现实世界数据特征的抽象，或者说是现实世界的数据模拟。模型的三要素是数据结构、数据操作及完整性约束条件。银行在风控中常用的模型是将客户的各类特征量化成指标，通过数理统计，选择区分度较高的指标赋予不同分值，用以评估客户的信用风险等级。开发模型需要具备一定的样本量，并辅之以专家经验，以综合评分形式展示。

2. 什么是规则

业务规则或风险规则是经过多年工作经历形成的，可以直观展示的专家经验。比如，在银行的具体业务中，有些风险状况很少发生，而一旦发生，造成损失的可能性很大。这种情况一般靠模型综合评分难以体现，因为极端风险情况的分值在模型中很容易被其他指标数值掩盖，通过规则却可以比较明显地将极端风险表现出来。

模型与规则的区别主要表现在以下方面。

1）范围不同。二者都可以反映规律，不同之处在于，模型反映的是各种风险指标的综合表现，分数由多个因素决定，是整体、主要、一般的规律；规则反映的一般是极端情况、单一因素，是局部、次要、特殊的规律。

2）角度不同。模型的主要作用是将复杂问题简单化，用评分的形式直观展示风险状况；有些时候，单独看评分并不能做好风险管理，还有一些指标难以作为变量直接部署在模型中，此时规则就可以通过捕捉特殊风险的特征对模型进行补充。

3）灵活性不同。相较而言，规则的灵活性更高，它可以根据实时风险变化及时做出增加规则或删除规则的调整；而模型调整起来就没有这么灵活了，必须通过较长时间的监控并积累足够的数据或变量才可以完成。

二者之间的关系为指标在规则与模型上可以重复使用。一方面，如果规则已经使用的指标再次被模型作为变量使用，一旦触发规则，则直接拒绝或转人工处理，只有未触发规则的指标才会进入模型审批，可以快速排除极端风险状况；另一方面，规则未曾纳入的指标作为变量进入模型，如经过验证发现可以作为单一规则，则需要对该指标重新分箱或替换变量，以此来优化模型。

3. 什么是策略

策略由"规则+模型"构成。在不同的贷款阶段，根据不同的业务场景，针对特定性质的客群，通过业务规则与模型评分的组合应用，如并联、串联以及排序组合，对客户进行筛选和分类，实现反欺诈、授信、风险定价、催收的各阶段目标，最终达到风控的目的。

风控策略是伴随整个业务而生的，分为贷前策略、贷中策略和贷后策略，主要包括准入策略、审批策略、额度策略、定价策略、预警策略以及催收策略等。

在策略体系中，模型是核心，而规则起到补充作用。业务上线初期，由于样本量不足，此时的风控主要以专家经验制定的业务规则为主，发展到一定阶段，有了足够的数据积累，则要适时引入模型。未来银行数字化风控体系中的决策必然要以模型为主，但在转型过程中，可能会在比较长的一段时间内还是以"规则+模型"并行的方式为主。

3.2.3 零售业务数字化风控的5个要点

笔者总结了零售业务数字化风控的5个要点，如图3-5所示。

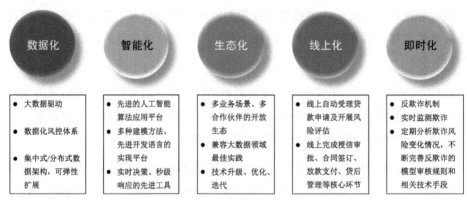

图3-5 零售业务数字化风控的5个要点

3.2.4 案例：大数据风控漏洞引发10亿元骗贷大案

银行零售业务的大数据风控建设已经开展多年。不过，不客气地说，很多银行的数字化其实是"伪数字化"，只是简单地将线下风控措施搬到了线上，而没有在逻辑上真正掌握线上风控，并因此酿成难以下咽的苦果。

很多银行在思维意识上完全没有适应数字变革时代。对线上贷款的风控手段，仅是简单复制对线下贷款的要求，还没有意识到互联网贷款面临的全新欺诈风险。下面以某案件为例，佐证上述结论。

警方破获某案件后，对骗贷情况进行了梳理，具体内容如表3-1所示。

表 3-1 骗贷情况

日期	骗贷申请人数（人）	成功批贷人数（人）	骗贷成功率
2019 年 4 月	207	39	18.84%
2019 年 9 月	124	50	40.32%
2019 年 10 月	511	400	78.28%

从表 3-1 中可以看到，2019 年 4 月，犯罪分子组织了 207 人进行贷款申请，成功率为 18.84%，基本符合银行传统风控对欺诈风险的防范结果。随后，犯罪分子没有立即继续组织客户进行贷款申请，而是在 5 个月后才又开始行骗，此时成功率达到 40.32%。这个成功率给了犯罪团伙信心，他们时隔一个月，又大规模组织人员进行骗贷，500 多人申请，将骗贷成功率提升至 78.28%。如果警方没有查获该案件，他们继续这样的操作，接下来成功率甚至可能突破 90%。

那么，我们分析一下，在犯罪分子不断试探银行风控底线并持续提高骗贷成功率的时候，银行的风控部门在做些什么？有没有及时发现风险并提出预警？有没有优化风控模型？有没有调整风控策略？有没有更新迭代决策机制？

很遗憾，从数据结果来看，所有受骗的银行都没有任何主动防控风险的举措，只是在贷款逾期后，发现借款人失联，才想起报警，但损失已经形成，不出意外，也追不回多少贷款资金。

现在来分析一下这个案件，先看如图 3-6 所示的信息。

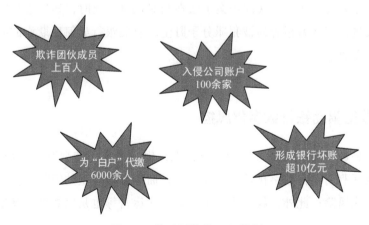

图 3-6 诈骗团伙的一组数据

犯罪分子利用黑客技术入侵 100 余家公司的公积金账户,并替征信"白户" 6000 余人代缴了公积金。这些原本没有贷款资质的人有了真实的公积金缴存记录,摇身一变,成了银行的优质客户,可以用最低的利率获得银行的信用贷款。

在这里梳理一下银行的优质客户群体都有哪些。

- 公务员、医生、教师。
- 高级技术职称人员、执业注册会计师、执业律师、世界五百强企业员工。
- 代发工资户。
- 公积金缴存户。
- 社保缴存户。
- 优质房贷户(连续正常还款一年以上)。
- 优质车贷户(连续正常还款一年以上)。

对于这些优质客户,大部分银行的信贷政策都是利率低、额度高、批复快。但是,身份信息真实、数据来源确定的客户,就一定是优质客户吗?显而易见,并不见得。从上述案例中可以看出,即使是来自公积金中心的真实数据,即使是经过人脸识别的本人申请,也完全有可能沦为骗贷工具,给银行带来巨额损失。当然,前两类具有身份属性的优质客户除外,因为造假成本过高且很难成功。

数字化时代,诈骗团伙的作案手法在与时俱进。此时,如果银行的风控水平没有长进,那么就很容易被犯罪分子盯上。有关银行如何反欺诈的问题,将在第 7 章详细讲述。

3.3 数据驱动银行数字化风控

数据是数字化时代最宝贵的资产,也是银行数字化转型取得成功的基础。当前,数据驱动银行数字化转型已成趋势,而数据驱动型的银行风控,其核心思想是量化风险;此外,数字化营销、数字化运营等也是以数据为基础的,如图 3-7 所示。

第 3 章 贷前、贷中数字化风控

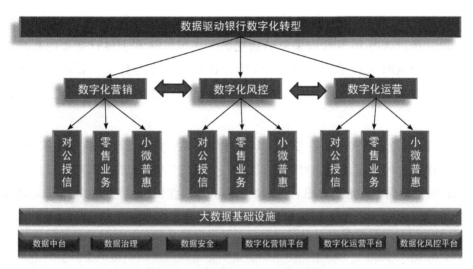

图 3-7 数据驱动银行数字化转型

3.3.1 获取数据的 3 种方式

1. H5 渠道

HTML 5（H5）是一种快速开发网页的编程语言。H5 渠道就是基于 HTML 5 语言开发或搭建的网页，有 PC 端和移动端两种形态。银行的官网、微信公众号、小程序通过 H5 页面，可以获得客户数据。比如，很多银行会在微信公众号中设置借款 H5 链接，客户点击立即申请，仅需完成姓名、身份证号、手机号等简单信息的填写，即可线上申请贷款。

H5 渠道的优点是开发方便、快捷，属于轻量级开发任务。但是对于风控数据的采集，还有较大限制。因为 H5 页面只能搜集表格类型的数据，所以如果银行需要客户填写哪种类型的信息，就要事先设计好输入框，由客户自行填写，而为了确保客户体验，又不能设置太多的填写项目，这个渠道的数据虽精准但很有限。

2. API 渠道

银行通过应用程序接口（Application Programming Interface，API），

可以从合作方流量平台获取大量客户信息。与通过 H5 渠道采集的有限信息相比，通过 API 渠道可以采集的信息就太多了，基本上银行需要的数据都可以通过 API 来传输。不过，API 能传什么、不能传什么，要基于数据提供方的意愿以及授权。此外，由于数据信息由合作方提供，其真实性无法确认。

API 渠道的优点是操作简单，只要合作方开放数据接口，银行直接对接即可获得客户的数据信息。对于银行而言，在通过 API 渠道获得更丰富的客户数据信息的同时，也要考虑合作方的实际利益，在协议谈判中明确双方的利益分配。

3. SDK 渠道

软件开发工具包（Software Development Kit，SDK）可以是简单的为某种编程语言提供应用程序接口的一些文件，也可以是能与某种嵌入式系统通信的复杂硬件，通常是工程师为特定软件包、软件框架、硬件平台、操作系统等建立应用软件时所使用的开发工具集合。银行可以通过将 SDK 嵌套在银行 H5 或 App 之中实现封闭式数据获取和管理。在数字化风控方面，通过 SDK 设定，既可以获取用户设备唯一识别码进行反欺诈，也可以采集客户申请贷款的行为数据，构建信用评分模型。

3.3.2 行内数据应用的 3 个要点

银行业金融机构需要从战略层、管理层、执行层循序渐进地开展工作。

1. 战略层：全面数据战略规划

数据治理是一个长期而深入地在经营管理中充分发挥价值的动态过程。银行不仅要将数据治理、数据价值实现纳入公司治理范畴，还需结合自身发展战略与监管要求，制定全行数据战略规划，通过风险管理、业务经营与内部控制等领域中的数据应用，逐步将规划要求落地，实现数据驱动，发挥数据价值。

2. 管理层：数据治理组织架构

一方面，银行要按监管要求建立组织架构健全、职责边界清晰的数据治理架构，明确董事会、监事会、高级管理层和相关部门的职责分工，建立多层次、相互衔接的运行机制；另一方面，数据治理体系建设涉及诸多系统与业务流程的交织，监管报送通常以统计、财务相关职能归口管理。

围绕数据相关的工作，必须由专人专岗负责，随着数据治理成熟度的提升、数据业务范围的拓展，可逐步成立数据管理小组、数据管理部门。

3. 执行层：高效数据治理工具

银行在执行层面要善于利用数据治理工具，采用高效持续的数据治理执行方式。数据治理要短期见效，既是很多银行高层的期望，也是执行层务必快速落实的工作。以数据质量管理为例，银行往往为呈现数据治理当下的效果，要求各部门定期手工开展数据质量检查活动，实现数据质量监控，以期改善数据质量。而数据治理工具可以有效提升数据价值，是组织推动战略落实的基础，由管理体系和技术体系共同组成，包括组织、制度、流程、技术以及支撑工具等。

3.3.3 行外数据管理的 6 个要点

银行在接入外部数据源时，一般有可能面临以下问题。

- 周期长。市场数据源众多，造成甄选困难、选择周期较长的问题。
- 耗时久。大量外部数据需要技术对接，耗时比较久，后期维护也很吃力。
- 评估难。数据监控与管理流程复杂，数据接入后，接口数据质量与接口稳定性评估比较难。
- 计费乱。由于外部各数据源计费方式不一致，造成对账方式复杂，数据源成本增加。

为有效解决上述问题，银行在外部数据管理方面的要点，如图 3-8 所示。

图 3-8　银行外部数据管理的要点

1. 全面覆盖

银行要对市面上的主流数据源做到全面覆盖,采用各类标准化、定制化的数据产品 API,自定义规则及可视化展示,对各类数据源进行自主筛选、使用与切换。

2. 快速对接

银行要做到数据源快速对接,对第三方数据源的差异化 API 进行预处理整合,以标准通信协议、加解密方案、鉴权方式、数据格式等统一开放 API 提供给业务端。

3. 质量监测

银行要通过内嵌数据监控模块,对数据质量进行实时监测,全可视化配置报警策略和接收人员,如接口稳定性、响应性能等运行指标出现问题要及时报警。

4. 成本管控

银行要做到对成本的实时管控,通过内嵌账务管理模块支持查询周期性调用量和导出可视化对账表,方便成本管控人员全面掌握数据源的使用情况。

5. 实时查询

银行通过内嵌商业智能报表模块,对不同分支机构的业务、数据源、数据产品,按不同的时间周期,从数据调用量、调用成本、数据查得率、成功率等方面,为分析和决策提供支持。

6. 全量回溯

银行要做到对数据全量可回溯,具体讲就是通过对所有数据源调用查询记录进行版本化、日志化、结构化存储,提供全可视化历史调用记录的查询与回溯,评估数据源质量。

3.3.4 选取优质数据源的5个公式

银行在数字化转型的过程中或多或少会引入一些外部数据,而现在与银行合作的金融科技公司大多有自己的数据源。不过,数据可能高度同源,质量参差不齐。对于银行而言,如何科学选择第三方数据源就显得极为重要了。如何以最经济的成本甄选出符合本行需求的数据源呢?不妨先了解一下图3-9。

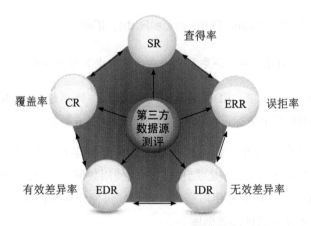

图 3-9 第三方数据源测评

1. 查得率（Search Rate，SR）

$$SR = 查得数 / 样本量$$

查得率越高越好，表明数据查询覆盖范围比较广。

2. 覆盖率（Cover Rate，CR）

$$CR = 查得命中黑名单数 / 样本中命中黑名单量$$

覆盖率越高越好，表明数据命中率比较高。

3. 误拒率（Error Reject Rate，ERR）

$$ERR = 查得命中黑名单数 / 样本中通过且为好样本的量$$

误拒率是衡量错误拒绝的指标，越低越好。

4. 有效差异率（Effective Difference Rate，EDR）

$$EDR = 查得命中黑名单数 / 样本中通过且为坏样本的量$$

有效差异率要与无效差异率结合起来观察。

5. 无效差异率（Invalid Difference Rate，IDR）

$$IDR = 查得命中黑名单数 / 样本中其他拒绝量$$

总结一下，SR、CR、EDR 是重点考察指标，越高越好；ERR 越低越好；引入 EDR 与 IDR 两个指标，可以更全面地测试第三方数据。

当然，在实际工作中，银行面临的数据源多种多样，除了上述公式之外，还有几点要提醒读者注意：一是要合法合规地使用数据；二是优先使用免费数据，再使用收费数据；三是优先使用强风险数据，再使用弱风险数据；四是查询数据留存落库，不断充实内部数据库。

3.4 数字化评分模型的建立与应用

信用评分模型是银行进行信用风险管理的重要工具，在数字化时代，随着外部数据、非结构化数据的持续引入，传统以专家经验结合业务数据的信用评分模型的局限性逐渐加大，越来越难以适应业务需求，数字化评分模型则应运而生。

3.4.1 评分卡建模方法论

在此，给读者推荐一种评分卡建模流程的简单记忆方法，或者说是评分卡建模方法论。评分卡的英文是"Scorecard"，这个单词的每一个字母都代表了建模流程当中的一个具体步骤。

- S（Sampling，抽样）：数据选取与抽样。
- C（Cleansing，清洗）：数据检测、数据清洗、数据链接与合并。
- O（Optimization，优化）：数据优化处理，包括客户分群、变量分析与加工、粗分组等。
- R（Regression，回归）：利用统计学回归技术构建模型。
- E（Equalization，转化）：将模型转化为评分卡形式。
- C（Confirmation，确认）：评分卡的评估与确认。
- A（Administration，管理）：实施上线与管理，指定管理人，记录评分卡的使用情况等。
- R（Review，复盘）：评分卡的跟踪验证。
- D（Documentation，归档）：整理记录，完成项目技术文档。

3.4.2 模型验证的 4 个指标

1. ROC 曲线

ROC（Receiver Operating Characteristic，接受者操作特征）曲线是反映灵敏度和特异关系的曲线。在逻辑回归、随机森林、GBDT（Gradient Boosting Decision Tree，梯度提升决策树）等模型训练完成后，每个样本都会获得对应的两个概率值，一个是真正率（灵敏度），一个是假正率（特异度）。每选定一个阈值，就能得到一对真正率和假正率。在概率值区间[0，1]内不停地选择不同的阈值，重复这个过程，就能得到一系列的真正率和假正率，以这两个序列作为横纵坐标，即可得到 ROC 曲线。

2. AUC 值

AUC（Area Under Curve）即 ROC 曲线下方的面积。AUC 值越大，表示模型的分类能力越强。有时也理解为，在按照正样本概率值对所有样本进行排序后，任意选取一对正负样本，正样本排在负样本之前的概率，即为 AUC 值。也就是说，当所有的正样本在排序后都能排在负样本之前时，就证明所有的样本都被正确分类了，此时 AUC 值为 1。例如，AUC 值为 0.93 的模型，表现就非常好。

3. KS 值

KS（Kolmogorov Smirnov）值用于评估模型的风险区分能力，该指标衡量的是好坏样本累计分布之间的差值。好坏样本累计差异越大，KS 值越大，那么模型的风险区分能力就越强。

- KS 值的取值范围是[0，1]。
- 如果 KS<0.2，则模型的区分能力不高，价值不大。
- 一般金融机构开发的评分模型 KS 值大多集中在[0.2，0.4]区间内，行为评分模型的 KS 值会更高一点。
- 如果 0.4≤KS≤0.7，则模型的区分能力比较好，模型有应用价值。
- 如果 KS>0.7，模型过于出色，需要对模型特征工程进行排查。

KS 值比 AUC 值更适合用于模型的评估。

4. GINI 系数

GINI 系数（GINI Coefficient）用于评估模型风险区分能力。GINI 统计值用于衡量坏账户数在好账户数上的累计分布与随机分布曲线之间的面积。好账户与坏账户分布之间的差异越大，GINI 系数越高，表明模型的风险区分能力越强。

3.4.3 数据建模的步骤

1. 数据准备

数据准备是在特定业务及具体信贷场景的基础上定义模型目标,整合内部数据以及外部数据的需求,对项目做整体规划,涉及资源、人力、时间等调度与安排。

具体工作如下。

- 制定业务模型目标。
- 定义数据观察、表现窗口。
- 梳理数据字典。
- 合并数据。
- 审核数据质量。
- 训练、验证、测试数据集。

2. 数据清洗

数据清洗是整个模型建立过程当中最重要的步骤,数据清洗的程度会直接影响模型的准确性和实际适用性,如图 3-10 所示。

ID	收入(元)	婚姻状态	是否有稳定工作
1	¥125 000	单身	是
2		已婚	*
3	6		否
4	$120 000	已婚	?
5	95k	同居	否
6	6		否
...	...	...	...

变量

脏数据

标准清洗流程

ID	收入(元)	婚姻状态	是否有稳定工作
1	125 000	单身	是
2	100 000	已婚	否
3	70 000	单身	否
4	120 000	已婚	是
5	95 000	同居	否
6	60 000	已婚	否
...	...	...	...

变量

干净数据

图 3-10 数据清洗示例

3. 数据初步探索分析

数据初步探索分析是使用箱线图、直方图、热点图等方法，对变量的统计特性及分布、变量之间的相互关系、清洗数据检测和衍生变量构建等进行分析。

具体内容如下。

- 变量统计特性及分布：对字段进行初步的统计审视，包括数据的分布情况、位置检验、所属分布检验、字段信息值查验等。
- 变量之间的相互关系：进行变量之间的相关性分析，检查变量与变量之间的相互关系。
- 清洗数据检测：对清洗后的数据进行检查，包括缺失值的处理情况与结果，极端值的处理情况与结果等。
- 衍生变量构建：将单个原始变量或多个原始变量进行线性变换或者非线性变换，用于提高变量的信息值。

4. 变量筛选

变量筛选是从成百上千个维度中根据业务情况进行有目的的变量降维，筛选出能够最大限度保留和代表相关信息的变量。它对于保障模型的稳定性、抗干扰性以及应用性有着重要的意义。

5. 模型开发与筛选

首先利用逻辑回归、机器学习算法、神经网络、深度学习算法等方法，使用训练集或者交叉训练集，训练出满足业务目标需求的预测模型；然后在测试数据集中，利用统计指标在模型之间进行比较。

6. 模型监控

模型开发后，要对模型进行严格的模型监控。根据监控结果决定模型的更新与迭代。

3.4.4 自动化智能建模

随着银行数字化转型的逐渐深入，在言必称数据、模型、策略的工作环境里,很多银行从业人员因为没有 IT 教育背景以及数理统计知识而觉得无所适从。幸运的是,随着金融科技的持续发展,低代码甚至零代码建模技术日益成熟。换言之,自动化智能建模工具横空出世,银行的业务人员不需要学习写代码也可以主导模型建设。

越来越多的具体场景,例如信贷违约预测、潜在客户挖掘、提升客户等,都离不开对数据的分析、挖掘与建模。目前,多数银行使用统计分析系统(Statistical Analysis System,SAS)或 R/Python 等工具和编程语言通过人工方式建模。不过,在建模过程中也遇到了很多问题。如何解决这些问题,有没有成功案例可借鉴,下面我们一起来探讨一下。

1. 银行面临的四大问题

(1)建模数据问题

- 目标变量与数值变量非线性相关。
- 存在大量缺失值、异常值。
- 数据来源复杂且多变。
- 存在大量高基数分类变量。

(2)人员素质问题

- 缺少专业建模人员。
- 建模人力成本较高。
- 缺少底层架构专业人员。

(3)建模周期问题

- 周期长:完整的建模周期耗时数月。
- 生命周期短:很多模型的有效生命周期不到半年。

(4)建模需求问题

- 银行所有部门均有建模需求。
- 不同部门的建模需求不同。
- 同一部门不同地区的建模需求不同。

- 模型的开发、使用及验证需求不同。

有鉴于此，银行迫切需要从人工建模转向智能建模，并据此提升建模效率、降低建模成本、提高业务效率，同时更充分地挖掘与分析银行多年以来积累的大量业务数据，使其焕发新的生命活力。

2. 智能建模的三大优势

SAS建模对人员基本素质有较高要求，如熟练掌握SAS各种模块的功能和使用方式，具备机器学习方面的知识，能够根据不同情况采取合理的预处理方式，会选取正确的模型算法或算法组合，具备设计模型能力与丰富的建模经验，可以调试出较优模型，当流程报错时具有调试能力。而智能建模方式则只需要业务人员将数据导入，一键操作，即可创建高质量的模型，不需要了解机器学习，也不需要具备丰富的建模经验。

两种建模方式的对比如图3-11所示。

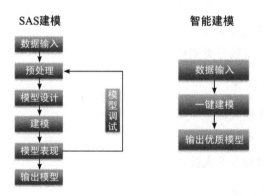

图3-11　两种建模方式的对比

具体而言，智能建模的优势体现在以下方面。

（1）极大提升建模效率

手工建模方式需要的参与人员较多，周期较长。例如在数据预处理阶段，需要业务专家、数据分析师以及行业专家参与，花费一个月左右的时间，完成缺失值处理、高基数变量处理、数据平滑处理、数值变量筛选以及衍生变量添加等工作后,才能进入下一个环节。之后每个环节都会由不同领域的专家组成团队,共同完成建模工作。

智能建模方式将建模周期从以月为单位,缩短到以天为单位,甚者进一步以小时、分钟为单位,大大提升了建模效率,如图 3-12 所示。

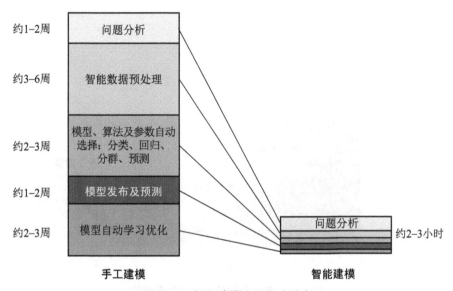

图 3-12　智能建模大幅提升效率

（2）业务人员主导建模

下面介绍的这个场景,相信很多人并不陌生：为了满足不断变化的业务需求,业务人员经常追着 IT 人员,向他们要报表、要数据、要模型。而解决这一问题的关键就在于降低建模门槛,让业务人员可以主导模型的开发过程,做到自助加载数据、自助建模、自助分析。如此一来,既能满足业务的迫切需求,也能避免 IT 人员无休无止的加班,两全其美,双方共赢。

随着科技的进步,低代码平台的高生产率及易用性使业务人员能够直接参与应用软件的开发,从而实现对企业业务流程的不断优化,及时响应市场变化,满足客户需求。而面向业务人员开发的无代码平台提供了数字表单建模及可视化流程建模的功能,帮助非 IT 专业人员进行模型开发,可称其为业务主导模式。

（3）有效把握机会窗口

传统手工建模方式效率低、耗时久、周期长、成本高。这里的成本一般指的是人力成本以及资金、资源成本。很多人可能还没有意识到，由于传统建模方式存在上述弊端，还会错失机会窗口，难以敏锐把握市场机会，如图3-13所示。

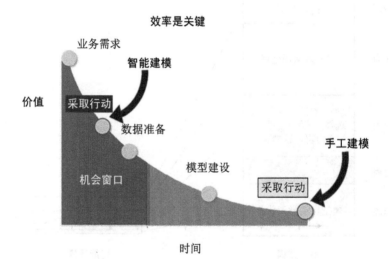

图3-13 有效把握机会窗口的重要性

3. 智能建模案例

下面选取两个比较有代表性的场景，进一步了解智能建模对银行业务的帮助。

（1）个人分期违约预测

1）建模目标。判断个人用户违约的概率，并针对不同用户制定合理的分期策略。

2）传统建模遇到的问题包括：数据维度缺失；容易出现模型过拟合；建模周期长，模型生命周期短。

3）智能建模的优势如下。

- 智能数据维度扩展模块可利用有限的数据维度挖掘出更多信息变量。
- 智能模型筛选可以有效避免过拟合现象。
- 建模时间短。
- 模型适用性强。
- 对有效人群的覆盖率高。

某银行实施的个人分期违约预测智能建模项目，业务人员仅用 13 分钟就完成了从数据预处理到建模的全过程，模型表现与传统模型表现相比没有出现过拟合现象，且更加稳定。智能建模迅速完成了银行的预定目标，实现对个人分期用户违约概率的准确判断，在加强其风控能力的同时，也可以给予更加合理的分期策略建议，帮助银行实现收益最大化。

（2）小微企业信贷客户违约预测

1）建模目标：根据小微企业信贷客户的信息，综合判断小微企业信贷客户的违约概率，帮助银行拓展小微企业客户的信贷业务。

2）传统建模遇到的问题如下。

- 小微企业客户信息数据来源复杂。
- 与时间相关的信息特征难以利用。
- 数据维度多，建模预处理难度大。
- 容易出现模型过拟合。
- 小微企业客户的情况复杂，违约条件难以划分。

3）智能建模的优势如下。

- 智能筛选重要的变量，合理升维、降维，让业务人员可以通过最小维度特征建模。
- 充分利用时间因素。
- 智能模型筛选可以有效避免过拟合现象。
- 业务人员根据需求快速建模，综合多种模型表现选择合理划分违约条件。

某银行实施的小微企业信贷客户违约预测项目，业务人员仅用 17 分钟建成模型，模型表现稳定，能快速有效提升银行对小微企业信贷客户违约概率的准确判断，数字化风控能力进一步得到强化。

3.5 本章小结

本章从银保监会下发文件要求银行自建核心风控体系入手，着重介绍数字化风控理念，全面讲解了零售业务在贷前、贷中的数字化风控体系建设，内容涉及数据治理、规则与模型、模型验证指标、建模流程、智能建模方法等方面，希望能帮助读者了解银行如何借助策略、模型及算法赋能，提升数字化风控能力。

第 4 章

数字化风控模型

风控模型有很多种,如违约模型、信用模型、反欺诈模型等。本章从模型在数字化风控体系中的重要性角度出发,介绍二代征信解析模型、授信额度模型、风险定价模型与风险预警模型。

4.1 二代征信解析模型

自 2005 年起,各家银行开始广泛接入中国人民银行信用信息基础数据库,俗称人行征信系统,使用征信报告进行风险分析与判断。随着 2020 年第二代征信系统上线,银行对征信报告的应用迈入模型解析时代。

4.1.1 什么是征信

征信,在本质上属于信用信息服务,在实践中表现为专业机构依法采集、调查、保存、整理、提供企业和个人的信用信息,并对其资信状况进行评价,以此满足从事信用活动的机构在信用交易中对信用信息的需要,解决借贷市场信息不对称的问题，从而降低信用风险。

按业务模式，征信可分为企业征信与个人征信。企业征信主要收集企业信用信息、生产企业信用产品；个人征信主要收集个人信用信息、生产个人信用产品。截至2020年12月底，全国共有131家企业征信机构在中国人民银行备案。此外，除了央行，只有百行征信和朴道征信获得了个人征信业务牌照。

下面简要回顾一下国内征信的历史。

- 1997年，中国人民银行开始筹建银行信贷登记咨询系统（企业征信系统的前身）。
- 2004—2006年，中国人民银行组织金融机构建成全国集中统一的企业和个人征信系统。
- 2006年3月，经中央机构编制委员会办公室（简称"中编办"）批准，中国人民银行设立中国人民银行征信中心（简称"人行征信中心"），作为直属事业单位专门负责企业和个人征信系统的建设、运行和维护。
- 2008年5月，人行征信中心正式在上海举行挂牌仪式。
- 2013年，国务院颁布《征信业管理条例》，央行颁布《征信机构管理办法》，促使我国征信业务正式进入有法可依的规范化阶段。
- 2021年7月，中国人民银行征信管理局向网络平台机构下发通知，要求网络平台实现个人信息与金融机构的全面"断直连"[一]。
- 2022年1月1日起，中国人民银行发布的《征信业务管理办法》正式实施。

4.1.2 二代征信报告解析面临的五大挑战

2004年，笔者还在银行工作时，曾有幸成为央行个人征信系统的首批试用者，第一次接触个人征信领域。当时，中国人民银行在全国建设了集中的个人征信系统。在人行二代征信系统上线之前，笔者也曾参与主管部门组织的相关问题讨论，对征信系统建设过程略知一二。

[一] "断直连"是指相关数据应经过"平台—征信机构—金融机构"的路径进行对接，即金融机构只能经过征信机构获取征信数据，互联网平台只能和征信机构对接。

2020年1月19日，央行完成二代征信系统切换，面向社会公众和金融机构提供二代格式信用报告查询服务。从笔者自身感受来讲，与一代征信系统相比，二代征信系统更加完善，数据更加全面，数据组织模型得到优化，基本信息和信贷信息进一步丰富，展示形式得到很大改进。更为重要的是，二代征信报告信息的更新效率提高了，能够更为全面、及时地反映个人、企业的信用状况。

也可以说，二代征信报告的本质是一个数据集合，这是它与一代征信最大的区别。二代征信报告，在完整、及时展示个人征信记录的同时，也让银行在征信解析，特别是在衍生变量设计上，面临着全新的挑战。

二代征信报告解析面临的五大挑战如图4-1所示。

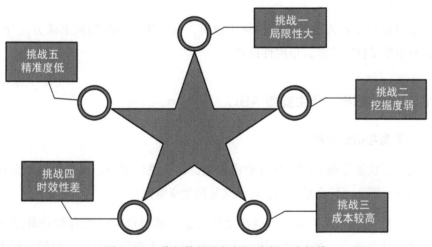

图4-1　二代征信报告解析面临的五大挑战

1. 局限性大

很多银行的建模人员缺乏实际业务场景的开发经验，在变量设计上思路不清晰，无法设计丰富、精准度高、指向性明确的变量，在建模方面有较大的局限性。

2. 挖掘度弱

一般来讲，银行建模人员会基于某个业务场景进行衍生变量的设计，不过数量不会太多，这也导致银行无法充分挖掘二代征信报告的有效信息。

3. 成本较高

传统银行部门界限明确，而模型开发又涉及不同部门、不同岗位，在旧的工作模式下，多部门沟通协调耗时费力，无法及时开发新变量。

4. 时效性差

银行开发成百上千个变量，周期往往长达数月，且测试流程繁杂、效率低下，无法适应数字化风控敏捷开发、迅速上线的时效性要求。

5. 精准度低

很多银行建模人员缺乏算法加工逻辑，仅采用简单的加减乘除方法计算，导致衍生变量精准度低，指向性模糊。

4.1.3 报告解析：衍生变量 ABC

1. 变量与衍生变量

进行二代征信解析需要构建数据模型，而一说到模型，就必然涉及变量和衍生变量。那么，什么是变量，什么又是衍生变量呢？

变量的概念来源于数学，现在主要是指计算机语言中能存储计算结果或表示值的抽象概念，建模时会用到原始变量和衍生变量。其中，原始变量也叫初始变量，衍生变量则是因原始变量的变化而变化的变量。

例如，人行征信报告中直接显示的基本信息、贷款类型、还款期限等，就属于原始变量；如果设定一个条件，在 X 期间正常还款的 Y 类贷款，就产生了衍生变量。善于提炼基于二代征信原始变量的衍生变量，是银行数字化风控能力较强的体现之一。

2. 设计衍生变量的六大原则

建模人员在设计衍生变量时，应遵循以下六大原则，如图 4-2 所示。

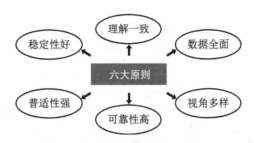

图 4-2　设计衍生变量的六大原则

- 理解一致：衍生变量的含义要方便业务人员（规则岗、模型岗）理解，不能有歧义。
- 数据全面：覆盖二代征信报告的全部数据信息，如基本信息、信贷信息、社会信息、查询信息等。
- 视角多样：要从业务场景、贷款要素、客户行为等不同角度设计各类衍生变量。
- 可靠性高：信用信息要完全基于二代征信报告，真实、客观、有效。
- 普适性强：适用于多场景多业务类型，如客户申请、注册激活、还款行为、额度管理等，并涵盖营销、风控、运营等方面。
- 稳定性好：完全根据二代征信报告中稳定可获得的信息设计衍生变量。

3. 衍生变量应用的分类

为便于策略岗与模型岗的理解与应用，基于衍生变量及其应用场景，将其分为 6 个类型，如图 4-3 所示。

4. 衍生变量库解决四大痛点

曾经有银行强行将二代征信数据转变为一代征信变量，因测试覆盖率不足，数据转换处理不精确，导致模型中没有采集到部分客户的逾期信息，结果对这些客户进行授信，造成了千万级损失。还有个别银行使用过期的数据，导致超额授信时有发生，造成风险隐患。为有效解决在二代征信解析方面的痛点、难点，银行有必要采用衍生变量库整体解决方案。

针对银行在二代征信解析模型构建中普遍会遇到的几类问题，衍生变量数据库可给出整体解决方案，如图 4-4 所示。

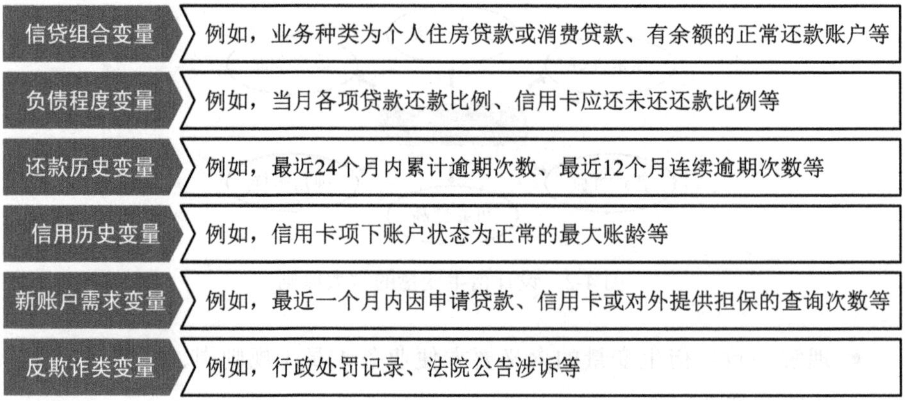

信贷组合变量
例如，业务种类为个人住房贷款或消费贷款、有余额的正常还款账户等
负债程度变量
例如，当月各项贷款还款比例、信用卡应还未还还款比例等
还款历史变量
例如，最近24个月内累计逾期次数、最近12个月连续逾期次数等
信用历史变量
例如，信用卡项下账户状态为正常的最大账龄等
新账户需求变量
例如，最近一个月内因申请贷款、信用卡或对外提供担保的查询次数等
反欺诈类变量
例如，行政处罚记录、法院公告涉诉等

图 4-3　衍生变量应用的分类

问题1：使用代码设计衍生变量门槛高、速度慢
解决方案：
无代码建立模型，操作简单，快捷易懂
问题2：新的数据问题须对计算逻辑随时改进
解决方案：
可随时改进计算衍生变量逻辑
衍生变量库
整体解决方案
问题3：正确性检验与计算流程监控难度高
解决方案：
征信数据分析计算全流程可视化
问题4：新增业务需要快速增加衍生变量
解决方案：
单个衍生变量控制在几分钟内完成部署

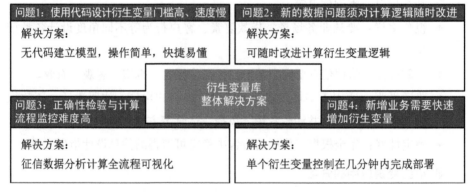

图 4-4　衍生变量库整体解决方案

5. 6 个典型场景的处理方式

银行在建立二代征信解析模型的过程中会遇到一些典型的共性问题，比如关键数据项缺失、数据标准不一致、逻辑不合理等。笔者针对以下 6 个典型场景分别提供处理方式，帮助读者加深印象，以期在实际工作中做到举一反三。

场景一：二代征信报告中没有核销数据项，核销账户未做处理。

（1）解决方法

增加衍生变量计算核销账户数。

（2）范例表达式

COUNT（业务管理机构代码）筛选条件为余额 >0 AND 账户状态 = "销户"。

场景二：贷款五级分类㊀中没考虑"未分类"账户怎么处理。

（1）解决方法

修改原有规则。

（2）范例表达式

"五级分类非正常账户数"规则修改的范例表达式：

COUNT（业务管理机构代码）筛选条件为（账户类型 = "非循环贷账户" OR 账户类型 = "循环贷账户" OR 账户类型 = "循环额度下分账户"）AND（五级分类 <> "正常" AND 五级分类 <> "未分类"）AND 余额 >0。

场景三：准贷记还款状态出现"1"或"2"，认定为逾期。

（1）解决方法

贷记卡与准贷记卡分别处理。

（2）范例表达式

"最近 24 个月信用卡最大逾期期数"计算的范例表达式：

MAX（还款状态）筛选条件为（账户类型 = "贷记卡账户" AND 还款状态 >0）OR（账户类型 = "准贷记卡账户" AND 还款状态 >2）。

场景四：从最近 24 个月还款段中取数，查得数据超过 24 个月的周期。

解决方法：模型系统自动进行数据校准。

场景五：贷款逾期时间 1 年以上，当前逾期期数为 1 怎么办？

㊀ 贷款五级分类是指银行依据借款人的实际还款能力，按风险程度将贷款质量划分为正常、关注、次级、可疑、损失等五类，其中后三类为不良贷款。征信报告中每笔贷款都会显示五级分类结果。

（1）解决方法

从还款记录信息数据项中取数。

（2）范例表达式

"贷款当前最大逾期期数"计算的范例表达式：

MAX（还款状态）筛选条件为还款状态 >0 AND DATEDIF（月份，报告时间，3）<=1 AND（账户类型 – 基本信息 = "循环贷账户" OR 账户类型 – 基本信息 = "非循环贷账户" OR 账户类型 – 基本信息 = "循环额度下分账户"）。

场景六：逾期月份数只是将逾期汇总表中的逾期月份直接相加，与手工计算的结果不符。

（1）解决方法

从还款记录信息数据项中取数。

（2）范例表达式

贷款单月最大逾期金额的范例表达式：

第一步，HSUM（逾期（透支）总额，月份）筛选条件为账户类型 = "非循环贷账户" OR 账户类型 = "循环贷账户" OR 账户类型 = "循环额度下分账户"；第二步，MAX（第一步）。

4.2 授信额度模型

授信管理是风险管理中重要的工作之一，分为综合授信和单一授信。综合授信多用于比较复杂的公司贷款业务；个人业务中常见的是单一授信（贷款），以一次性贷款与循环类贷款为主。

银行通过构建授信额度模型实现授信额度的科学管理。授信额度管理一般包括授信额度、贷款额度、循环额度、初始额度、产品额度、额度调增及额度调降等内容。授信额度管理能力是银行实现效益最大化的核心竞争力之一，是决定信贷产品盈利能力的关键，构建授信额度模型可以实现科学额度管理。

举个例子,如果给客户的初始额度过低,对其没有产生吸引力,银行自然就会失去这个客户;而对不具备还款能力的客户,如果核定了一个较高的额度,则极有可能形成坏账。

一旦确定了某客户的额度,很难验证这个额度是否真正合理。因此,对授信额度的科学管理就显得尤为必要。

4.2.1 建模目标:利润最大化

从商业角度讲,建设授信额度模型的目标应该是将适当的额度授予适当的客户,确定一个客户的额度要多从利润的角度出发,经过严密的逻辑和复杂的运算得到最终结果,以确保银行利润最大化。授信额度模型需要大量实证数据进行验证,除考虑客户风险外,也要考虑客户需求,还要兼顾当前同业授信水平。

建模时一般会考虑以下 5 个因素,如图 4-5 所示。

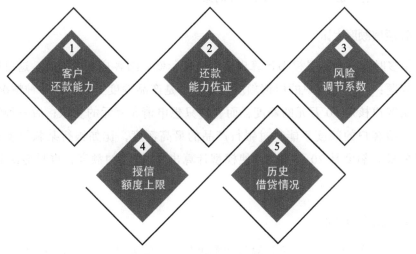

图 4-5 授信额度模型要素

1. 客户还款能力

银行发放贷款是要连本带息收回并获取利润的,客户是否具备还款能力是银行关心的第一要务。如果给客户的授信额度超出其还款能力，显然是不合理的。在授信额度模型中，首先要确定可描述客户还款能力的因素，比如个人的收入情况、小微企业纳税申报情况乃至现金流情况。

2. 还款能力佐证

大多数时候，客户的收入信息是在申请时自行填报的，真实性存疑，实际上也并不是很准确。这个时候，需要将可以佐证客户收入真实性的信息纳入授信额度模型建设中。这类数据来源可靠、真实性强，一般包括社保、公积金、银行流水、信用卡交易信息、实际纳税额等。

3. 风险调节系数

2010年笔者在筹建消费金融公司时，曾首创国内消费金融行业第一张评分卡（专家评分卡），并尝试将客户信用等级与最终授信额度挂钩。当时的做法是将客户评分等级分区，在每个分区加入相应的风险调节系数，这个系数可以乘在最终额度上，也可以乘在中间过程的某一个额度上。

4. 授信额度上限

很多时候，并不是模型计算出多少额度，就要给客户多少额度。这里还有两个问题：一个是客户的申请额度；另一个是产品额度上限。前一种情况是，银行给客户核定10万元的额度，而客户只想申请5万元的贷款；后一种情况则是，给客户的额度不能超过银行产品的最高额度，比如银行某款线上贷款产品的最高额度是20万元，即使模型计算出30万元的额度，也只能给到20万元。

5. 历史借贷情况

在额度模型经过一系列计算得出额度后，还需要从人行征信系统中获取客户当前的负债信息，要从计算出的额度中减去这一部分。通俗地讲，这是进一步考察客户资产负债比，避免客户还款能力不能覆盖全部债务，出现还款压力而造成逾期或不良。

4.2.2 矩阵额度模型：从一维到多维

1. 一维矩阵额度模型

一维就是单因素，可以基于"风险"这一单一维度构建最初的简单额度模型。假定银行要推出一个贷款产品，额度区间定在 1 000 ～ 10 000 元之间。在"一维"模式下，可以根据客户风险等级，进一步将额度细分成 5 个区间，即低风险 10 000 元、中低风险 8 000 元、中风险 5 000 元、中高风险 2 000 元、高风险 1 000 元，如表 4-1 所示。

表 4-1 一维矩阵额度模型

低风险	中低风险	中风险	中高风险	高风险
10 000 元	8 000 元	5 000 元	2 000 元	1 000 元

2. 二维矩阵额度模型

更进一步，可以在"风险"维度的基础上，加上"收入"维度，形成一个二维矩阵额度模型，如表 4-2 所示。

表 4-2 二维矩阵额度模型

	低风险	中低风险	中风险	中高风险	高风险
高收入	10 000 元	8 000 元	5 000 元	2 000 元	1 000 元
中高收入	8 000 元	5 000 元	2 000 元	1 000 元	0 元
中等收入	5 000 元	2 000 元	1 000 元	0 元	0 元
中低收入	2 000 元	1 000 元	0 元	0 元	0 元
低收入	1 000 元	0 元	0 元	0 元	0 元

3. 多维矩阵额度模型

除"风险"与"收入"两个维度之外，还可以加入更多维度的数据，使授信额度模型更加完善。这些数据一部分来源于银行内部，如客户在申请表上填写的信息、业务办理中留存的数据、老客户的还款信息等；另一部分来源于外部资源,如人行征信、三方征信、政务信息、税务信息、运营商、网络交易行为以及水电煤气生活缴费信息等第三方数据。

4.2.3 模型训练与机器学习

授信额度是由多个因素共同决定的,为了更精确地反映不同因素对于授信额度的作用,我们可以建立初始授信额度模型和额度调整因子模型,通过模型训练与机器学习等方式不断精确量化不同因素在授信额度中的作用。

1. 模型训练

模型训练数据集通常来源于历史信贷客户数据。初始额度模型的主要任务是根据客户的基本属性衡量其基本贷款需求。在初始额度模型的训练过程中,会采用较为基础或单纯的输入变量进行训练,还可以采用包括基本属性数据和资产类指标作为输入变量来训练模型,而在训练其他的额度调整因子模型时,输入变量不包括资产类指标。

训练初始额度模型时,要选择信用良好的客户数据,主要包括基本属性数据与资产类数据。基本属性数据包括客户的年龄、性别、学历、职业等基本信息,一般是客户申请注册时提交的;资产类数据一般包括收入、负债、固定资产、月均消费额、信用卡额度等。将基本属性数据和资产类数据作为输入变量,将授信额度数据作为目标变量。

2. 机器学习

比较流行的机器学习方法包括最近邻法、梯度提升决策树、神经网络算法等。在授予初始额度时,可以选择最近邻法。

例如,客户甲提交贷款申请时,银行已提前建立好申请客群 A,随机授予额度,并且观测其表现。在客群 A 中,找到一个子集 C,子集 C 和客户甲的特征比较相似。

在子集 C 中,给予全部客户不同的额度进行测试,然后观测利润实现情况。假定最后发现,在和客户甲比较相似的子集 C 中,授予 1 万元随机额度的客户带来的利润最高,则也应该对客户甲授予1万元的贷款额度。不过必须指出的是,机器学习在初始额度模型上需要有大量测试数据。

4.2.4 3W1H:贷中额度管理

授信额度管理是一个动态过程。银行在贷中额度管理方面可采用3W1H方法,根据不同客户不同阶段的需求,在适当时机根据客户行为及关键指标对其授信额度进行动态调整,既可调增,也可调降。

1. WHO:客户画像

客户画像的要素如下。

- 贷前资质标签。
- 贷中还款行为。
- 客户行为数据。
- 其他外部数据。

2. WHAT:调整对象

调整对象如下。

- 息费:免息、高低费率等。
- 有效期:永久、临时。
- 调额:调增、调降。
- 用途:通用、指定。
- 还款方式:分期、随借随还、最低还款。

3. WHEN:触发机制

触发机制如下。

- 固定周期:3M、6M、9M、12M。
- 临时额度:运营管理。
- 事件触发:逾期、还款等。
- 用户申请:差异化权限管理。

- 奖励提额：补充更多资料时。

4. HOW：调整方式

调整方式如下。

- 关键指标调整。
- 额度使用率。
- 复借率。
- 灵活组合策略。
- 调整幅度。

4.2.5 授信额度生命周期

银行的客户千差万别，行为表现各有不同，即使基本信息类似的客户，在消费习惯上也会存在巨大差异，所以银行一般很难精准判断客户的初始授信额度。如前所述，额度太低客户不满意，额度太高又可能有风险。

进一步讲，假设客户接受较低的初始额度，也没有向银行要求提额，是不是意味着银行的授信额度给对了呢？也不见得，优质客户很可能会从其他银行或融资渠道获得所需额度，这对银行来说，就意味着没有在该客户身上实现盈利最大化。

银行应该在额度管理中根据客户需求及其信用表现定期或不定期地调整客户的授信额度。而从客户获取初始授信额度、使用额度到额度调整，直至额度终止，全部过程可称为授信额度生命周期。

4.3 风险定价模型

在银行发放贷款的过程中，每个借款人的还款意愿与还款能力千差万别，因此需要结合借款人资质、贷款产品属性以及银行风险偏好确定价格。合理的风险定价可以使银行有效控制风险敞口并实现利润最大化。

4.3.1 风险定价一二三

1. 什么是风险定价

顾名思义,风险定价就是对所有风险进行定价。在银行信贷业务中,合理的风险定价,一方面可以让银行为每一个独立个体提供符合其自身情况的风险价格,另一方面也可以使得银行利润最大化。

客户资质、信贷产品与风险偏好是构成银行风险定价的3个核心要素。建立风险定价模型的目的是要达成3个核心要素的动态平衡。对于市场上的花呗、借呗、微粒贷、闪电贷等银行或互联网平台推出的产品,客户在使用时会发现,每个人的借款利率会有所不同,这是产品背后的风险定价模型在发挥作用。虽然距离真正意义上的"千人千面"定价还有很大差异,不过,在当今银行大量贷款仍采用产品定价的局面下,这种方式仍颇具竞争力。

2. 风险定价的意义

银行的信用评分模型是依据风险程度将客户划分为很多等级(如依据信用评分将客户划分为9个等级时,可以标记为 AAA、AA、A、BBB、BB、B、CCC、CC、C),不同等级客户的还款能力是不一样的。举个例子,AA 级客户比 BBB 级客户高两个等级,因为前者的还款意愿与还款能力更强。如果是产品定价,那么这两个客户的利率就会一模一样,一般来说会导致两种结果:一种是 AA 级客户提款意愿度不高,且可能选择其他银行业务,则在本行实际用款率会低于 BBB 级客户,客户利润贡献度降低;另一种是 BBB 级客户由于违约概率更高,在其他机构获得贷款的可能性更低,就会更多地使用本行贷款,加大潜在风险。

银行既要提升客户的客户体验,又要避免坏客户带来的高风险。二者平衡,就必须做好差异化风险定价,真正体现高风险、高收益的风险管理理念。好的风险定价模型还可以帮助银行通过差异化的定价方式服务原先无法触及的长尾客群,有效促进普惠金融的开展。

3. 风险定价的方法

（1）风险定价的两个关键点

- 成本降低，包括获客成本、运营成本、资金成本与风险成本。
- 客群分级，将所有客户根据其表现特征划分成不同客群并匹配风险定价，银行需要掌握客户的基本信息、征信数据、第三方数据、还款表现数据等。

（2）银行回避风险定价的三大症结

当前信贷市场上绝大多数的银行还在执行统一的利率政策，虽然很多银行都表示要开展数字化转型，要实现"千人千面"的定价策略，但这并不是那么容易的。那么，为什么会出现这种现象？症结何在？

笔者总结，原因无非是"不想""不能""不会"。

症结一："不想"

传统银行的风控模式利用的是高利差覆盖风险。目前银行业的风险状况整体良好，虽有隐忧，但整体不良率确实不高，没有大的风险问题，因此很多银行认为没必要做风险定价。

症结二："不能"

高收益、高风险的先进风险管理理念在实际工作中尚未真正落实到位。一方面，有传统体制、机制僵化刻板的原因；另一方面，也有银行面对种种压力有心无力的无奈。

症结三："不会"

搭建风险定价模型，要通过机器学习技术，采用先进算法，涵盖成千上万个变量。很多银行受制于数字化人才短缺与技术能力有限，不会做风险定价。

当然，更深层次的原因在于银行数字化思维与意识不到位，没有做到以"客户体验"为核心开展数字化转型工作。接下来，银行要做的是提升客户体验，深化风险评估，构建风险定价模型，平衡获客与风控的关系。简单来说，就是向好客户提供优惠价格，向坏客户收取风险溢价。

4.3.2 利率市场化赋予银行自主定价权

2019年8月，中国人民银行推进LPR（Loan Prime Rate，贷款市场报价利率）改革，报价行（即提供利率报价的银行）在MLF（Medium-term Lending Facility，中期借贷便利，一种针对中期基础货币的货币政策工具）利率的基础上，综合考虑资金成本、风险溢价等因素报出LPR，充分反映市场供求状况。截至2022年，银行及其他金融机构新发放贷款已基本参考LPR定价，存量贷款也已完成定价基准转换，LPR代替贷款基准利率成为金融机构贷款利率定价的主要参考依据，贷款利率市场化程度明显提升。

2020年年底，中国人民银行发布《中国人民银行关于推进信用卡透支利率市场化改革的通知》，宣布自2021年1月1日起，为深入推进利率市场化改革，信用卡透支利率由发卡机构与持卡人自主协商确定，取消信用卡透支利率上限和下限的管理。

央行取消信用卡透支利率上限和下限的管理，是利率市场化改革的重要一步，表明我国信用卡市场逐渐成熟，风险管理体系日趋完善。信用卡透支利率市场化，标志着我国利率市场化进入新阶段，对银行体系利率定价产生重大影响。可以说，银行自主定价的时代已经到来。

4.3.3 从产品定价到客户定价

银行的产品定价是"千人一面"，而客户定价则可以做到"千人千面"。

作为消费金融行业的亲历者，笔者有幸参与了全国首家消费金融公司的设立，并负责风险管理工作，其中，风险定价是至关重要的一部分。当时，银行的所有贷款利率都是基于产品定价的，调整空间有限。随着消费金融在国内的落地，根据客户的不同风险等级进行差异化风险定价，成为金融机构在利率市场化进程中的必然选择。

首先通过图4-6来了解一下当时的做法。在对客户进行信用等级评估的基础上，按照高风险高利率、低风险低利率的原则进行风险定价。

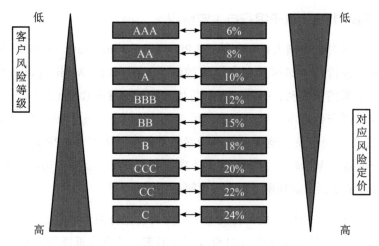

图 4-6 基于客户风险等级的风险定价模型

图 4-6 所示的是一个一一对应的关系，充分体现了高风险、高收益的风险管理理念。对客户的风险定价依据其风险等级，在 9 个风险等级中，高风险对应高定价，低风险对应低定价。当时，监管要求消费金融利率的定价范围是最低执行中国人民银行同期基准利率，最高执行同期基准利率的 4 倍。

可以说，在当时简陋的条件下，已经初步实现了"千人千面"的风险定价模式。客户向消费金融公司申请贷款的时候，并不知道自己获批贷款的具体利率。公司在获取客户提交的基本信息等资料之后，将其录入系统进行客户风险评级，然后根据客户风险等级确定其贷款利率。

不过，这也出现了一个比较尴尬的问题。从风险管理精细化程度来说，这种做法是对银行传统产品定价体系的重大突破。但是业务人员在进行线下营销时，客户体验不佳会导致出现很大阻力。

这是为什么呢？业务人员实地拜访客户，向客户推荐贷款，在双方其他条件基本达成一致的情况下，客户会问一个重要的问题：贷款利率是多少？这个时候，业务人员是答不出来的，因为要回去对客户进行评级后才能得知具体利率，而此时客户信息还未录入系统，业务人员是不知道客户评级结果的。所以很可惜，许多业务就此不了了之。

在十余年之前谈论差异化风险定价，时机并不是很成熟，技术手段也跟不上。现在,随着移动互联网的发展、智能手机的大范围应用以及金融科技数字化的建设,差异化风险定价的时机已经成熟。现在最重要的是,银行要尽快完成从产品定价思维到客户定价思维的转变。

4.3.4 风险定价的 3 个核心思路

在经营风险的过程中,风险定价是核心要素,银行要以提高收益率为目标,合理管控成本,实现收益覆盖风险,确保资金成本与风险水平相匹配。本节主要介绍银行风险定价的核心思路,如图 4-7 所示。

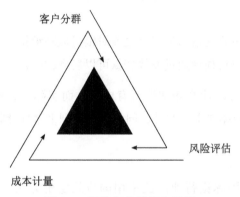

图 4-7　风险定价的核心思路

1. 客户分群

根据客户的基本信息与行为特征,将全部客户划分成不同的客户群体,对不同客群制定不同的定价策略,要做到分群明确清晰、客户定位准确。

2. 风险评估

结合历史数据,对不同客群的违约概率、逾期表现以及坏账率等进行风险评估预测,根据客群的风险程度确定风险价格。

3. 成本计量

在客户分群与风险评估的基础上,进一步将信贷环节所有的成本进行分摊,如获客成本、资金成本、运营成本、催收成本等。

4.3.5 风险定价的4个方法

1. 成本相加法

成本相加法考虑的是银行整体经营成本，以此来确定贷款利率，也可以说是最简单的风险定价模型。

银行贷款利率＝边际成本＋运营成本＋风险补偿＋预计收益

- 边际成本：银行发放贷款前需要筹集可贷资金。
- 运营成本：信贷人员的工资，发放和管理贷款时的系统建设成本，以及其他费用。
- 风险补偿：主要是指损失发生之前对银行风险承担的价格补偿。
- 预计收益：银行预计通过发放贷款可以实现的收益。

模型假设银行可以计算和掌握所有成本，而实际上，由于业务的复杂性，银行很难做到精确分摊成本。此外，同业竞争加剧也对预计收益产生很大影响。

2. 基准利率法

基准利率法是国际银行业广泛采用的贷款定价方法。以某种基准利率为"基价"，为具有不同信用等级或风险程度的顾客确定不同水平的利差。一般是在基准利率的基础上增加风险加成点数，或乘上一个系数。

贷款利率＝市场优惠利率＋违约风险补偿＋期限风险补偿

这种风险定价模式以同业普遍价格水平为依据，确定适合本行的贷款价格，更贴近市场，更具竞争力。在确定风险加点幅度时，应充分考虑银行资金成本。

3. RAROC定价法

传统考核银行盈利能力的指标是ROA（Return On Asset，资产回报率）与ROE（Return On Equity，净资产收益率）。优点是计算简单，缺点是没有考虑风险因素。考虑风险因素的盈利考核指标RAROC（Risk-Adjusted Return On Capital，风险调整后资本收益率）已经被越来越多的国际先进银行所采用。国内

19家系统性重要银行及其他风控能力较强的银行也大多采用了该指标。RAROC定价法要求银行具备开发大量有效数据模型的技术能力，这对很多银行也是一大挑战。

4. 大数据定价法

有别于简单粗暴的"一口价"产品定价模式，也不同于过于复杂的精算式定价模式，银行在数字化风控体系的建设过程中要积极开发大数据风险定价模型，基于海量ID特征，采用先进的算法，做到精准实时的差异化风险定价。

大数据定价法重点考虑以下4个因素。

- 违约概率：指债务人不能或者不愿意及时归还利息及本金的概率。
- 转移概率：指由于各种原因，例如搬迁、工作变动、意外事件等，导致借款人信用等级发生变化的概率。
- 风险敞口：指客户一旦违约有可能造成的最大损失似然性估计。
- 回收率：指借款人即使出现逾期状况仍可部分还款的比率。

4.4 风险预警模型

银行构建风险预警系统的主要目的是通过对多源风险信息进行精准分析和判断，预知风险，进而做到有效的风险处置。在实际工作当中，受制于数据来源、方法工具、预警机制等多方面因素，大多数银行的风险预警是滞后于风险防控需要的，需要建立完善的风险预警模型，切实做好预警工作。

4.4.1 风险预警模型的构建过程

1. 什么是风险预警

风险预警是指银行综合内外部的各种渠道，将获得的数据与信息，通过技术手段，结合专家经验判断、时间序列分析、层次分析与功效计分等方法，对银行信用风险状况进行动态监测与预警，是一种防患于未然的防错纠错机制。

银行在数字化转型的过程中，应当学会运用人工智能、机器学习、深度学习等金融科技手段，积极构建早发现、早介入、早处置的风险预警体系，有效防范与化解各种潜在风险。

2. 风险预警模型的必要性

风险监控预警能力是银行风控核心能力之一。银行业务发展的不同阶段都离不开风险监控预警工作，随着时代进步，该项能力也在不断地发展完善。

近些年来，由于国内外宏观经济环境复杂多变，叠加疫情影响，造成不确定因素明显增加，对债务人的偿债能力造成很大不利影响，银行风险预警的挑战前所未有。从发展趋势上讲，银行需要建立自动化、智能化的风险监控预警模型，与银行其他数字化风控手段密切配合。

3. 风险预警模型的作用

一般来讲，银行建立风险预警模型有以下3个方面的作用。

（1）信息与数据收集

通过预警平台，将客户各类信息与数据进行归集、整理、展现，可筛选出风险预警需要的信息与数据。如采集工商、司法、舆情、征信、抵质押等各种外部数据与信息，结合行内业务留存数据，银行便可筛选出与风险相关的有价值信息及行为特征数据，并进一步整合加工，得出可用于风险预警模型的量化数据。

（2）规则与模型处理

针对不同业务及不同客群的特点，银行需要制定差异化预警模型、预警规则及触发阈值，并运用历史违约样本进行回溯检验。风险预警模型按照业务类型、客群分布进行标签分类，制成分类清单，通过风险预警系统批量处理，将超过阈值、触发规则的客户认定为风险客户。

（3）预警与风险处置

风险预警要体现出及时性、有效性、明确性。一旦客户风险状况触发预警，银行要通过多种渠道及时告知相关人员，并限期开展核查、处置、反馈及跟踪，实现预警信息闭环管理。对于一些高风险等级的预警信号，银行可选择直接在业务系统中对在途业务进行阻断或管控，防止风险扩大蔓延。

风险监控预警需要对大量信息与数据进行综合分析，传统的"人工+报表"手段已无法适应数字化时代，银行只能依靠金融科技手段建立风险预警模型，通过风险预警系统持续提高数据分析自动化、智能化水平，逐步提高风险预测的准确性和及时性。

4. 风险预警模型建立过程

银行开发和优化风险预警模型，需要积极借助人工智能、机器学习、大数据应用等技术手段，对接行内、外各类数据资源与风险信息，内部信息如逾期、欠息、转化等，外部信息如人行征信、法院诉讼、媒体负面报道、监管预警信息等。

具体而言，建立风险预警模型，要注意以下3点内容。

（1）主动性

银行必须有主动管理风险的意识，运用机器学习自动整合挖掘各种数据资源，建立标签体系，确定预警指标，构建预警模型，实现主动预警。银行可基于违约样本，梳理与客户风险及收益相关的信息，构建完整的客户图谱，立体展示客户全景视图。利用大数据技术将多维度、大范围的风险信息加工为可解释的风险特征标签，再由机器学习等算法自动设定预警指标的阈值，筛选出贡献度高的标签，进行主动风险管理。

（2）前瞻性

银行应对客户的收入信息、风险信息、收益贡献等进行全方位的监测，并将监测结果直接引入业务流程，前瞻性开展风险收益测算、风险实时预警、非现场监测跟踪反馈等，实现对客户全生命周期的风险预警，切实做到对风险"早发现、早提示、早预警"。银行借助机器学习算法，通过检查大量样本并多次迭代，构建可最大限度减少损失的预警模型，通过模型结果预测客户未来逾期的概率，做到提前发现、介入和处置风险。

（3）精准性

银行要利用风险预警模型、风险传导预测等技术手段，借助大数据可视化技术，提高风险识别精准度，提高风险监测与风险计量的水平，及时获取重大负面信息，结合专家风险图谱筛选关键风险信息。根据月度风险结果，判断模型效果的衰减情况，如果召回率低于预定值，则通过增加样本数据与自动调参等方式实现模型的自动更新迭代，保持模型的高度准确性，帮助银行实现精准风险预警。

4.4.2 基于六大行为要素的风险预警

银行可以从客户的申请行为、活跃行为、收入能力、消费行为、负债情况以及还款表现这 6 个方面的行为要素入手，进行风险预警。

1. 申请行为

- 本行申请次数。
- 本行拒绝次数。
- 额度使用率。
- 额度调整历史。
- 其他机构申请情况。

2. 活跃行为

- 本行 App 登录分析。
- 银行营销响应度。
- 社交行为。
- 其他外部数据显示的行为。

3. 收入能力

- 向本行提交的资料。
- 本行历史信息汇总。
- 第三方数据显示的收入情况。

4. 消费行为

- 特定业务场景的消费数据。
- 专项业务场景的消费数据。
- 信用卡账单。
- 银联交易数据。
- 电商平台数据。
- 其他第三方数据。

5. 负债情况

- 在本行的所有负债信息。
- 在他行的负债信息。
- 在其他金融机构的负债信息。
- 民间借贷的负债信息。

6. 还款表现

- 正常还款。
- 提前还款。
- 还款进度。
- 还款比例。
- 第三方代偿还记录。
- 习惯性逾期。
- 催收反馈与响应信息。

4.4.3 风险监控预警流程、模块与阈值

1. 风险监控预警流程

想要了解监控预警流程，首先要知道银行的风险预警机制是如何运行的。风险监控预警是银行经营的核心能力之一，在不同业务发展阶段，风险监控预警都是重点工作。近几年，国内外宏观经济环境复杂多变，不确定性因素增加，再叠加新冠疫情的影响，都可能对债务人的收入水平及偿债能力产生不利影响，

加上宏观调控、外部监管等要求密集出台，银行风险预警工作面临着前所未有的巨大挑战。

银行风险监控预警流程如图4-8所示。

图4-8 风险监控预警流程

2. 风险监控预警的4个模块

在落实监控预警方面，银行的风险预警模型主要有资质检测、借贷检测、负面信息检测以及特殊名单检测4个模块。每个模块的具体内容如下。

（1）资质检测

- 匹配申请人的身份证号与手机号。
- 查询一定时间范围内申请人的收入及消费情况。

（2）借贷检测

- 匹配借款人的身份证号与手机号。
- 查询一定时间范围内申请人的多平台借贷情况。

（3）负面信息检测

- 匹配借款人的身份证号与手机号、电子邮箱及QQ等。
- 甄别申请人是否曾在公安机关、法院等系统中存在不良记录。

（4）特殊名单检测

- 检测申请人命中各种黑名单的情况。
- 检测申请人命中各种灰名单的情况。
- 识别高风险客户。

3. 设定阈值的 3 种方法

银行风险预警需要设定阈值。一般来说，阈值可划分为通用阈值与自定义阈值两种。其中，通用阈值是基于大量数据实验得出来的，而自定义阈值则是银行根据需求自行定义的。

那么，具体一点，应该如何设定预警变量阈值呢？一般来说，有以下 3 种方法。

（1）比较法

比较法包括中数原则法、均数原则法和多数原则法，适合银行下属分支机构的风险预警。

- 中数原则法：假定参与预警的分支机构有一半没有警情，预警分界线选择所有下属分支机构该指标数据的中位数来表示预警阈值。
- 均数原则法：利用均数原则确定预警指标阈值，预警分界线选择所有分支机构该指标数据的均数来表示预警阈值。
- 多数原则法：假定参与预警的银行分支机构大多数是没有警情的，预警分界线选择所有分支机构的 2/3 来表示预警阈值。

（2）波动法

波动法包括参数原则法、波动原则法和关联原则法，同时适用于银行总行及下属分支机构两个层面的风险检测与预警。

- 参数原则法：根据行业指标分位点确定有无警情，可将银保监会绩效考核与风险监控指标的分位点值（如良好值、平均值或较差值）作为预警指标阈值。
- 波动原则法：用波动法确定单个指标的风险预警阈值，对该指标做历史数据波动分析，结合均值与标准差选择考察期内该指标的最大值、最小值，并确定阈值。
- 关联原则法：通过已知阈值的关联性推导出需要确定的指标阈值，如银保监会严格监管的贷存比、流动性比率等指标都有明确的限制值，对银行关注的其他指标阈值可以通过关联性推导得出。

（3）专家征询法

专家征询法是一种利用专家经验及其对银行风险战略的理解，手工确定风险预警指标阈值的方法，实用性较强，结果较为客观，可以确定各类风险预警指标的阈值，但是工作量大、流程复杂、成本较高。专家征询法的主要工作流程如下。

1）组建工作小组，确定专家名单。

2）确定需要预警的各个指标。

3）确定同质类组（可选取上市银行的数据）。

4）计算考察期内各个预警指标的历史值、最大值与最小值。

5）用波动法、中数法、均数法、参数法、多数法等分别计算给定指标的阈值，用关联法检验是否符合监管要求。

6）统计专家指标阈值确定的均值，以均值为中心设置可以接受的偏差域，选择落在偏差域外的专家需重新征询。

7）经过多轮征询，对各专家确定的阈值求均值，最终得出风险预警指标的阈值。

4.4.4 风险预警指标体系

基于风险客户特征设定风险预警的信号与指标，建立科学的风险预警指标体系，对信贷运行过程进行风险监测与预警，是及时诊断与防止贷款损失的重要举措。

1. 风险客户的特征

- 本行有逾期记录。
- 他行有逾期记录。
- 收入来源出现问题或者经营出现问题。
- 收入不稳定或出现经营业绩下滑。
- 客户信用评级下降。

- 出现一次以上未按期还款的现象。
- 本行贷款展期客户。
- 借新还旧客户。
- 存在其他风险状况。

2. 风险信号的 3 个等级

一般银行会根据风险程度将预警风险信号划分为 3 个等级：红色预警、黄色预警、蓝色预警。

- 红色预警：表示监测对象可能产生重大风险，进而会严重影响银行的信贷资产安全。
- 黄色预警：表示监测对象有可能产生风险隐患，需进一步核实是否会对银行信贷造成不利影响。
- 蓝色预警：一般指普通的风险信号，风险程度相对较低，预计不会对银行的信贷资产安全造成明显影响，须继续观察。

3. 风险预警的 5 个指标

银行需要对特定客户进行系统的、连续的、动态的监测分析，提早发现和判断风险，发出相应的预警推送，通过机器学习挖掘出有效识别有逾期风险用户的特征，并设定具体的指标来实现预警。风险预警指标如图 4-9 所示。

图 4-9　风险预警指标

- 覆盖率：银行可以用覆盖率来描述风控规则对所有客户的覆盖程度，如果某一条规则对客户影响过多，就需要调整该规则，以提升准确性。
- 转化率：用于检测风控规则的有效性，如果规则转化率过低，则表明某一条规则容易导致误拒好客户，一般与覆盖率同时使用效果更为明显。
- 命中率：用于描述银行面对的所有坏客户中能被风控规则事先识别的比例，一般用来评估风控预警规则的完整性。
- 漏警率：漏警俗称"放过坏人"，主要统计因未发出风险预警信号而放过的坏客户在总客户中的占比，体现整体风控规则预警的有效性。
- 误报率：误报俗称"错杀好人"，一旦出现此种情况，即意味着原有的风险预警信号出现了偏差，提醒银行要及时调整。

4.5 本章小结

本章主要对数字化风控体系中常见的 4 种模型进行讲解，分别是人行二代征信解析模型、授信额度模型、风险定价模型与风险预警模型，帮助读者进一步了解数据模型在业务中发挥的重要作用。

第 5 章

数字化风控策略

第 4 章介绍了数字化风控模型，本章介绍数字化风控策略的相关内容。从广义上讲，风控策略可以认为是一种风险管理思想，囊括风险管理战略、风控规则体系、模型指标体系以及全面风险管理架构，贯穿整个信贷活动流程；从狭义上讲，风控策略是贷前、贷中、贷后各环节的一系列规则与规则的集合，在内容上主要包括白名单策略、黑名单策略、多头借贷策略以及反欺诈策略等。

5.1 贷款的生命线：风控策略

如果说数据是数字化风控的灵魂，模型是数字化风控的大脑，那么策略就是数字化风控的生命线。一个好的数字化风控策略体系，可以帮助银行风险管理事半功倍，既能高效完成业绩指标，又能有效控制信贷风险。一般来讲，对风控策略最通俗的理解就是信贷审核标准，符合条件的通过，不符合条件的拒绝，同时还要根据客户表现及时调整标准及阈值。

5.1.1 制定策略的 4 项基本原则

为取得最好的风控效果，在制定风控策略时需要遵循一些基本原则。

1. 刚柔并济

风控策略既要有刚性策略，也要有柔性策略。刚性策略不可调整、非此即彼，没有任何回旋余地，比如黑名单一旦命中，即刻拒绝，白名单则是绝对通过。而柔性策略则与之相反，需要根据客户的表现及时调整，以往 3 个月或半年调整一次，现在每天、每小时甚至每分钟都有可能调整，比如 A 类调优（提高通过率）与 D 类调优（降低逾期率）。

2. 成本优先

银行在制定风控策略时会引用很多第三方数据，而引用这些数据是有成本的。银行可以选择策略串行方式，一旦客户被某一条策略拒绝，就不再调用其他数据。在数据使用顺序上，优先选择行内数据、自采数据或用户提交的信息进行预先判断。在业务初期或需要几类数据样本时，灵活调整策略的执行顺序，以达到最佳风控状态。

3. 灰度测试

灰度测试是在软件或应用正式发布前选择特定人群试用并逐步扩大范围，以便及时发现和纠正出现的问题。在制定风控策略时，一方面，整套方案挑战者策略会比冠军策略⊖更加激进，目的是测试更加宽松的政策对银行产生的影响；另一方面，由于银行在不同业务阶段的政策目标及客户属性会有所不同，因此需要对单条策略进行灰度测试，及时调整策略阈值。

4. 特事特办

如出现与普遍情况差异较大的特殊事件，在策略上须有特事特办的智慧。一方面，不应为偶然出现的特殊情况去修改整个策略；另一方面，必须妥善处理现实问题。例如，某客户虽然触碰个别规则导致不能获得更高额度的授信，

⊖ 冠军策略是指已经部署且正在运行的策略；对照组则称为挑战者策略。

但是银行综合判断其所带来的收益远远大于风险,则可允许例外通过。但是客户一旦触碰黑名单,无论其他条件如何优异,也要直接拒绝。

5.1.2 风控策略生命周期的 3 个阶段

在日常工作中,我们经常会听到产品生命周期、客户生命周期、信贷生命周期等提法。笔者认为风控策略也是有生命周期的,具体表现为以下 3 个阶段。

1. 风控策略制定

制定风控策略是通过分析量化数据,结合规则与模型,提炼可用的规律与特征,以达到银行战略目的或商业目标的一种手段,在业务发展不同时期的侧重点不同。完整的风控策略包括风控规则、决策引擎、风控模型等,既要考虑宏观层面,如国家法律法规、监管要求与公司风险文化,也要关注微观层面,如逾期指标、不良率、欺诈事件等。一个好的风控策略体系,要做到既能应对高频低风险事件,也能及时分析低频高风险事件。

从风控策略的运行机制、决策流程以及阶段性特点 3 个方面,进一步搭建风控策略体系。

(1)风控策略的运行机制

银行业务种类繁多,信贷产品创新层出不穷,每一个新产品的投产,都要针对其制定相应的配套风控策略,最后造成的结果是风控策略越来越多、越来越复杂。如果打开任意一篇策略文档,就会发现无数条策略规则。

一般来讲,银行的风控策略可以划分为 8 个模块,如图 5-1 所示。

如此之多的策略该如何制定?策略集与策略集、每一条相互独立的策略之间是什么关系?应该先使用哪条、后使用哪条?有什么逻辑和规则呢?确实,线上贷款的风控策略与以往线下贷款的风险政策、风险策略、风险规则相比,差异性很大。其中有一个典型的问题:对于线上贷款,是先使用信用风险策略,还是先使用反欺诈风险策略呢?这里面涉及一个规则策略并联与串联的问题。

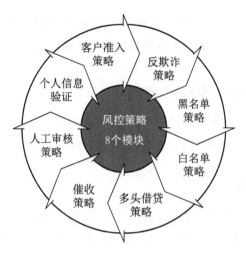

图 5-1　银行风控策略的 8 个模块

传统银行的风控模式是先使用信用风险策略,再使用反欺诈策略,主要考虑的是成本与效益,因为欺诈现象会转为人工审核,加大成本。而互联网平台一般会将反欺诈策略前置,主要考虑的是进入信用模型的数据必须真实有效,否则评分卡会不准确。

笔者在讲课时经常会举这样一个例子,某银行拟推出一款线上贷款产品,经过信用风险测算,预计坏账率不会高于 1%,产品上线后再使用反欺诈策略就可以控制整体风险。但是大家想过没有,如果没有将反欺诈策略前置,假设产品上线第一天银行成功发放 10 000 笔贷款(假定单笔均为 10 万元额度),到次月看报表时可能会发现逾期率超过 90%,逾 9 亿元贷款会形成不良!原因何在?就是没有做好反欺诈工作。在数字化时代,反欺诈工作若做不好,就会被无孔不入的线上黑产团伙频繁攻击(有关黑产攻击与智能反欺诈内容,详见第 7 章),造成无法挽回的损失。

当然,策略的先后顺序主要与数据在系统中的流转方式密切相关。如果信用策略与反欺诈策略是串联形式,只要触发任一策略就会被拒绝,在没有独立授信决策机制的情况下,顺序不是很重要。如果两种策略是并联形式,先经过信用策略及系统评分,再经过反欺诈策略,就极有可能产生风控漏洞。因此,对于后一种情况,反欺诈策略前置十分有必要。此外,从成本角度看,命中欺诈策略直接拒绝，不会再流转到信用风险节点，不用查征信及第三方数据，也可以节省不少费用。

（2）风控策略的决策流程

决策是指做决定时所用的策略或方法，是信息搜集、加工、整合、做出判断、得出结论的过程。在信贷业务场景中，风控决策主要指技术人员、业务人员、管理人员共同参与，制定面向整个用户信贷生命周期各环节的策略规则。

风控策略的决策流程包含两大要素：一是确定规则策略清单，由具体的一条条策略构成的不同策略规则的集合；二是规则策略执行的先后顺序。这二者均须通过风险决策引擎实现。

风险决策引擎是一种策略实现方式，它将业务决策从应用程序代码中分离出来，使用预定义的语义模块编写业务决策、接收数据、解释业务规则，并根据业务决策制定业务规则。风险决策引擎显著降低了业务规则逻辑的实现难度，对于没有编程基础的业务人员，不用编码就可以快速定义复杂的业务规则。

风控策略的决策流程一般有3种实现方式，分别是决策集、决策表与决策树。

- 决策集：由一组普通规则策略和循环规则策略构成的规则集合，是使用频率最高的业务规则策略实现方式，适用于零散的逻辑规则策略。
- 决策表：以表格形式表现规则策略的工具，通过简洁的方式描述复杂逻辑，可将多个条件及这些条件满足后要执行的动作以图形化形式进行对应，适用于表格形式的业务规则。
- 决策树：也称为规则树，是规则引擎中一种构建规则的方式。它以一棵躺倒的树形结构来表现规则策略。用决策树表现业务规则更为形象。

此外，如果需要对客户进行综合评分，还可以使用评分卡或复杂评分卡，或者采用规则流编排大量独立的个体规则，通过风险决策引擎实现更为复杂的风控策略。

（3）风控策略的阶段特点

在业务开展的不同阶段，风控策略的制定会有所侧重。最初只是一些根据专家经验总结的简单规则,随着业务逐渐成熟,会形成规则极其丰富的风控策略体系。制定策略的第一步是客户分群,在信贷业务的不同环节(贷前、贷中、贷后)均需要对客户进行分群,并根据不同客群的特点制定相应的风控策略。贷前阶段,要根据客户收入高低、有房无房、有车没车、有征信没征信等情况进行客群划分;贷中阶段,要根据客户的交易行为、按期还款表现等进行客群划分;贷后阶段,要根据客户的逾期时间、还款承诺以及承诺履行情况等进行客群划分。

客群划分清晰后,根据用户画像,制定最初的风控策略。而在业务的中期和后期,将根据客户行为表现进一步加强细分客群分析,最终构成差异化的风控策略体系。

- 业务初期:一方面,要满足业务部门对时效性的要求,抢抓先机,迅速打开市场,并摸清目标客户群体的风险状况,策略制定要少而精;另一方面,要满足风控部门对风险控制的要求,建立试错机制,积累足够多的样本量,发现风险及时止损,并持续更新迭代风控策略。
- 业务中期:业务规模达到可观的量级后,可加强细分客群的全面量化分析,结合足够多的样本量进行风控策略的大规模迭代。一方面,对迭代策略规则进行内部交叉分析,优化原有策略体系,对拒绝客户进行回捞⊖;另一方面,对迭代精炼后的策略进行分类整理,形成新的风控策略体系。
- 业务后期:由策略分析人员对风控策略体系生命周期进行管理,在业务中期已经进行了风控策略优化的前提下,银行可以针对不同产品、不同客群提出差异化的风控策略。而且,由于本行的客户群体特征已经基本明确,因此经过多次更新迭代的风控策略体系会更加适合业务发展。

2. 风控策略调整

在策略调整阶段要做好三件事,分别是评估风控策略、AB 实验与策略调优。

⊖ 回捞是指调整某些准入策略后,从已经拒绝的客户中再次筛选出来一些客户。

（1）评估风控策略

风控策略上线之后，需要监测并评估其稳定性。一方面，评估离线开发策略的样本跟线上样本的分布偏差；另一方面，评估在同一时间段拒绝率及策略指标分布的变化，以反映申请客群的偏移情况。此时会用到两个评估指标：群体稳定性指标和拒绝率。

1）群体稳定性指标（Population Stability Index，PSI）也称客群稳定性指标。它是衡量样本变化所产生的偏移量的一种重要指标，通常用来衡量样本的稳定程度，比如样本在两个月份之间的变化是否稳定。风控策略及模型的稳定性十分重要，一般正式上线运行至少一年或更久才会被替换；如果频繁替换，意味着策略或模型不稳定，不确定性过大会直接影响决策。

$$PSI=SUM[（实际占比-预期占比）×\ln（实际占比/预期占比）]$$

PSI 指标含义如下。

- PSI≤0.1：样本变化不太显著。
- 0.1<PSI<0.25：表示样本有比较显著的变化。
- PSI≥0.25：表示样本变化剧烈，需要特殊关注。

PSI 能表现策略用到的变量或模型分整体分布上的变化，按分数分档后，针对不同样本或者不同时间的样本，客群分布是否有变化，即各个分数区间内客群人数占总客群人数的占比是否有显著变化。

2）拒绝率。风控策略正式上线后，需要对拒绝率做每日实时监控，如果在一段时间内拒绝率波动明显，需要排查引起波动的原因，确定是策略采用变量不稳定，还是进件客群变化所致。

$$拒绝率 = 被策略拒绝的样本数 / 触发该策略的样本数$$

风控策略刚上线时，为积累有效样本数据，一般会将策略设定为只触发、不拒绝。运行一段时间后，将线上策略的结果与离线样本的结果进行对比，重点观测策略指标的分布差异，以及线上与离线的拒绝率差异（根据拒绝阈值），如果离线模拟结果与真实结果差异不大，策略即可正式启用。

（2）AB实验

AB实验是验证策略有效性的重要方式。AB实验的概念来源于生物医学的双盲测试。在双盲测试中，病人被随机分成两组，在不知情的情况下分别给予安慰剂和测试用药，经过一段时间的实验后再来比较这两组病人的状态是否具有显著的差异，从而决定测试用药是否有效。

AB实验的基本步骤如下。

1）设定项目目标，即AB实验的目标。

2）设计优化的迭代开发方案，完成新模块的开发。

3）确定实施的版本以及每个线上测试版本的分流比例。

4）按照分流比例开放线上流量进行测试。

5）收集实验数据进行有效性和效果判断。

6）根据实验结果确定发布新版本，调整分流比例继续测试，或在实验效果未达成的情况下继续优化方案，重新上线实验。

开展AB实验包括需求分析、机制设计、数据分析以及策略调整，是一个完整的闭环。策略调优环节的AB实验包含两方面：一是针对整体策略体系，采用冠军挑战者策略；二是进行单条策略实验。

- 冠军挑战者策略：相对于冠军策略模型集合，挑战者策略要更加激进，重点是测试在更加宽松的政策环境下客群风险如何变化。
- 单条策略实验：进行一些灰度测试，随机放过原本拒绝的一些客户，重点是测试单条策略阈值在业务发展的不同阶段以及客户属性发生变化时是否还有效。

（3）策略调优

策略调优因实现目标不同，一般分为A（Approve，批准）类调优（提高通过率）和D（Defuse，延缓）类调优（降低逾期率）。首先要确定哪些策略可以调整，哪些策略不能调整。例如，多头借贷类、信用评分类属于可以调整的柔性策略，而政策准入类、黑名单类则属于不可调整的刚性策略。其次查看规则命中情况，自上而下分析，优先调整命中率高的规则。最后观察策略对应的特征分布，实现策略调优。

- A 类调优：也称为回捞，采用放松政策的方式，通过在决策引擎中标记豁免部分样本并进行分析，在已拒绝客户中寻找好客户，以达到提高通过率的目标。
- D 类调优：采用收紧策略的方式，通过分析命中策略时各分段不良率与坏账率的表现对策略进行调整，目标是降低逾期率，提高整体资产质量。

3. 风控策略退出

随着业务不断发展，为实现风险精细化管理，风控策略规则会不断增加，极有可能导致策略规则过于复杂、冗余。因此，在对策略进行不断优化与调整的基础上，还要适时做好风控策略的退出工作，简化、优化、精化风控策略体系，降低风控成本，提升风控效能。

风控策略退出一般有以下几种情况。

- 策略过时：业务早期人工干预过多时制定的策略，需要退出部分规则。
- 政策限制：监管部门加强数据安全管理，部分规则无法使用，需要退出。
- 数据源缺失：第三方数据平台出现问题，数据调用异常或缺失，需要退出。
- 规则失效：策略规则区分度下降或不再有区分度，需要退出。
  - 审批异常：通过率突然升高或降低。
  - 执行异常：因流程问题或数据问题导致规则全部命中或全部未命中。
  - 拒绝异常：拒绝率突然升高或降低。
  - 分布异常：欺诈事件集中爆发或异常进件大幅增加。

5.1.3 准入策略的 5 个要点

准入策略主要用于判断客户是否可以进入审批流程，包括客户的基本信息，如年龄、职业、工作单位、实名认证、本行申请历史等。

制定准入策略时，必须把握身份准入、信息核查、活体检测、要素校验以及欺诈识别等 5 个要点。

1. 身份准入

（1）国籍准入

银行的信贷业务首先要明确国籍限制，国内银行一般只接受中国公民申请。

（2）年龄准入

国家法律规定借款人必须具有完全民事行为能力，银行的不同产品会在此基础上进一步设置本行客户的准入年龄范围。

（3）行业准入

一些高风险行业、流动性大的行业属于限制或禁入行业。

（4）地区准入

互联网贷款新规要求区域性银行只能在本区域内开展业务，一些银行也会根据本行的地区逾期数据，设定地区准入限制。

2. 信息核查

（1）信息比对

根据客户提供的身份证信息，包括姓名、身份证号码，与公安系统进行比对，主要核查证件真实性。

（2）OCR

获取客户身份证图片文字信息后，进行OCR，直接与公安系统比对相似度，主要核查身份证号码与照片是否正确，根据身份证号推算出客户年龄，对于不符合年龄准入规则的客户可直接拒绝。

（3）实名认证

通过银行卡三要素、四要素进行验证，确认申请人姓名、身份证号、卡号、手机号是真实且关联的，信息是否一致。

- 三要素：姓名＋身份证号＋卡号。
- 四要素：姓名＋身份证号＋卡号＋手机号。

（4）短信认证

客户获取登录验证码，一般用来初步确认设备是否为本人操作，手机号是否存在停用、故障、欠费等情况。

3. 活体检测

（1）人脸识别

目前，银行普遍使用人脸识别技术，将客户现场拍摄的照片与公安系统进行比对，主要核查客户的真实性，即客户与证件是否为同一个人，是否为面具脸、合成脸、翻拍等。

（2）活体检验

系统随机选择二三个动作微表情，如摇摇头、眨眨眼、张张嘴等，根据这些组合动作判断客户是否为真人操作，而不是照片或者其他替代品。

4. 要素校验

（1）位置解析与一致性核查

通过外部数据或技术手段，对客户填写的地址进行位置解析，确定客户信息的真实性。将客户输入的物理地址信息与虚拟地址信息进行交叉验证并核查一致性。物理地址包括家庭地址、单位地址、办公地址、常住地址、身份证地址、经常使用地址、历史使用地址等。虚拟地址包括设备IP、GPS地址、MAC地址、手机号归属地等。

（2）其他常用要素校验

- 运营商信息
- 政务公开信息和公检法公开信息
- 车辆信息
- 电子邮箱
- 发证机关
- 手机号
- 联系人手机号

5. 欺诈识别

- 申请信息存在疑点：一般是指虚假信息或存在逻辑问题。
- 设备信息存在疑点：客户安装贷款类或赌博类 App 过多，同一设备不同手机号，不同手机号通讯录相同等。
- 运营商数据存在疑点：客户使用的手机号在网时长少于 3 个月，通话记录或短信中有多次被催收内容，通讯录中含有敏感词等。
- 其他方面存在疑点：人行征信硬查询（贷款申请、信用卡申请、对外担保）过多，每月超过 4 次或者每年超过 20 次，但没有贷款或信用卡审批通过记录；客户命中黑名单等。

5.2 白名单策略

所谓白名单，一般是指业务初期为风险可控而对某些特定人群开辟绿色通道审批的名单，在业务中期为了某些特定目标也会使用白名单。白名单有两方面作用：一方面，可以帮助银行迅速开展业务，积累数据，为业务大规模推广打下良好的基础；另一方面，可以帮助银行在没有历史数据的情况下，凭借专家经验，有效控制信贷风险。设计可有效满足上述需求的白名单策略，是银行数字化风控的基本技能之一。

在银行不同的产品矩阵中，还存在一种操作，即某产品的优质客户可以向其他产品引流，或者交叉销售，比如信用卡可以在优质房贷户中做交叉销售。采用白名单策略，一方面可以提高优质客户黏性，增加用户数量（降低获客成本）；另一方面，因为对于白名单客户无须核查某些外部数据源，所以可以在一定程度上节省数据成本。

5.2.1 制定白名单策略的 3 种方法

白名单策略属于刚性策略，其重要性主要体现在降低风险、控制放款节奏、调整通过率等方面，具有撞库即通过的特点。制定白名单策略一般有以下 3 种方法。

第一种方法：内部数据法

银行自身数据相对容易获取，在设计白名单策略时，可以深挖内部数据，根据客户逾期表现与违约行为等特征制定规则。一方面，对于一款新上线的信贷产品，银行可以基于其业务模式及场景特点，参考类似产品的风控策略规则，制定新业务场景（新产品）的风控白名单规则；另一方面，如果没有可参照的产品，可以通过专家经验设计初始白名单规则，不过会相对更严谨，要求也更高。

第二种方法：外部数据法

银行内部数据毕竟有限，以此为基础制定的白名单策略具有很强的时效性，无法满足业务日益增长的需要。因此，银行需要适当引入外部数据，将内外部数据变量有机结合，产生新的衍生变量，进而设计白名单策略，筛选优质客户群体。常用的外部数据主要是基本个人信息与收入类数据，如家庭住址、工作单位、学信网学历、社保缴费单位、公积金缴费单位、缴费基数等，这类数据具有较好的好坏客群区分能力。

第三种方法：多方安全隐私计算法

在拥有内外部数据的基础上，银行并不缺 X 特征变量，而是缺乏相应业务场景有表现特征的目标 Y 变量，因此与第三方机构联合建模补充 Y 变量成为银行的又一选择。银行在数字化转型过程中，必然会与外部机构合作，产生数据共享与联合建模需求。数字化水平越高，安全合规要求越严格，多方安全隐私计算就越有用，真正实现了数据"可用不可见，用途可控可计量"。多方安全隐私计算法是制定白名单策略的最优选择。

5.2.2 白名单策略的两类应用场景

本节介绍两类比较典型的白名单应用场景。

第一类场景

此类场景多存在于银行信贷业务前期，需要通过白名单控制进件客群或者内部员工贷。此时的白名单策略可帮助银行在风控模型尚不完善的条件下筛选客户，不影响业务开展。在展业过程中，根据前期客户的数据表现，不断建立和完善适合本行特点的风控策略与风控模型。这种专家经验型白名单非常考验策略制定者的专业能力，否则有可能出现大问题。下面笔者通过自己的一段亲身经历，为读者做进一步分析。

笔者在 2014 年年底曾参与筹建一家产业系消费金融公司，负责风控工作。为实现"开业即开张"的目标，迅速将业务规模做大，笔者基于集团员工授信的思路制定了白名单策略。

这家产业系消费金融公司的大股东是电器制造领域的一家龙头企业，拥有 6 万名干部职工，其中中层领导约 2 万人，其余 4 万人属于产业工人。在银行工作时，笔者曾经多次设计过类似的白名单。监管规定消费金融业务额度的上限是每人 20 万元，于是笔者将上述所有人的信息录入信贷系统，并设定中层干部每人最高 20 万元，产业工人每人最高 5 万元，人员名单由母公司人力部门直接导入系统。这样一来我们认为，可以保证开业初期至少 10 亿元以上的贷款规模，而且风险可控（自以为）。策略是 2014 年 12 月底制定的，马上过春节，再加上其他一些筹建工作需要处理，就将放款时间定在春节之后。

未曾想，春节过后，出现了意想不到的情况。被我们寄予厚望的产业工人的离职率居然将近 80%。春节前拟定的绝大部分白名单已经不能使用。幸亏中间过了一个春节，暂缓放款，否则，将大批资金贷给流动性极强且缺乏管控的外来务工者，风险难以估量。

笔者讲这个故事，是想告诉读者，在业务初期，基于专家经验设计的白名单策略一定要充分考虑各种风险因素，不能想当然地拍脑袋做决策。

第二类场景

贷款余额达到一定规模，意味着业务开展到了中期阶段。此时还有一类比较常见的特殊场景，需要通过白名单策略筛选客户进行特殊审批，或者叫优质客户团办业务，可以走绿色通道审批流程，减少进件资料与信息填报，提升客户体验。此类白名单客户，要么是背景特殊，比如大型央企国企中层以上领导、国家公务员、世界五百强企业职员等，要么资产充足、实力雄厚，在本行的存款、理财数量可观，要么在本行贷款期间信用记录极好。

笔者在筹建全国首家消费金融公司时，曾经亲自制定过不少白名单策略，取得了非常好的预期效果，帮助新生的消费金融公司迅速站稳脚跟，并不断发展壮大。当时，可以办理个人信贷业务的金融机构或非金融机构非常多，既有民间借贷，也有银行个贷、信用卡、互联网小贷、P2P(Peer to Peer，个人对个人)等。消费金融公司的综合优势并不明显，完全是在夹缝中求生存。

5.2.3 三步筛选白名单

除了依靠专家经验制定白名单，我们可以通过以下三步，在海量客户中采用规则遴选优质客户进入白名单。

第一步：刚性规则初筛

风控策略中包含刚性规则与柔性规则，刚性规则即业务准入门槛，达不到要求即无法进入。例如，银行信用卡部门经常会设定年龄范围，如 22～55 周岁，不在这个年龄范围内的客户一概拒绝。除此之外，还会有地区限制、行业限制、收入限制等一系列刚性规则。假设银行想在 1 000 万个客户中筛选出白名单客户，经过上述刚性规则重重筛查之后，可能还会剩下 400 万个客户，接下来就要通过柔性规则进一步筛选。

第二步：柔性规则调整

柔性规则也可称为软规则，一般会事先划定阈值范围，其阈值可以根据业务发展及客户表现不断优化与调整。柔性规则一般包括客户贷款期间的行为、限制行业与人群、未接电话、未回短信等行为或者是额度调降的客户等。随着时间推移，柔性规则的效果衰减速度会越来越快，如历史逾期与行业信息等均需及时调整。

第三步：检验优化策略

如前所述，白名单是需要不断优化与调整的。与原来的老白名单相比，优化之后的白名单可称为新白名单。不过，优化之后的新白名单是否优于老白名单，还需要通过业务真实数据进行验证。如果新白名单在客户总量、人均旧额度、人均新额度以及不良率等指标上全面优于老白名单，则策略优化成功。

5.3 黑名单策略

所谓黑名单，是对严重逾期、失联、诈骗、薅羊毛、团伙欺诈等诸多高风险客群构建的名单，是触发即拒绝的刚性规则，严格限制准入。银行需要通过客户生命周期数据的表现，结合外部数据源，建立并不断完善黑名单库。

1. 黑名单的主要来源

- 银行内部的原始业务数据。
- 央行征信及其他机构的外部名单库。
- 银行业务过程中内部模型积累的数据。

2. 黑名单策略的特点

- 撞库即拒绝，需要定期或不定期测试黑名单的有效性。
- 入库须具有唯一性识别信息，如手机号、证件号、邮箱、设备识别码、IP等。
- 可以高效拦截风险客户，也是针对黑产攻击及欺诈的第一道防线。

5.3.1 内部黑名单

1. 范畴

不同的银行产品对应着不同的客户群体，即使是同一个人，其数据表现也会因产品而异。不同的产品要采用不同的黑名单策略，银行需要做的是根据数据分析量化结果，决定具体产品的黑名单策略。

2. 示例

传统银行的五级分类（正常、关注、次级、可疑、损失）会根据监管部门贷款分类指导原则，将连续逾期 90 天以上的贷款（M3+）划分为次级类，归入不良贷款序列进行管理，这就得出了内部黑名单。而市场上曾经喧嚣一时的现金贷产品，只要逾期 10 天以上，基本上就是坏账了，此时黑名单规则就要定义为逾期时间大于 10 天。更严重的情况下，逾期时间大于 5 天也会被列入黑名单。近年来，信贷资产质量出现恶化趋势，也有一些银行将黑名单客户定义为逾期 60 天以上（M2+）。

5.3.2 外部黑名单

外部黑名单的来源非常广泛，基本上任何一家金融科技公司都建有自己的黑名单库，包括短信、支付、法院、公安、设备等方面。粗略统计，外部黑名单大体上来源于以下 5 个方面。

1. 行业共享

借贷行业有众多参与方，如民间借贷、小贷公司、互联网小贷、消费金融公司以及曾经的 P2P、银行个贷部、网络银行部、电子银行部、直销银行等。由于很多机构没有接入央行征信系统，因此，通过机构之间的行业共享，银行会获得客户具体的逾期天数、风险等级以及逾期金额等有用的信息。

2. 公共库直连

一些金融科技公司或其他第三方机构会与特定的政府部门合作，可以向银行提供直连数据。例如，笔者曾经遇到很多公司，宣传其与公安部门合作，可以提供近 3 个月甚至 20 年的时间切片数据，包括在逃、前科、涉毒、涉黑、涉暴、诈骗等很多类别，有助于银行实现对客户的整体风险评估。

3. 设备信息

一些机构可以通过短信、定位、指纹等设备信息来判断好坏客户。举个例子，欠债不还的客户会有短信催收记录，银行获取了该数据，即可知晓客户的当前状态，是刚入催，还是已经到中晚期需要法律手段介入。目前，短信挖掘厂商的技术与产品已经比较成熟，可以放心选择。

4. 支付信息

很多第三方支付公司可以基于自身掌握的客户支付信息为银行提供风控解决方案，其自身黑名单库的形成就是通过对客户的海量支付信息进行挖掘而定义的。举例来说，第三方支付公司可以统计某客户在三方支付扣款余额不足的次数，为这些客户建立标签，比如 3 次或 3 次以上的客户均列入黑名单。

5. 爬虫信息

网络爬虫，也叫网页蜘蛛或者网络机器人，是一种用来自动浏览网页的程序或者脚本。曾经有很多大数据公司因使用非法爬虫获取客户个人隐私数据牟利而被政府严厉打击。作为一种技术手段，必须在合法、合规、合理的前提下，遵循个人信息处理的一般原则，自动搜索爬取公开信息，实现自动化决策。不过，笔者还是建议银行不要轻易使用爬虫信息。

5.3.3 常用的 5 类黑名单

黑名单策略是数字化风控中最常见的一种策略，多见于业务申请及反欺诈环节。例如，客户申请贷款时会进行姓名、身份证号及手机号的三要素验证，此时会触发黑名单策略。常见的黑名单策略有以下 5 类，共 31 种。

1. 政府部门类黑名单

- 法院执行名单。
- 法院结案名单。
- 公安刑事犯罪名单。
- 税务局偷税漏税骗税名单。

2. 信贷行业类黑名单

- 征信黑名单。
- 信用消费黑名单。
- P2P 黑名单。
- 助学贷款逾期名单。

- 套现交易名单。
- 失联名单。
- 欺诈名单。
- 冒用风险名单。
- 模型分值低名单。
- 曾经逾期 30 天内名单。
- 曾经逾期未知期限名单。
- 商户欺诈名单。
- 骗取补贴名单。
- 黑中介名单。

3. 第三方支付类黑名单

- 盗卡名单。
- 其他欺诈名单。
- 盗用操作名单。
- 盗用支出名单。

4. 行业类黑名单

- 酒店行业逾期未支付名单。
- 租车行业逾期未支付名单。
- 租车行业逾期未还车名单。
- 租车行业租赁欺诈名单。
- 电商行业虚假交易名单。
- 电商行业涉嫌售假名单。

5. 其他类黑名单

- 虚假号码名单。
- 通信小号名单。
- 保险骗赔名单。

5.4 多头借贷策略

先给大家讲一个笔者亲身经历的故事。

大概两三年前,笔者由于资金周转,需要向银行贷款 100 万元,用自己名下一套产权清晰的住宅做抵押,市场评估价值 500 万元,抵押率 20%,贷款期限一年,并且提供了足于归还贷款的第一还款来源。但向某银行申请个人住房抵押贷款时,却被系统直接拒绝。笔者经向银行经办人员了解,才得知拒绝原因是有多头借贷。

具体是几家多头呢?答案是 4 家。

因为笔者在 4 家银行分别有 3 万～5 万元的个人信用借款,而这家银行对多头借贷的规定是不得超过 4 家,因此即使第一还款来源明确、抵押率仅 20% 的低风险贷款也要被拒绝。

从这个例子就可以看出,不恰当的多头借贷阈值会严重影响银行业务,也使得客户体验很差,对该银行的评价自然也不会太高。

1. 多头借贷的定义

多头借贷是指单个借款人向 2 家或 2 家以上的金融机构提出借贷需求的行为。由于单个用户的偿还能力是有限的,因此多方借贷必然蕴含较高风险。一般来说,借贷人出现多头借贷的情况说明资金需求出现较大困难,银行有理由怀疑其还款能力。有数据显示,多头借贷用户的信贷逾期风险是普通客户的 3～4 倍,贷款申请者每多申请一家机构,违约的概率就上升 20%。究其原因,这类用户往往以新贷养旧贷,或者增加新的大额消费,本金利息导致债务不断累积,当超出偿还能力时,只能逾期。

在业务分析时,银行会将多头借贷数据进一步划分为银行类多头借贷与非银行类多头借贷。多头借贷策略是指根据不同渠道、不同客群、不同时间段的逾期数据表现,对多头数量进行动态调整,按时间跨度可以分为近 7 天、近 15 天、近 1 个月、近 3 个月、近 6 个月、近 12 个月。

2. 多头借贷策略的衍生维度

多头借贷在策略上一般作为一条策略规则或一个拒绝维度参与到整个风控流程中，多头借贷策略的衍生维度如下。

- 申请机构数。
- 申请最大间隔天数。
- 平均每月申请次数。
- 最大月申请次数。
- 最小月申请次数。

不同银行、不同产品、不同场景，对多头借贷的拒绝线划分是不一样的。用科学的方式，根据本行业务的数据表现，找到当下最适合的拒绝阈值（多头数量），做好风险与收益之间的平衡，是真正的风险管理艺术。

5.5 反欺诈策略

关于反欺诈策略，以图表形式进行直观的展示，如表 5-1 所示。

表 5-1 反欺诈常用策略一览

策略类别	具体规则	策略类别	具体规则
用户身份信息交叉验证	身份证二要素核验	用户行为数据	注册、申请等活跃时间是否在半夜
	银行卡三要素/四要素核验		注册时间长度
	手机号三要素核验		输入信息时间长度
	人像比对		信息修改频率
	活体检测		多次申请核验失败情况
运营商数据	手机通讯录联系人电话与运营商通话记录联系人电话的匹配度		页面停留时间
	在网状态		证件信息异常上传时间
	在网时长		证件信息更换次数
	主叫与被叫次数占比	其他第三方数据	学历信息授权采集
	通讯录是否有重合情况		各类黑灰名单
	风险号码通过次数过多		银行流水授权采集

（续）

策略类别	具体规则	策略类别	具体规则
其他第三方数据	通讯录授权采集	设备环境特征	是否为境外 IP
	多头借贷数据		3G/4G 等基站类 IP
	社保公积金授权采集		IP 代理是否相同
	人行征信授权采集		IP 和 GPS 地址是否匹配
设备环境特征	手机品牌、型号是否相同	手机号码特征	手机号前缀是否相同
	操作系统是否都相同		手机号归属地是否相同
	同操作系统版本是否太旧		流量卡或通话卡
	设备 IMEI 号是否关联多个账户		昵称规律
	MAC 地址信息是否关联多个账户	用户注册信息	出生日期规律
	每次登录的设备 ID 是否相同		密码设置规律
	是否使用模拟器		邮箱设置规律
	手机型号和屏幕分辨率是否匹配		公司名称规律
	是否含有多个借贷软件		公司电话规律
	IP 精确地理位置号段是否一样		联系人信息及电话号码规律
	IP 登录地址是否相同		工作及居住地址雷同或相关

5.6 本章小结

在数字化风控体系中，风控策略可称为贷款的生命线。本章从策略制定的原则入手，在讨论策略机制与流程的基础上重点介绍了准入策略、白名单策略、黑名单策略、多头借贷策略及反欺诈策略。

第 6 章

数字化风控指标及其分析方法

风控工作中关于风险的测量方式有很多,自然也衍生出各种指标,涉及风险识别、风险量化、风险分析、风险回溯、风险监控以及风险应对等方面。银行数字化风控的各个环节都离不开风控指标分析、判断与追踪。

本章重点介绍数字化风控指标及其分析方法。

6.1 了解 3 个基础概念

在传统信贷业务中,一般贷款流程是贷款申请→贷款审批→合同签订→贷款发放→贷后催收,也是人们常说的信贷生命周期,其中每一个环节都涉及若干风控指标,如图 6-1 所示。

对于图 6-1 列出的一些风控指标,读者都很熟悉,在此不再赘述。为便于读者理解数字化风控指标的定义与内容,介绍 3 个基础概念。

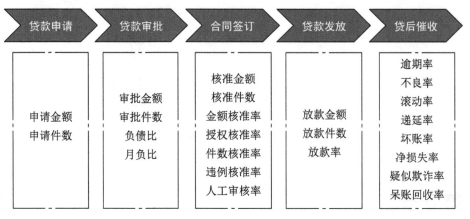

图 6-1 信贷生命周期与风控指标

1. 在账月数

账龄（Month on Book，MOB）又称资产放款月份，指贷款存续期。

- MOB0：放款日至当月月底。
- MOB1：放款后第二个完整的月份。
- MOB2：放款后第三个完整的月份。

例如，2022 年 1 月 3 日放款，2022 年 1 月是 MOB0，2022 年 2 月是 MOB1，以此类推。MOB 的最大值取决于信贷产品期限，如 24 期贷款产品，那么它的生命周期就是 24 期，它的 MOB 最大为 MOB24。

2. 逾期天数

逾期天数（Days Past Due，DPD）是指客户在还款日到期后无法全额还款的累计天数。

$$逾期天数 = 实际还款日 - 应还款日$$

DPDN+ 表示逾期天数大于或等于 N 天，如 DPD30+ 表示逾期天数大于或等于 30 天。

例如，一笔贷款的还款日是每月 8 日，如果当月 9 日未还款，即为逾期第一天，可表示为 DPD1；如果客户在 10 日还款，那么该笔贷款实际逾期天数就是 2 天。

3. 逾期期数

逾期期数（Delinquency Bucket）指实际还款日与应还款日之间的逾期天数，按照每期 30 天的区间划分逾期状态，以 Mn 表示。

- M0：当前未逾期（或用 C 表示，取自 Current，当前）。
- M1：逾期 1～30 日。
- M2：逾期 31～60 日。
- M3：逾期 61～90 日。
- M4：逾期 91～120 日。
- M5：逾期 121～150 日。
- M6：逾期 151～180 日。
- M6+：逾期 180 日以上。一般逾期超过 180 天的，即称为呆账（Bad Debts），在会计处理上可以做呆账核销（Write-off）；也有银行规定，对某些贷款品种逾期 360 日（即 M12+）以上才办理呆账核销手续。

6.2 掌握 3 个重要的指标分析

在数字化风控体系中，有 3 个重要的指标分析，分别是账龄分析、滚动率分析与迁徙率分析，下面做重点介绍。

由于线上业务的特点，银行贷款客户的风险表现具有隐蔽性、滞后性与复杂性。特别是在信贷扩张阶段，伴随贷款余额的迅猛增长，风险指标的分母极速扩大，分子由于滞后性却没有同步增加。如果采用传统方法衡量资产质量（逾期率或不良率 = 期末逾期 / 期末余额），得到的只是时点值，无法反映资产质量的真实情况，也无法及时溯源，找到风险源头，容易使决策机构低估信贷风险。

下面举一个例子说明这种情况。

假设银行在一年的 12 个月中，每个月都发放 1 000 万元 1 年期的贷款，如 1 月放款 1 000 万元，2 月放款 1 000 万元，以此类推，一直到 12 月发放 1 000 万元。那么 12 月月底，贷款余额为 1.2 亿元。

如果 2 月发现 1 月发放的 1 000 万元贷款中有 300 万元出现逾期，则 1 月月底的逾期率是 30%，即 300/1 000=30%。

假定往后各月发放的贷款没有出现逾期，1 月发生的 300 万元逾期也没有还款，到 12 月月底，逾期率（更严格地讲，超过 M3 是不良率）会变成 300/12 000=2.5%。从 1 月月底的 30%，到 12 月月底的 2.5%，逾期率下降的原因在于分子不变而分母快速增长，如此一来，便掩盖了真实的贷款质量，不利于风控决策，如图 6-2 和图 6-3 所示。

采用账龄分析、滚动率分析、迁徙率分析等数字化风控指标分析方法，可以帮助银行更加精准地做好贷款风险管理工作。

这 3 个指标分析的作用如下。

- 账龄分析（Vintage Analysis）：用于分析账户的成熟期、变化规律等。
- 滚动率分析（Roll Rate Analysis）：用于定义账户的好坏程度。
- 迁徙率分析（Flow Rate Analysis）：用于分析不同逾期状态之间的转化率。

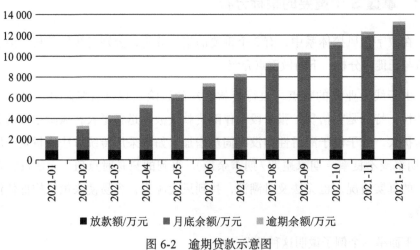

图 6-2　逾期贷款示意图

第6章 数字化风控指标及其分析方法

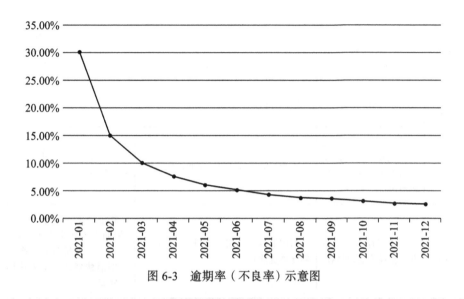

图 6-3 逾期率（不良率）示意图

3 个关键风控指标分析之间的差异如表 6-1 所示。

表 6-1 数字化风控指标分析差异

	账龄分析	滚动率分析	迁徙率分析
简述	按在账月数（MOB）拉平对齐后，横向对比不同月份的逾期率变化情况，了解同一产品不同时期放款的资产质量	• 表示客户从 A 时间点到 B 时间点，从还款状态 a 到还款状态 b 的转化比率，体现两个快照数据之间还款状态的变化情况 • 滚动率有两个方向，向前滚和向后滚。向后滚是指客户逾期等级更高了（即客户继续逾期）；向前滚是指客户逾期等级变低了或者变成正常客户了（即逾期客户有还款行为） • 资产状况可变好、变坏，迁徙到任意一个状态	• 表示客户从一个还款状态过渡到下一个还款状态的比率；M1 是 M0 的下一个还款状态，M2 是 M1 的下一个还款状态，以此类推 • 迁徙率是一个流入的概率，配合催收相关的指标（催回率，是流出的概率）可以分析坏账的形成过程
分析目的	用于分析账户成熟期、变化规律等，从时间维度上判断客户群体的好坏	用于定义账户的好坏程度，从行为程度上判断客户的好坏	用于分析不同逾期状态之间的转化率，监控坏账发展趋势和催收效果

（续）

	账龄分析	滚动率分析	迁徙率分析
适用分析	溯因分析	定性分析	定量分析
应用场景	评估信贷资产质量，比较不同时期风险策略的效果以及分析原因	资产减值拨备计量、催收绩效考核	资产减值拨备计量、催收绩效考核
应用业务	用于跟踪资产质量并分析风险变动趋势	信用卡或类信用卡的贷款（如循环额度类贷款）	非信用卡消费金融贷款（例如个人住房抵押贷款、个人汽车抵押贷款、个人短期消费贷款、个人信用贷款等）

6.2.1 账龄分析

在进口红酒的酒标上，经常会看到"Vintage"这个单词，它指的并不是装瓶日期，而是收获葡萄的年份，也就是说，瓶中酒都是用该年收获的葡萄酿制的。葡萄酒的香气、风味和整体品质在不同年份会有差别。Vintage 分析是指评估不同年份葡萄酒的品质随着窖藏时间的推移而发生的变化。葡萄酒在窖藏一定年份后，品质会趋于稳定。

借鉴葡萄酒的分析方法，在信贷分析方面，可以用账龄分析评估充分暴露客户"好坏"所需的时间。

1. 账龄分析的 4 种应用

根据 MOB 的长短同步对比，可以了解同一产品不同时期放款的资产质量。账龄分析在数字化风控领域的 4 种具体应用如下。

- 衡量资产质量：银行一般用逾期率衡量资产质量，这里指的是曲线平缓后对应的逾期率。
- 分析变化规律：如果贷款前几期逾期率上升很快，那么说明有可能遭遇欺诈风险；反之，如果曲线持续上升，则说明信用风险识别能力不佳。
- 确定账户成熟期：判断客户展现好坏的时间因素，帮助银行定义资产质量表现期。
- 指导策略调整：风控策略的收紧或放松、客群变化、市场环境、政策法规等都会影响资产质量，账龄分析可以用来指导风控策略的调整。

银行定义客户好坏的标准，是看其能否做到按时足额偿还贷款本息。而一个客户到底是好是坏，往往需要经过若干个还款周期后才能充分暴露。如果信用表现期过短，数据积累不足，银行就有可能将一个偶尔逾期的客户定义为"坏客户"，也有可能将一个未来的"坏客户"误判为"好客户"。

具体情况分析如下。

- 一个客户在贷款发放后前几期发生逾期后将逾期贷款本息还清，后面几期未再出现逾期行为，但是在表现期较短的情况下，银行会将此客户定义为"坏客户"。
- 一个客户在贷款发放前几期均能做到正常还款，后面几期却出现了比较严重的逾期行为，同样在表现期较短的情况下，银行会将此客户定义为"好客户"。

通过比较不同时间的贷款在相同周期的逾期表现，可以分析不同时间风控策略差异、宏观形势变化以及客群风险变动等主要内容。

2. 账龄的 3 种分析方法

在信贷方面，账龄分析能够真实反映借款人不同阶段的还款情况。假设有一个 6 期分期贷款产品，如果客户能做到按时还款，那么在第 6 期全部贷款结清时，可将其定义为"好客户"；如果贷款尚未到期，只能说从以往的还款表现来看，截至目前是一个"好客户"，并不能确定未来客户一定能按时还款。在实际工作中，笔者经常看到一些手机分期贷款业务，总共 12 期，已经还了 11 期，最后 1 期违约不还。

以 M3% 的变化情况为例进行账龄分析，如表 6-2 所示。

表6-2 12期产品的账龄表现

M3%	账龄											
放款日	1	2	3	4	5	6	7	8	9	10	11	12
2022/1/31	0.00%	0.00%	0.93%	1.52%	2.06%	2.45%	3.09%	3.53%	3.77%	3.82%	3.86%	3.79%
2022/2/28	0.00%	0.00%	0.92%	1.38%	1.98%	2.50%	2.95%	3.34%	3.62%	3.77%	3.75%	3.89%
2022/3/31	0.00%	0.00%	0.89%	1.33%	1.46%	1.98%	2.33%	2.79%	3.03%	3.21%	3.22%	3.54%
2022/4/30	0.00%	0.00%	0.81%	1.43%	1.76%	2.33%	2.56%	2.82%	3.10%	3.27%	3.33%	3.35%
2022/5/31	0.00%	0.00%	0.75%	1.02%	1.43%	1.99%	2.30%	2.56%	2.81%	2.90%	2.79%	2.92%
2022/6/30	0.00%	0.00%	0.63%	1.03%	1.34%	1.71%	2.08%	2.29%	2.44%	2.54%	2.55%	2.57%
2022/7/31	0.00%	0.00%	0.54%	0.76%	0.98%	1.08%	1.44%	1.58%	1.74%	1.67%		
2022/8/31	0.00%	0.00%	0.49%	0.76%	1.01%	1.22%	1.54%	1.88%	1.77%			
2022/9/30	0.00%	0.00%	0.36%	0.65%	0.98%	1.08%	1.19%	1.21%				
2022/10/31	0.00%	0.00%	0.35%	0.65%	0.88%	1.02%	1.23%					
2022/11/30	0.00%	0.00%	0.32%	0.35%	0.64%	0.73%						
2022/12/31	0.00%	0.00%	0.29%	0.33%	0.56%							

结合表 6-2 进行分析，要点如下。

- 横向分析：可以看出信贷资产随时间变化逾期率的变化情况。实际业务当中，到 MOB6、MOB7 会趋近于平缓，不再上升，不良率/逾期率会进入一个相对稳定的阶段，此时不良率基本能够真实反映信贷资产质量。
- 纵向分析：通过比较判断信贷资产在同一个账龄期的风险水平，定位信贷资产质量较差的分布区间，分析进件渠道差异性并持续优化与调整。
- 上升趋势分析：从账龄逾期率上升趋势判断风险类型，一般信用风险暴露，逾期率会随着账龄增加稳步上升。如果是欺诈风险暴露，逾期率在 MOB0、MOB1 就会开始大幅上涨，后续表现相对平稳。

3. 账龄分析的优点

账龄分析可以有效解决滞后性问题，对不同时期的贷款进行针对性跟踪，按照账龄进行同步对比，从而方便风险部门了解不同时期贷款的真实风险情况。

具体而言，账龄分析有以下 3 个优点。

- 不同时期数据的同步分析：为管理者提供一种将不同时期的数据进行同步分析的方法，能够对不同方案进行同期数据的全方位比较，既可用于风控，又可用于精准营销。
- 同期数据不同维度的分析：银行在确定整体营销方案后，通过账龄分析可以将同期数据按照不同维度进行立体展现，方便比较方案中各种因素的优缺点，帮助银行确定最优方案。
- 同期数据不同口径的分析：对不同进件渠道进行账龄分析，如官网、网点、App、微信公众号、小程序、中介机构、客户推荐等，将同一时期不同进件渠道、不同业务区域甚至不同审批政策的结果进行直观展示。

4. 账龄分析的具体做法

账龄分析目前广泛应用于信贷行业，例如对 M3 客户的逾期表现与资产质量进行深入分析，如表 6-3 所示。

表 6-3 M3 客户账龄分析

放款日	2022/7/31	2022/8/31	2022/9/30	2022/10/31	2022/11/30	2022/12/31
2022/4/30	1.98%	2.09%	2.58%	2.78%	2.93%	2.77%
2022/5/31		2.55%	2.52%	2.65%	2.74%	2.56%
2022/6/30			1.44%	1.58%	1.73%	2.44%
2022/7/31				3.55%	3.78%	3.88%
2022/8/31					2.13%	1.98%
2022/9/30						1.77%

表 6-3 中，行为贷款发放时间，列为贷款在某一时间切片的资产质量，比如 1.98%，就是 4 月授信客户在 7 月的 M3 逾期情况，计算公式为 4 月授信客户在 7 月底 M3 逾期总额 ÷24 月授信客户在 7 月全部贷款余额。

从表 6-3 还可以看出，7 月授信客户的 M3 逾期率明显高于其他月份，贷款质量下降。风险部门要据此深入分析，该时间段存在哪些风险隐患，找出是渠道问题、区域问题，还是政策问题，并及时优化调整。

6.2.2　滚动率分析

滚动率分析是信贷风控领域的重要方法，用于定义客户的好坏程度，指的是从某个观察点之前的一段时间（观察期）客户的最坏状态向观察点之后的一段时间（表现期）客户的最坏状态的发展变化情况。

滚动率模型基于历史数据，通过测算不同风险级别贷款（或具有类似信用风险特征的贷款组合）之间的平均滚动率来测算不同类别贷款的平均损失率，最终得出当期不同类别贷款的损失金额。

1. 滚动率公式

滚动率各级别公式如下。

- M0 到 M1= 当月 M1 余额 / 上月 M0 余额

- M1 到 M2= 当月 M2 余额 / 上月 M1 余额
- M2 到 M3= 当月 M3 余额 / 上月 M2 余额
- M3 到 M4= 当月 M4 余额 / 上月 M3 余额
- M4 到 M5= 当月 M5 余额 / 上月 M4 余额
- M5 到 M6= 当月 M6 余额 / 上月 M5 余额
- M6 到 M7= 当月 M7 余额 / 上月 M6 余额
- M7 到 M8= 当月 M8 余额 / 上月 M7 余额

2. 平均滚动率公式

平均滚动率各级别公式如下。

- M0 余额迁徙到 M1 余额平均滚动率 =（本期 M0 余额迁徙到 M1 余额滚动率 + 上一期 M0 余额迁徙到 M1 余额滚动率 + 上两期 M0 余额迁徙到 M1 余额滚动率 +…+ 上 N 期 M0 余额迁徙到 M1 余额滚动率）/（N 期数 +1）

- M1 余额迁徙到 M2 余额平均滚动率 =（本期 M1 余额迁徙到 M2 余额滚动率 + 上一期 M1 余额迁徙到 M2 余额滚动率 + 上两期 M1 余额迁徙到 M2 余额滚动率 +…+ 上 N 期 M1 余额迁徙到 M2 余额滚动率）/（N 期数 +1）

- M2 余额迁徙到 M3 余额平均滚动率 =（本期 M2 余额迁徙到 M3 余额滚动率 + 上一期 M2 余额迁徙到 M3 余额滚动率 + 上两期 M2 余额迁徙到 M3 余额滚动率 +…+ 上 N 期 M2 余额迁徙到 M3 余额滚动率）/（N 期数 +1）

- M3 余额迁徙到 M4 余额平均滚动率 =（本期 M3 余额迁徙到 M4 余额滚动率 + 上一期 M3 余额迁徙到 M4 余额滚动率 + 上两期 M3 余额迁徙到 M4 余额滚动率 +…+ 上 N 期 M3 余额迁徙到 M4 余额滚动率）/（N 期数 +1）

- M4 余额迁徙到 M5 余额平均滚动率 =（本期 M4 余额迁徙到 M5 余额滚动率 + 上一期 M4 余额迁徙到 M5 余额滚动率 + 上两期 M4 余额迁徙到 M5 余额滚动率 +…+ 上 N 期 M4 余额迁徙到 M5 余额滚动率）/（N 期数 +1）

- M5 余额迁徙到 M6 余额平均滚动率 =（本期 M5 余额迁徙到 M6 余额滚动率 + 上一期 M5 余额迁徙到 M6 余额滚动率 + 上两期 M5 余额迁徙到 M6 余额滚动率 +…+ 上 N 期 M5 余额迁徙到 M6 余额滚动率）/（N 期数 +1）
- M6 余额迁徙到 M7 余额平均滚动率 =（本期 M6 余额迁徙到 M7 余额滚动率 + 上一期 M6 余额迁徙到 M7 余额滚动率 + 上两期 M6 余额迁徙到 M7 余额滚动率 +…+ 上 N 期 M6 余额迁徙到 M7 余额滚动率）/（N 期数 +1）
- M7 余额迁徙到 M8 余额平均滚动率 =（本期 M7 余额迁徙到 M8 余额滚动率 + 上一期 M7 余额迁徙到 M8 余额滚动率 + 上两期 M7 余额迁徙到 M8 余额滚动率 +…+ 上 N 期 M7 余额迁徙到 M8 余额滚动率）/（N 期数 +1）
- M8 平均损失率 =1-（本期收回率 + 上一期收回率 + 上两期收回率 +…+ 上 N 期收回率）/（N 期数 +1）

3. 滚动率分析的步骤

滚动率分析的具体步骤如下。

1）用客户还款计划表（Repayment Schedule）确定数据源。

2）选择观察点，以观察点为截止时间统计客户在观察期（如过去 6 个月）的最长逾期期数，按最坏逾期状态将客户分为几个层次，如 M0、M1、M2、M3、M4、M5、M6、M6+ 等。

3）以观察点为起始时间统计客户在表现期（如未来 6 个月）的最长逾期期数，按最坏逾期状态将客户分为几个层次，如 M0、M1、M2、M3、M4、M5、M6、M6+ 等。

4）交叉统计客户数及客户占比。

5）排除随机影响，选择多个观察点，重复 1）～ 4）步。

上述步骤可结合图 6-4 理解。

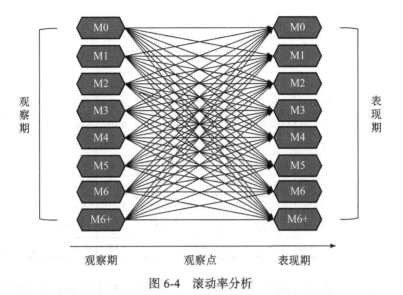

图 6-4 滚动率分析

举例来说,假设有 100 000 个线上贷款账户,将观察点设定为 2022 年 6 月 30 日,统计从观察期(前 6 个月)到表现期(后 6 个月)的最大逾期状态变化,如表 6-4 所示。

表 6-4 账户滚动率

观察时点 (2022/6/30)		表现期(后 6 个月)								
		M0	M1	M2	M3	M4	M5	M6	M6+	总计
观察期 (前 6 个月)	M0	81 260	1 458	756	0	0	0	0	0	83 474
	M1	3 244	563	153	98	54	4	0	0	4 116
	M2	1 276	187	554	455	349	234	188	176	3 419
	M3	786	45	79	245	1 098	993	876	772	4 894
	M4	274	6	8	44	46	57	132	899	1 466
	M5	24	5	2	8	12	23	33	556	663
	M6	65	11	1	5	4	14	12	579	691
	M6+	23	4	1	3	21	33	23	613	721
	总计	86 952	2 279	1 554	858	1 584	1 358	1 264	3 595	99 444

其中各级变动比率如表 6-5 所示。

表 6-5 账户滚动率百分比

观察时点 (2022/6/30)		表现期（后6个月）							
		M0	M1	M2	M3	M4	M5	M6	M6+	总计
观察期 （前6个月）	M0	97.35%	1.75%	0.90%	0.00%	0.00%	0.00%	0.00%	0.00%	100.00%
	M1	78.81%	13.68%	3.72%	2.38%	1.31%	0.10%	0.00%	0.00%	100.00%
	M2	37.32%	5.47%	16.20%	13.31%	10.21%	6.84%	5.50%	5.15%	100.00%
	M3	16.06%	0.92%	1.61%	5.01%	22.44%	20.29%	17.90%	15.77%	100.00%
	M4	18.69%	0.41%	0.55%	3.00%	3.14%	3.89%	9.00%	61.32%	100.00%
	M5	3.62%	0.75%	0.30%	1.21%	1.81%	3.47%	4.98%	83.86%	100.00%
	M6	9.41%	1.59%	0.14%	0.72%	0.58%	2.03%	1.74%	83.79%	100.00%
	M6+	3.19%	0.55%	0.14%	0.42%	2.91%	4.58%	3.19%	85.02%	100.00%

- 逾期状态为 M0 的账户中，在未来 6 个月里有 97.35% 的账户会继续保持正常状态，有 2.66% 的账户会恶化为 M1 和 M2。
- 逾期状态为 M1 的账户中，未来有 78.81% 的账户会回到正常状态，即降期率为 78.81%，有 13.68% 会保持 M1 状态，有 7.51% 的账户会恶化为 M2、M3、M4 和 M5。
- 逾期状态为 M2 的账户，降期率为 42.79%，有 16.20% 的账户维持不变，有 41.01% 的账户会恶化为 M3、M4、M5、M6 和 M6+。
- 逾期状态为 M3 的账户，降期率为 18.59%，有 5.01% 的账户维持不变，有 76.40% 的账户会恶化为 M4、M5、M6 和 M6+。
- 逾期状态为 M4 的账户，降期率为 22.65%，有 3.14% 的账户维持不变，有 74.21% 的账户会恶化为 M5、M6 和 M6+。
- 逾期状态为 M5 的账户，降期率为 7.69%，有 3.47% 的账户维持不变，有 88.84% 的账户会恶化为 M6 和 M6+。
- 逾期状态为 M6 的账户，降期率为 14.47%，有 1.74% 的账户维持不变，有 83.79% 的账户会恶化为 M6+。

从 M3 往下，逾期状态会持续恶化。一般来说，线上贷款逾期 90 天以上，即 M4+，即为高账期账户，催收难度会越来越大，超过 180 天，即 M6+，即可认定为损失。

6.2.3 迁徙率分析

迁徙率表示贷款账户从一个还款状态迁徙到下一个还款状态的比率。例如，M1 是 M0 的下一个还款状态，M2 是 M1 的下一个还款状态，以此类推。迁徙率可以结合逾期贷款催收回款率分析不良资产的形成过程。

迁徙率分析展示了贷款账户在整个信贷生命周期中的变化轨迹，常被用来预测未来的坏账损失。处于某一逾期状态的贷款账户，在一个月后，要么因归还欠款退出当前逾期队列，要么继续恶化进入下一逾期队列。

1. 迁徙率公式

迁徙率公式如下。

$$迁徙率 = 前一期逾期金额到下一期逾期金额的转化率$$

- M0—M1 迁徙率 = 当月进入 M1 的贷款余额 / 上月末 M0 的贷款余额
- M1—M2 迁徙率 = 当月进入 M2 的贷款余额 / 上月末 M1 的贷款余额
- M2—M3 迁徙率 = 当月进入 M3 的贷款余额 / 上月末 M2 的贷款余额

2. 迁徙率分析的步骤

迁徙率分析的具体步骤如下。

1）定义贷款账户逾期状态，如 M0、M1、M2、M3、M4 等。

2）根据迁徙率公式计算各逾期状态之间的迁徙率，如 M0—M1、M1—M2、M2—M3、M3—M4、M4—M5 等。

3）计算不同月份（也可称为账龄）的平均迁徙率。

4）根据平均迁徙率和逾期贷款催收回收率计算净坏账损失率。

3. 迁徙率案例

接下来以某银行脱敏数据做案例分析。首先来看贷款账户月分布情况，如表 6-6 所示。

表 6-6　贷款账户余额表

账户	2021年12月	2022年1月	2022年2月	2022年3月	2022年4月	2022年5月	2022年6月
全部账户余额	430 785 570.05	454 538 332.37	533 439 797.72	636 321 782.25	732 847 438.17	988 372 154.16	1 123 642 233.30
M0	429 439 570.39	451 334 724.66	531 166 472.82	633 231 005.70	727 403 516.60	983 954 628.42	1 116 752 794.30
M1	613 358.03	2 460 457.38	1 478 071.42	2 013 314.72	4 408 303.50	2 808 059.04	5 094 098.59
M2	198 082.81	125 079.23	150 513.26	397 701.42	84 597.05	389 277.56	354 512.93
M3	129 583.07	126 581.56	66 500.59	222 522.84	333 327.38	305 286.16	337 425.27
M4	103 284.64	116 006.96	107 730.24	55 415.86	219 293.08	223 630.80	260 422.35
M5	33 277.09	89 759.56	106 006.96	58 452.66	53 630.98	101 502.54	171 630.10
M6	42 380.26	30 334.55	68 779.41	36 440.02	3 368.53	78 640.81	73 847.21
M6+	226 033.76	252 445.93	285 723.02	306 929.03	341 401.05	508 540.32	591 453.80
M6+ 回收	29 926.87	31 126.58	21 429.23	44 658.17	38 271.06	77 908.38	45 896.81

由表 6-6 可以看出，2021 年 12 月 M0 账户余额为 429 439 570.39 元，到 2022 年 1 月，其中有 2 460 457.38 元迁徙到 M1；同样，2022 年 1 月 M1 中的 150 513.26 元，又在 2022 年 2 月份迁徙到 M2。以此类推，可以看到一条清晰的迁徙率下行路径，也可称之为信贷资产恶化路径。

接下来，计算各月迁徙率与平均迁徙率，如表 6-7 所示。

表 6-7　各月迁徙率与平均迁徙率

账户	平均迁徙率	2022 年 1 月	2022 年 2 月	2022 年 3 月	2022 年 4 月	2022 年 5 月	2022 年 6 月
M0—M1	0.48%	0.57%	0.33%	0.38%	0.70%	0.39%	0.52%
M1—M2	13.18%	20.39%	6.12%	26.91%	4.20%	8.83%	12.62%
M2—M3	132.71%	63.90%	53.17%	147.84%	83.81%	360.87%	86.68%
M3—M4	84.82%	89.52%	85.11%	83.33%	98.55%	67.09%	85.30%
M4—M5	75.39%	86.91%	91.38%	54.26%	96.78%	46.29%	76.75%
M5—M6	71.22%	91.16%	76.63%	34.38%	5.76%	146.63%	72.75%
M6+ 回收率		12.33%	7.50%	14.55%	11.21%	15.32%	7.76%

通过表 6-7 的迁徙率与平均迁徙率，我们可以观察到每个账龄资产在各逾期状态的演变情况。M2—M3 的指标明显异常，原因在于此阶段采取了特殊激励政策，加大催收力度。

此外，对每个月的迁徙率进行横向比较，会发现由于外部环境、内部政策以及时间因素，表现并不完全一致。

借助迁徙率分析，银行可以监测逾期坏账走势，并相应调整催收策略，最后根据平均迁徙率和催收回收率计算净坏账损失率。

6.3　F（STQ）PD 指标

F（STQ）PD 指标是一系列指标的综合命名，统称为首期逾期率，包括 FPD、SPD、TPD 与 QPD 等，重点关注"首逾"，即客户首次逾期发生在第几期。

一般在指标后加上具体数字，具体数字代表逾期天数，如 FPD30 表示客户首次逾期 30 天发生在第一期，或客户第一期首次逾期 30 天；QPD30 表示客户前三期正常还款，但在第四期的还款日首次发生逾期 30 天。

6.3.1 F（STQ）PD 指标的含义

F（STQ）PD 指标的具体含义如下。

- FPD（First Payment Deliquency）表示银行放款后到第一个还款日客户发生首次逾期。
- SPD（Second Payment Deliquency）表示客户在第一期正常还款，但在第二期的还款日首次发生逾期。
- TPD（Third Payment Deliquency）表示客户在前两期正常还款，但在第三期的还款日首次发生逾期。
- QPD（Quarter Payment Deliquency）表示客户在前三期正常还款，但在第四期的还款日首次发生逾期。

以上为常见的首期逾期率指标，如果后续再出现首逾情况，则使用数字表示，如 5PD、6PD、7PD 等。

6.3.2 FPD 的计算公式

在实际业务中，FPD 有两种计算公式，可分别用于不同的研究领域。

第一种：FPD%= 首期逾期客户逾期金额 / 首期可观测客户放款总额。

第二种：FPD%= 首期逾期客户剩余本金 / 首期可观测客户放款总额。

使用第一种计算公式远比第二种计算公式得出的 FPD% 小，第二种计算公式可以反映最真实的风险状况。

6.3.3 F（STQ）PD 的应用场景

F（STQ）PD 指标有如下应用场景。

- 细分标记客户逾期节点。如果 FPD% 较高，需要考虑客群是否存在恶意欺诈；如果 SPD%、TPD% 后几期显著增高，需要考虑客群是否存在多头借贷，导致借贷客户有较高的负债收入比。
- 应用于风控策略的优化。传统风险管理使用的 Mn 指标仅用逾期时间定义客户质量，过于粗放；而 F（STQ）PD 指标要求风控部门更加关注首次逾期客户，及时调整贷前准入策略与风控规则。
- 确定模型目标变量。分析不同逾期区间 F（STQ）PD 的流转率，如 FPD30、SPD30、TPD30、QPD30 等，结合相应逾期区间的 MOB、样本表现期长度，来最终确定风控模型目标变量。

6.4 常用数字化风控指标

银行的常用数字化风控指标如表 6-8 所示。

表 6-8 常用数字化风控指标

序号	名称	中文释义	内容及主要作用	举例
1	MOB	账龄	分析账龄	MOB0：放款日至当月月底
2	Vintage Analysis	账龄分析	以账龄为基础，观察贷后 N 个月逾期比率的变动，也可用于分析各时期发放贷款的质量，以及观察进件规则调整对信贷资产质量的影响	
3	C（Current）、M（Month）	描述逾期期数的专有名词	M0 为正常资产，Mx 为逾期 x 期，Mx+ 为逾 x 期（含）以上	无逾期正常还款为 M0，即 C；M1 即逾 1 期（1～30 天）；M2+ 即逾 2 期及以上（超过 30 天）。M2 和 M4 是两个重要的观察节点，一般认为 M1 为前期，M2—M3 为中期，M4 以上为后期，M6+ 转为呆账
4	Deliquency	逾期率、延滞率	评价资产质量的指标，可分为 Coincident 和 Lagged 两种观察方式	

（续）

序号	名称	中文释义	内容及主要作用	举例
5	Coincident	即期指标	用于分析当期所有应收账款的质量，计算延滞率。计算方式是以当期各逾期期数延滞金额除以本期应收账款总额	Coincident是在当前观察点总览整体，容易受到当期应收款的影响导致波动，适合在业务总量波动不大的情况下观察资产质量
6	Lagged	递延指标	计算延滞率的一个指标，区别是Lagged的分母为产生逾期金额那一期的应收账款。Lagged观察的是放贷当期所产生的逾期比率，不受本期应收账款的起伏影响	Lagged DPD 30+$（%）= Lagged M2+Lagged M3+ Lagged M4+Lagged M5+ Lagged M6 Lagged M1=月末M1的贷款余额/上月底的贷款余额（M0～M6）
7	DPD	逾期天数	自还款日次日起到实际还款日之间的天数	如DPD7+与DPD30+，分别是大于7天和30天的历史逾期
8	FPD	首次还款逾期	贷款发放后，在第一个还款日未还款，出现逾期	如FPD7表示首笔需要还款的账单在最后还款日后7天内未还款且未办理延期 常用的FPD指标还有FPD30
9	Flow Rate	迁徙率	观察前期逾期金额经过催收后仍未缴款而继续落入下一期的概率	M0—M1的迁徙率=M月月末资产余额M1/上月末M0的在贷余额
10	Bad Debt Loss Ratio	最终坏账损失率	如果将（C—M1、M1—M2、M2—M3…M6—M7）依次连乘起来，就得到了最终坏账损失率	例如：C—M7=（C—M1）×（M1—M2）×（M2—M3）×…依此类推
11	Collection	催收	根据用户入催时间由短到长分为Early Collection（早期催收）、Front End（前期催收）、Middle Range（中期催收）、Hot Core（后期催收）以及Recovery(呆账后催收/坏账收入)几个阶段，对应不同的催收手段和频率	

（续）

序号	名称	中文释义	内容及主要作用	举例
12	DBR（Debit Burden Ratio）	负债比	通常债务人整体负债不宜超过其月均收入的 22 倍	
13	NCL（Net Credit Loss）	净损失率	当期转呆账金额减去当期呆账回收即为净损失金额	
14	Month End	月底结算	各月月底结算数据	
15	Cycle End	期末结算	为信用卡特有的结算方式，按账单日管理	
16	WO%（Write-Off%）	呆账率	呆账率＝当月转呆账金额÷逾期开始月的应收账款。经过年化之后，月转呆账率转换为年损失率	

6.5 本章小结

本章主要介绍了数字化风控指标及其分析过程，在帮助读者了解风控基本概念的基础上，重点介绍了账龄分析、滚动率分析与迁徙率分析的步骤与作用，并结合案例解析与图表展示等方式加深读者印象。在实际工作中，首期逾期率系列指标对于银行及时发现潜在风险隐患的作用重大，读者需要格外重视。第 7 章将介绍银行数字化风控的命门——智能反欺诈。

第 7 章

数字化风控的命门：智能反欺诈

银行对传统的欺诈手段并不陌生，骗子拿着假身份证、假资料、假流水以及假工作信息向银行申请贷款，大多会被火眼金睛的信贷员当面识破。虽然银行的传统反欺诈手段应对线下偶发个体的欺诈行为绰绰有余，但在数字化时代，随着业务形式发生质变，信贷员已经难以有效发现团伙欺诈行为，往往是巨大损失已经发生才进行事后弥补，反欺诈效果非常不理想。

再进一步，上述银行反欺诈场景是识破客户的资料造假行为。如果银行审查的身份证明与数据信息都是真的，该怎么办？过去的老办法是否还行得通呢？

7.1 数字金融欺诈带来的严峻挑战

研究表明，线上数字金融业务给反欺诈带来了严峻挑战，针对数字金融的欺诈行为已经发展成组织严密、分工明确的黑色产业链条，给客户和银行都造成了严重损失。

假设某银行有线上贷款业务，借款人本人亲自申请，手持身份证拍照，人脸识别验证无误，从第三方数据源获取的数据信息也真实有效……种种迹象表明，客户符合准入条件，最终经大数据风控审核通过。如此一来，贷款就不会出现问题了吗？

实际情况并非如此，否则，也不会发生第3.2.4节介绍的10亿元骗贷大案了。数字化时代，骗子的欺诈手段进一步升级，有可能给银行带来巨大的损失，银行必须拿起智能反欺诈"法宝"，彻底消灭这些魑魅魍魉，取得欺诈与反欺诈攻防战的胜利。

7.1.1 反欺诈新动向

数字化转型的背景下，场景与科技深度融合，促使金融服务呈现数字化、虚拟化的特点，线下业务加速向线上迁移，但是交易双方的真实身份难以验证，交易信息的真假难以辨别，也为线上欺诈提供了土壤。同时，信息技术的发展使欺诈方式呈团伙化、专业化趋势，欺诈行为包罗万象，从盗卡盗刷、交易欺诈、刷单、恶意"薅羊毛"到骗取贷款等。

数字化时代，银行反欺诈工作出现三大新动向。

- 从线下欺诈转移到线上欺诈。
- 从个人欺诈转变为团伙欺诈。
- 从互联网平台转战到商业银行。

为应对严峻复杂的线上欺诈风险与挑战，领先银行纷纷运用金融科技化解新型网络金融风险，应用新技术来加强欺诈防控，做到主动防风险、智能控风险、全面管风险。

7.1.2 揭秘欺诈"黑话"

说到反欺诈，首先要了解骗子是怎么欺骗我们的，他们之间是怎样交流的。换言之，要了解欺诈"黑话"，知彼知己，百战不殆。想要消灭敌人，必须先要了解敌人。

比如，下面这个场景，读者知道是什么意思吗？

- 张某：兄弟，你那儿有多少**料**？
- 小弟：大哥，手头不算多，大概有二三百张，主要是**内料**，**外料**很少，不过还有些**轨道料**，质量不错，您看能用吗？
- 张某：这些料**刷过货**吗？
- 小弟：没有啊，现在芯片卡很难刷，我正准备找个**挂马**的，给**洗拦截料**呢。
- 张某：好，最近**卡商**那边有联系吗？我想要5 000张卡，你给落实一下，回头去我那儿把**猫池**拿上。
- 小弟：好嘞，大哥。您那儿有新的**打码平台**吗？我常用的那家刚被警察给端喽。
- 张某：怎么这么不小心？不过，刚好我这里有个新平台，等下把信息发给你。还有，上次**拖库**来的那批**菠菜**，**洗**过了吗？
- 小弟：洗过了，质量一般。不过我这里有批新的，正准备**撞库**呢。
- 张某：好，听**内线**说，最近某地银行有活动，你赶紧把**群控**弄好，再找些**改机工具**，还有**云手机**啥的，咱们抓紧时间，干票大的。
- 小弟：大哥真先进，都用上**云手机**了，我们过去买的那些**老人机**确实有点跟不上趟了，还得跟大哥学，与时俱进，哈哈。
- 张某：你小子别废话了，抽时间再看看你养的那些**活粉**怎么样了，还有那批新注册的**白号**能用了吗。**死粉**就自己看着办吧，能卖就卖出去，全算是你的零花钱。
- 小弟：跟大哥，有肉吃。

"老人机"这个词，读者可能还听说过，那么内料、外料、轨道料、挂马、猫池等，又指的是什么呢？

以上"黑话"翻译如下。

- 料：银行卡账号、密码、借款人身份证号及绑定手机号。
- 内料：境内银行卡账号、密码、借款人身份证号及绑定手机号。
- 外料：境外银行卡账号、密码、借款人身份证号及绑定手机号。
- 轨道料：通过改装POS机得到的银行卡信息。
- 刷货：通过复制银行卡的方式进行盗刷。

- 挂马：制作、出租木马病毒。
- 洗拦截料：洗料将诈骗资金转账、套现、洗白方法之一，通过植入木马病毒拦截用户手机验证码完成套现。
- 卡商：通过各种渠道从运营商、代理商处办理大量手机卡的人。
- 猫池：一种插上手机卡就可以模拟手机进行收发短信、拨打电话、上网等功能的设备，可以实现对多张手机卡的管理。
- 打码平台：提供手机号，获取注册、解封、换绑短信的验证码平台。
- 拖库：黑客通过各种社工手段、技术手段非法获取数据库中的敏感信息。一般这些敏感信息包括用户名、密码等账号信息，真实姓名、证件号码等身份信息，电子邮箱、电话、住址等通信信息。
- 菠菜：博彩账户，犯罪分子可利用博彩账户撞库。
- 洗库：在拖库取得大量用户数据之后，通过一系列的技术手段和黑色产业链将有价值的用户数据变现。
- 撞库：通过收集互联网已泄露的用户和密码信息生成对应的字典表，尝试批量登录其他网站后得到一系列可以登录的账号；由于很多用户在不同网站使用相同的账号密码，因此黑客可以通过获取用户在 A 网站的账户信息，试探性地登录 B 网站或其他网站。
- 内线：与犯罪分子勾结的银行内部工作人员。
- 群控：分为线控及云控，可以用一台计算机控制上百部手机，实现上百部手机同步操作。
- 改机工具：刷新设备指纹，解决单台设备注册上限的问题。
- 云手机：将云计算技术运用于网络终端服务，通过云服务器实现云服务的手机，是深度结合网络服务的智能手机，凭借自带系统以及厂商架设的网络终端可以通过网络实现众多功能。
- 老人机：性能落后、分辨率低的一类手机，适合老年人使用。售价低廉，会被犯罪分子用来诈骗。
- 活粉：带有头像、个性签名、作品，模拟真实用户操作的账号。
- 白号：接入接码平台直接用手机号注册的账号，也称直登号。
- 死粉：僵尸粉，只有头像和个人签名，活跃度极低的账号。

以上只是互联网"黑话"的冰山一角,更多涉及网络安全的"黑话"需要读者在实战中积累。

7.2 揭露黑色产业市场

自互联网金融诞生以来,黑色产业即成为各类金融机构的头号威胁。随着黑色产业的发展与扩张,各类新型欺诈场景、欺诈技术不断渗透到针对金融企业的攻击中,其链条化分工、跨行业作案等特点为金融机构的风险防控带来了更大的挑战。

黑产欺诈链的上、中、下游如图 7-1 所示。

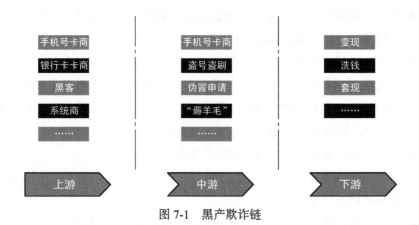

图 7-1 黑产欺诈链

1. 上游靠资源

黑产欺诈链上游主要通过贩卖自己掌握的资源获取非法收益。

- 手机号卡商:为欺诈实施者提供手机号码及手机卡资源。
- 银行卡卡商:为欺诈实施者提供银行卡资源,包括 2 类户、3 类户资源。
- 黑客:通过钓鱼网站、木马病毒等向欺诈实施者提供技术支持。
- 系统商:提供平台、硬件支持,如伪基站、接码平台、群控系统、猫池。

2. 中游靠骗术

黑产欺诈链中游主要负责实施具体的欺诈行为。

- 手机号卡商：利用社会工程学取得用户信任后实施诈骗。
- 盗号盗刷：通过掌握的个人信息资料来攻击账户、接管账户、盗取资金。
- 伪冒申请：通过掌握的个人信息资料冒充申请人向银行申请贷款或信用卡，骗取银行资金。
- "薅羊毛"：通过批量注册或者垃圾注册获取银行活动资格，骗取优惠券。

3. 下游靠跑腿

黑产欺诈链下游主要由分工明确的洗钱团队负责套现、变现。

- 变现：将骗贷或其他方式获取的资金直接变现。
- 洗钱：用各种方式将资金漂白。
- 套现：通过掌握的客户信息在电商平台购物并变成现金。

7.2.1 黑产欺诈银行的典型场景

在营销领域，黑产欺诈主要体现为垃圾注册、批量攻击等形式；在信贷领域，黑产欺诈表现为团伙批量集中攻击银行线上贷款风控漏洞，骗取大量资金。相较于个人欺诈，团伙欺诈波及范围更广、社会危害性更高、银行损失更大，黑产欺诈也呈现出智能化、产业化、攻击隐蔽性强、内外勾结多、移动端高发等显著特征。

现将黑产欺诈银行的 5 种典型业务场景与主要欺诈手段总结如下。

1. 营销获客

- 羊毛党
- 批量攻击
- 虚假裂变
- 机器刷分
- 抽奖作弊
- 渠道刷量

2. 用户注册

- 伪造身份信息
- 冒用他人身份
- 垃圾注册
- 自动脚本
- 恶意注册
- 批量注册
- 虚拟注册

3. 登录账户

- 盗用账户
- 冒用账户
- 异常共享
- 权限绕过
- 试探登录

4. 信贷申请

- 冒用他人信息
- 提供虚假信息
- 个人欺诈申请
- 团伙欺诈申请
- 虚假联系人
- 虚假资料

5. 支付交易

- 盗号盗刷
- 盗用账户信息支付
- 伪卡交易
- 伪造交易信息
- 电信诈骗

7.2.2 黑产攻击银行的 3 种表现形式

随着欺诈技术的发展,黑中介和黑产呈现深度融合态势。在实际业务中,黑产攻击银行有以下 3 种表现形式,须引起银行的足够重视。

1. 远程攻击

在团伙欺诈中,黑产会利用银行线上大数据风控的漏洞,重点选择新上线、风控弱的线上贷款产品作为攻击目标,不断挖掘风控规则的弱点,通过信息包装或伪造数据持续不断地攻击。

2. 洗脑教唆

部分黑中介通过短视频推广、社群传播、传销式面授班等形式,向其他中介及个人传授欺诈与骗贷技术。黑产则承担助攻的角色,为黑中介实施骗贷提供技术支持,例如批量盗取用户信息、窃取银行数据库、包装伪造证件信息和银行流水、伪造通信记录等。

3. 盗用科技

信息技术的更新迭代,在一定程度上也助长了黑产智能化趋势,它们利用大数据、人工智能等技术手段,扩大欺诈覆盖面与精准度,已经构建起集用户数据获取、身份信息伪造和包装、欺诈策略制定、技术手段实施等于一体的完整欺诈产业链。

7.3 伪造"优质客户"生产线

银行的发展离不开优质客户,在业务办理过程中,会有简化资料、优化流程、提高时效等提升客户体验的具体措施。而欺诈团伙则同样将优质客户作为重点对象,以各种非法手段批量制造所谓"优质客户",并借此频繁攻击银行的风控系统,形成一条"优质客户"生产线,给银行造成大量损失,形成风险隐患。

7.3.1 银行优质客户的 5 个特征

日趋激烈的同业竞争压力、年复一年的业绩指标攀升，促使银行必须在夯实客户基础上下功夫，优质客户是各家银行重点服务的目标。一般来说，符合以下一个或多个特征，会被银行认定为优质客户。

- 特定职业人群。
- 工作收入稳定。
- 信用记录良好。
- 各项资产充裕。
- 数据表现优异。

对于欺诈团伙而言，要用最小的代价获取最大的收益。上述银行优质客户的 5 个特征，可以进一步划分成两个类型：容易造假的和不容易造假的。特定职业造假难度大、成本高，欺诈团伙一般不会触及。但是，工作是否稳定、信用记录是否良好、在银行的数据表现是否优异等特征，欺诈团伙已经可以通过技术手段实现了。

1. 背景造假难上加难

- 公务员：指在国家机关中依法履行公职、纳入国家行政编制、由国家财政负担工资福利的工作人员。
- 公益事业单位人员：指学校、医院等公益事业单位中纳入事业编制，由国家财政负担全部或部分工资福利的工作人员。
- 社会公用事业单位人员：指社会公用事业单位的正式工作人员。
- 上市公司正式工作人员：上市公司含国内、国外上市公司，社会公用事业单位、金融行业上市公司下属公司。不包含其他的上市公司的下属企业及 ST[①] 上市公司、创业板公司。
- 金融行业人员：包括银行、证券公司、保险公司的正式工作人员。

---

① ST（Special Treatment）指的是沪深两市交易所针对出现财务状况和其他状况异常的上市公司股票交易的特别政策，在股票名字前加上 ST，俗称"戴帽"。常见的 ST 情况是上市公司的经营利润出现连续两年的亏损。我们可以将 ST 简单理解为一种风险警示标志。

- 国有独资垄断性行业或行业龙头企业的正式工作人员：如烟草公司等的员工。

以上都是银行的优质客户，造假难度大，骗贷成本高，无法实现批量化骗贷。

2. 数据造假防不胜防

以下职业也属于银行的优质客户，其判定标准是基于客户的各种数据表现。而这些数据，欺诈团伙基本上都可以通过一段时间的运作，将其"真实"呈现出来。

- 代发工资户：在本行代发工资连续 6 个月及以上的客户。
- 优质房贷户：正常归还住房按揭贷款 1 年及以上的客户。
- 优质车贷户：正常归还汽车消费贷款 1 年及以上的客户。
- 公积金缴存户：连续缴存公积金 6 个月及以上的客户。
- 社保/医保缴存户：连续缴存社保/医保 1 年及以上的客户。
- 银行流水贷客户：在银行开立资金结算账户并连续结算一年及以上的客户。
- 他行优质贷款户：在其他银行获得一定授信额度的客户。

7.3.2 批量制造"真实"客户

在网络虚拟世界中，身份认证的重要性永远是第一位的。银行开展业务时首先要确认客户身份的真实性，既要判断对面是机器还是真人，又要判断对面是本人还是他人伪冒。

而对于欺诈团伙来讲，制造一批可通过银行系统审核的所谓"真实"客户，是欺诈成功的关键因素。黑产一般会从客户身份、设备指纹以及用户行为 3 个方面下手。

1. 客户身份及身份要素验证

- 身份证件。
- 手机黑卡：副卡、物联网卡、海外卡、虚拟号。
- 银行卡：被盗实名卡、虚拟卡。

2. 常见手机设备指纹举例

- IMEI（International Mobile Equipment Identity，国际移动设备识别码）：俗称手机串号、手机串码或手机序列号，用于在 GSM 移动网络中识别每一部独立的手机，相当于手机的身份证号码。
- IMSI（International Mobile Subscriber Identification，国际移动用户识别码）：用于区别移动用户，存储在 SIM 卡中。
- 手机型号。
- MAC（Media Access Control 或者 Medium Access Control）地址：意为媒体访问控制或物理地址、硬件地址，用于定义网络设备的位置。
- GPS（Global Positioning System，全球定位系统）。

3. 用户行为模拟

- 接码：平台接收短信验证码。
- 打码：平台代打验证码。
- 按键精灵：模拟鼠标和键盘动作的软件，通过制作脚本，可以让按键精灵代替双手自动执行一系列鼠标和键盘动作。
- 群控：分为线控及云控，可以用一台计算机控制上百部手机，实现上百部手机同步操作。
- 猫池：将相当多数量的调制解调器使用特殊的拨号请求接入设备连接在一起，可以同时接收多个用户拨号连接的设备。
- 多开：在一个设备平台上同时打开多个软件客户端，且每个客户端可以正常运行。

7.3.3 数据整容

所谓数据整容，是指不法人员针对银行的关键风控流程伪造客户资料与信息，使其各项数据表现在形式上符合目标银行的贷款条件。

1. 伪造客户在职情况

银行要求客户必须具有稳定的工作，并会采取打电话、核实工作信息等风控措施。不法人员可能通过以下方式破解。

- 代接固定电话。
- 代接移动电话。
- 转接电话。
- 伪造工作证明（如伪造工牌、开立在职证明等）。
- 伪造收入证明（如银行对账单）。
- 挂靠公司。
- 挂靠社保、公积金（代缴社保、公积金）。
- 代发工资（资金由欺诈团伙负责）。

2. 伪造客户居住情况

银行要求客户具有稳定的居所，并核验各种缴费单据。不法人员可能通过以下方式破解。

- 伪造水电费缴费单据。
- 伪造物业费缴费单据。
- 伪造燃气费缴费单据。
- 伪造住房证明。

3. 伪造客户资质情况

银行认为拥有房产、车产以及理财等资产的客户风险相对较低，在信用评级时会增加其分数。不法人员可能通过以下方式破解。

- 伪造车产证明。
- 伪造房产证明。
- 伪造、变造存单。
- 伪造、变造理财证明。
- 伪造、变造保险单据。
- 伪造银行流水记录。

4. 伪造客户消费数据

银行将消费数据与流水作为判断客户信用等级的考察因素，不法人员可能通过以下方式破解。

- 精养信用卡（通过手持 POS 机或代还软件）。
- 精养流水（一段时期内几个人或公司转圈转账，获取真实的流水记录）。

5. 伪造客户关系人网络

银行在大数据风控中会根据客户关系人网络确定其信用状况。不法人员可能通过以下方式破解。

- 虚构大量优质联系人。
- 伪造短信记录。
- 伪造通话记录。
- 美化客户通讯录。
    - 删除催收、博彩等不良电话。
    - 删除借贷相关电话及短信记录。
    - 增加大量优质重复号码的通话记录。
    - 增加大量常用官方服务号码。
    - 增加大量号段相似号码。
    - 不定期进行通话以产生真实的运营商数据。
    - 人为篡改通话记录。

6. 伪造设备关键信息与使用情况

银行在大数据风控中会根据客户设备使用情况确定其信用状况。不法人员可能通过以下方式破解。

- 设备使用情况。
    - 卸载不良软件。
    - 优化 App 使用情况。
- 设备修改情况。
    - 修改设备指纹。
    - 修改实际物理位置。
    - 模拟真实用户行为。

7.4 典型欺诈案例剖析

大学毕业生小张初入社会,没找到工作单位,手里只有家里给的 5 000 元,利用欺诈手段,他在一年时间内将 5 000 元变成了 100 万元。

银行有一类优质客户叫作代发工资户。因为代发工资户在本行有直接可证明其还款能力的工资流水,所以银行一般会将利率最低的信用贷款推荐给此类客户。如农行的"随薪贷",民生银行的"薪喜贷",邮储银行的个人信用消费贷,中信的个人代发工资网络信用消费贷款等。为了提升客户体验,这类产品采取线上贷款方式,申请条件也非常简单:借款人本人亲自申请,经过人脸识别,结合其在本行的代发工资数据信息,在大数据风控之后审批通过。贷款条件一般是连续代发工资 6 个月及以上,按代发工资金额的一定倍数给予客户授信额度,一般是月收入的 5 ~ 22 倍。

不法分子对银行的典型欺诈过程如下。

第一步,找到在 A 银行有代发工资业务的甲公司,小张将 5 000 元转给甲公司对公账户。

第二步,小张持本人身份证,在 A 银行开立借记卡账户。

第三步,甲公司在工资发放日,如 1 月 5 日,将小张转账的 5 000 元以代发工资的名义转至小张在 A 银行的账户。

第四步,小张的借记卡上出现了一笔代发工资记录,金额为 5 000 元。

第五步,在随后的 5 个月中,重复上述转账与代发工资动作。到 6 月 5 日,小张已具备银行发放贷款的基本条件。

第六步,小张网上申请贷款,最低可获得 A 银行 25 000 元的贷款。

第七步,自 7 月 5 日起,小张将转账及代发工资额提高到 25 000 元,继续操作 6 个月,至 12 月 5 日,小张在 A 银行已经变成中高收入客户,此时银行对其授信额度区间会变为 12.5 万~ 55 万元。为表述方便,按互联网贷款上限给予小张 20 万元的额度。

至此,小张用一年的时间,在 A 银行获得 20 万元的信用贷款额度。

读者可能会问，这也没有100万元呀？别急，继续往下看。

大家都知道，代发工资户是各家银行争相营销的优质客户群体，相互之间不存在信息共享。接下来小张可以在与甲公司合作A银行代发工资的同一时间，再选择B、C、D、E四家银行，以及乙、丙、丁、戊四家在上述银行分别有代发工资业务的公司，将代发日期设置为每月6、7、8、9日，重复第一步至第七步。

那么，到了12月9日，小张就可以在这5家银行分别获得20万元的贷款额度，总授信额度达到100万元。

仅仅一年，5 000元变成100万元。如果再用一年时间，这100万元也许还有可能变成300万元或500万元，当然这就会涉及银行其他一些信贷产品和特殊的包装手法，具体过程大同小异。

根据《中华人民共和国刑法》第一百九十三条，对贷款诈骗罪，"以非法占有为目的，诈骗银行或者其他金融机构的贷款，数额较大的，处五年以下有期徒刑或者拘役，并处二万元以上二十万元以下罚金；数额巨大或者有其他严重情节的，处五年以上十年以下有期徒刑，并处五万元以上五十万元以下罚金；数额特别巨大或者有其他特别严重情节的，处十年以上有期徒刑或者无期徒刑，并处五万元以上五十万元以下罚金或者没收财产"。

郑重声明：上述案例仅为说明犯罪分子的欺诈行为，使读者了解真相并有效规避风险。以上案例属于公安机关严厉打击的违法犯罪行为，万万不可以身试险！

7.5 智能反欺诈：思路、系统与技术

黑色产业链欺诈手段多且复杂，银行必须摒弃传统的反欺诈思路与做法，方可与欺诈分子进行周旋，最大限度地保证信贷资金的安全。

7.5.1 策略反欺诈与技术反欺诈

在金庸的武侠小说《笑傲江湖》里，华山派有气宗与剑宗两派争雄。而

在智能反欺诈领域，同样也有两种反欺诈思路，一种称为策略反欺诈（具体内容参见第 5.5 节），另一种称为技术反欺诈，分别简称为"策略派"与"技术派"。

1. 策略派

策略派基于传统风控理念，注重使用策略规则防范欺诈风险，以业务场景为分析基础，借助基础统计分析方法，将现实业务场景遇到的各种欺诈行为、手段的防范方法数字化，提炼成可以应对类似欺诈行为的风险规则并施以监控。现实中，这种方法可以解决信贷业务领域 70%～80% 的已知欺诈案件类型。

2. 技术派

技术派基于技术风控理念，注重采用算法构建复杂模型，进行欺诈防范，包括有监督学习算法模型与无监督学习算法模型，适用于对未知欺诈风险的发现与防范，特别是未来有可能发生的共性行为或者特殊欺诈行为，提升提前预警的精度与准度。在理论上，这种方法可以识别接近 100% 的欺诈案件。

对于银行而言，无论策略派还是技术派，都是银行在智能反欺诈领域必备的重要手段，二者相辅相成，共同构成银行智能反欺诈体系，既可以发现已知欺诈风险，又能发现未知欺诈风险。技术派的算法模型要求很高，在现阶段，很多还不具备实施能力的中小银行可以先以策略数字化为主，未来条件成熟时逐渐过渡到以技术为主。

7.5.2 智能反欺诈的 5 个层级

智能反欺诈需要银行从构建企业级系统架构入手，应用分布式架构建设大数据分析校验平台与移动金融风险监测平台，加强实时监测，满足瞬时高并发、低延时的实时计算，对大规模数据实现动态计算，持续提升预警命中率。

智能反欺诈系统的 5 个层级如图 7-2 所示。

羊毛党	代理池	羊毛党设备	肉鸡网络	欺诈团伙
欺诈团伙图谱				
注册异常度	登录异常度	交易异常度	地域异常度	时间段异常度
事件异常层				
注册频次	登录频次	交易频次	地域频次	时间间隔频次
业务频次层				
注册行为	登录行为	交易行为	事件序列	事件间隔异常
用户行为层				
代理检测	IDC检测	模拟器检测	虚拟机检测	木马检测
设备与网络层				

图 7-2 智能反欺诈系统的 5 个层级

黑产欺诈攻击主要由业务安全风险问题引发，银行在进行企业安全架构规划时，不仅需要考虑网络安全风险，也要重视业务安全风险的系统规划。

7.5.3 智能反欺诈之"六脉神剑"

在金庸的另一部武侠小说《天龙八部》中，大理段式六脉神剑威力无穷，萧峰都自称不是敌手。在银行智能反欺诈领域，也可以有效运用数字化"六脉神剑"斩尽天下邪魔外道，还银行一片清净。

1. 关冲剑：黑白名单体系

黑白名单是最早、最基础也是最直接的风控手段，名单数据虽然并不能彻底解决银行面临的欺诈问题，但是由于出色的性价比优势，它已经成为银行在反欺诈工作中不可或缺的一种手段，并经常被用作智能反欺诈的第一道过滤网。在银行早期反欺诈工作中，风控部门会将业务系统中曾经出现的高风险数据提供给业务部门。

黑白名单一般通过平台内部进行积累，或与其他合作机构合作获取。黑名单很大限度地避免了重复欺诈行为，也是一种逻辑简单、成本较低的反欺诈手段。当然，黑名单覆盖群体较小，需要时间积累，也存在准确率较低、名单库易污染等缺点。同理，白名单一般是指平台内部的优质客户列表，建立白名单库可以有效降低银行的成本和信用风险，提高放款效率。

黑名单使用简单、方便、直接，缺点是无法发现新的欺诈行为和欺诈者。黑名单的升级版本是规则引擎。规则引擎通常配合黑名单一起使用，通过规则引擎抓到的坏客户被列到黑名单中。规则引擎的规则基于专家经验形成，需要在使用过程中持续维护、更新、修改。

2. 少商剑：设备反诈一招三式

（1）设备指纹

人类有指纹，计算机、手机、平板电脑等电子产品有设备指纹。当用户登录网页、App 时，后台记录的设备指纹能够准确识别该用户是否登录过。设备指纹的核心是使用设备的唯一识别码，追踪用户登录网页、App 的行为特征，从而达到检测异常行为及欺诈行为的目的。

计算机的设备指纹一般使用 IP、Cookie 等信息标识设备的唯一性，记录用户使用设备的行为特征。随着智能手机的普及，传统的设备指纹无法精准标识移动设备，故出现了多种针对移动设备的设备指纹技术，如针对安卓系统与 iOS 系统的设备指纹技术。

设备指纹具有以下特性。

- 稳定性：设备 ID 不会因为设备系统升级或少量环境参数的变更而发生变化。
- 唯一性：不同终端设备生成的设备 ID 保证不会发生碰撞，能唯一标识一台设备。
- 安全性：采集的指纹信息在网络传输环节不会被篡改，导致生成设备伪码。

设备指纹可用于识别客户申请贷款时使用的设备，检测是否存在代办中介或黑产风险，及时发现短时间批量注册行为，即垃圾注册或机器批量操作。需要注意的是，设备指纹在生成设备 ID 的过程中，不能使用通讯录、手机号、短信、通话记录等个人隐私数据。

（2）生物探针

生物探针属于生物识别范畴，是一种新型的 AI 风控技术，也是一种非敏感行为特征，涉及人的基本行为模式，但不会涉及客户隐私。智能手机有很多传感器，如加速度计、陀螺仪、重力加速度计、磁场传感器等，能够记录客户使用手机时的各类数据，如客户的点击、按压、滑动、滚动、击键、步态、姿态等。其中，加速度计记录手机的线性加速度，重力加速度计记录手机的重力加速度，陀螺仪记录手机的角加速度。

客户使用手机的操作大体可分为三类：点击屏幕、滑动屏幕、输入文字。操作时传感器会有相应的变化，产生不同的数据集。生物探针采集的传感器数据以及滑动轨迹等行为数据，通过特征工程、机器学习分析计算，可以为每一位客户建立多维度的生物行为特征模型，有效检测与识别自动化工具撞库攻击、授权爬取账单、网银盗号、电诈盗刷等交易风险。

从安全角度来说，黑产伪造生物探针参数的技术难度和成本比较高，可成功伪造的客户数量有限。目前不可能复制或模仿出他人的行为，来欺骗行为生物识别技术。每个人的举止和身体语言特征都是由社会因素与心理因素共同塑造而成的，具有独特性和唯一性，再加上每个客户使用手机的习惯各有不同，因此生物探针技术可以有效进行智能反欺诈。

（3）智能验证码

智能验证码可以抵御恶意登录，区分机器人与人类，防止恶意攻击或者刷号情况，在网上银行、手机银行的注册、登录、交易及数据保护等各类场景中发挥巨大的作用，是身份核验、业务风险防控的第一关口，更是数字化风控不可或缺的技术。

智能验证码能够有效避免因恶意登录导致的密码泄露、账户暴力破解、信息被爬取等风险事件；有效防止欺诈团伙以暴力破解方式进行不断的登录尝试；防止恶意程序大量高频调用，对服务器造成无效注册或登录，占用大量系统资源,给系统增加垃圾注册和请求信息;防止数据泄露。

随着信息技术的发展,验证码的类型也越来越多,例如字符验证码、图片验证码、动图验证码、极验验证码(拖曳滑块完成拼图)、手机验证码、语音验证码、视频验证码等。一般验证码上面都存在干扰因素(干扰线、噪点、偏移等),有的网站还可能使用中文字符的验证码。

3. 商阳剑:反诈知识图谱

知识图谱最早由谷歌提出,其目的是准确解释人、事、物之间的关系,通过图计算、图形学、关系推理、语义分析以及数据挖掘等技术,帮助银行业务人员进行分析与决策。反诈知识图谱则是基于大规模图计算,挖掘企业、个人之间的多种关系,构建多类型实体关系网络。反诈知识图谱在风险异常监测与反欺诈行为分析方面具有独特的优势,也是近年来银行智能反欺诈的一把利器。

反诈知识图谱通过整合银行内外部数据,基于大数据计算平台、新型规则引擎及无监督群组检测算法,结合时间、空间、行为特征等多维度数据与信息,探索并完成节点对象间复杂的关联关系,实现高效的个人与群组的智能识别与研判。

反诈知识图谱的功能主要包括身份关系快速核验、敏感信息核验、风险变化探测、深度欺诈检测以及团伙欺诈检测等,可应用于申请反欺诈、交易反欺诈、反洗钱、客户画像等多种业务场景。例如在信贷申请审批流程中,知识图谱产品可接收来自规则引擎或模型检测发现的可疑案件,展示不同客户之间的关联,挖掘其中存在的风险点,帮助审核人员快速读取相关信息及判定案件。借助反诈知识图谱,银行可有效提升抗风险能力,显著增强借贷对象的违约风险审核能力,大大提高贷款审核效率。

4. 中冲剑:风险态势感知

风险态势感知是指从全局视角提升银行对各种风险的识别、分析与应对处置能力,以全流量分析为基础,基于生物探针等安全组件采集关键数据,以态势感知平台为安全核心,结合机器学习、数据建模、行为识别、威胁情报、大数据关联分析、可视化等技术,对海量日志进行集中分析和挖掘,从而发现潜在风险。

风险态势感知的核心技术有两个：一个是风险态势，即是否能够迅速全面地了解事件信息，从而辅助决策；另一个是风险感知，包括数据采集、态势理解、态势评估、态势预测等过程。

数字化时代，各种新型网络攻击层出不穷，传统防护逐渐失效。银行必须搭建自己的新型风险态势感知平台，做到安全态势实时监控、快速响应与风险预测，持续提升安全防御能力，主动应对各种新型恶意攻击。风险态势感知平台也可以看作银行的安全大脑，它应当具备人工智能、多维分析与数据可视化能力，既可以集中展现安全态势，又可以分阶段深层次展示各类威胁攻击的具体情况。

5. 少冲剑：欺诈情报体系

欺诈模式不断迭代更新，黑产上下游产业链协同作案，导致银行反欺诈局面日益复杂。银行与黑产对抗，对安全防护与黑产溯源均提出了更高的要求。银行应进一步提高对情报工作的重视程度，整合多方资源，深化情报体系建设，提升风险防控策略的有效性与即时性，有效避免欺诈和打击黑产协同作案。

银行要通过构建欺诈情报体系解决以下3个核心问题。

- 风险信息海量、多源且更新频繁，人工监测难以在最短时间内识别和应对风险，银行反欺诈部门要通过情报分析及时发现黑产风险形势变化并预警，及时防控。
- 仅基于字面理解文本信息的意义有限，银行需要通过情报体系对风险信息进行语义分析，从中发现风险发生、发展方面的规律，指导反欺诈工作。
- 银行通过情报体系将每日更新的各类业务及风险点的数量占比和变化情况进行可视化呈现，可以实现对外服务和对内风控的多重价值输出。

此外，黑产间协同作案普遍依赖线上群聊、论坛等渠道，进行信息沟通和欺诈工具买卖。银行通过情报体系的人工智能语义分析技术，可以对黑产协作交流渠道进行监控，及时获取黑产攻击动向，实现有针对性的反制措施。

6. 少泽剑：实时风控中台

实时风控中台是银行智能反欺诈的关键部分，可以极大增强银行进行大规模监测和预防风险的能力。决策引擎是实时风控中台的核心，不仅包含灰度测试、数据统计分析等功能，还要对接终端风控、实时指标计算平台、数据画像、机器学习引擎、模型平台、数据管理平台等各类风控子系统，集中进行风险决策。

在用户行为活动数据、设备指纹数据、交易数据以及文本数据中，包含成千上万个特征，如何自动提取有效特征并做出判断决策，对于智能反欺诈来说至关重要。银行实时风控中台自动从原始数据中提取数千个特征，通过 AI 和机器学习引擎不断丰富特征，快速创建高级欺诈特征，敏捷构建复杂的反欺诈模型。

在智能反欺诈过程中，银行还需要实时对业务事件进行风险判断，对计算响应的要求一般在毫秒级别。同时，为了及时阻断新发现的黑产欺诈行为，业务指标计算需要随时上线，而时间窗口与计算维度组合均存在不确定性，如果单独进行编码开发，工作量大且耗费时间长，不能满足反欺诈快速响应的需求。为此，银行需要投入资源构建反欺诈实时计算系统，用以支持策略人员灵活配置和使用指标，并能实现快速上线、即时生效，低延迟完成大量指标计算。

7.6 人手识别

在欺诈与反欺诈的博弈过程中，人脸识别等高新技术曾经对黑产攻击进行了有效防护，在确认客户本人信息方面得到银行业广泛应用。然而，攻防对抗持续升级，针对人脸识别的新型攻击手段层出不穷，如 AI 换脸、贩卖人脸照片、人脸数据泄露等，再加上日益趋严的个人隐私保护要求，人脸识别在不远的将来大概率会被更加先进的技术所取代。人手识别技术就是一种更先进的技术。

7.6.1 从人脸识别到人手识别

先来看一组新闻报道。

- 2020年6月，IBM宣布将不再提供、开发或研究任何人脸识别和人脸分析软件。亚马逊宣布将暂停向美国警方提供人脸识别服务。微软表示，在有监管面部识别技术的联邦法律出台之前，不会向警方出售这种技术。
- 2020年9月，亚马逊公布人手识别技术专利。在公开的专利申请中，亚马逊称，人手识别是一种"非接触式的生物识别系统，包括一台能够读取用户手掌信息的扫描仪"。被识别者的手掌信息会被分割为更小的照片，并使用神经网络提取特征向量和用户以往的记录进行比对，以验证是本人。
- 2021年2月，清华大学RealAI团队利用简单的攻击技术，仅用时15分钟便通过人脸识别解锁了19款手机。测试人员成功解锁手机后，可以任意翻阅机主的微信、信息、照片等个人隐私信息，甚至还可以通过手机银行等个人应用软件的线上身份认证完成开户。这次攻击测试佐证了人脸识别存在安全漏洞。
- 2021年8月，以色列特拉维夫大学的研究人员表示，他们通过机器学习算法在几百张人脸当中成功创建9张Master Face，而这些面孔足以冒充40%的人，绕过了"3个先进的深度人脸识别系统"。许多媒体将之称为人脸识别的"万能钥匙"。
- 2021年8月，有媒体爆料称微信正内测一项名为刷掌支付的全新支付功能，并将其誉为新一代支付体验。用户需要在刷脸设备上注册掌纹并刷脸关联到个人微信账号，在线下消费时，将手掌对着微信支付设备的扫描区，在设备确认后完成支付。对此，腾讯方面回应称，刷掌支付仅为微信内部技术预研，未开启测试，目前也无应用计划。
- 2021年11月2日，Facebook宣布停止使用人脸识别软件。该软件能自动识别人们在社交网络上发布的照片与视频。

以上新闻在近几年集中出现，绝非偶然现象，这意味着人脸识别技术发展到现在，应该被更为适合的技术所取代。从人脸识别到人手识别，技术进步将助力银行更好地进行智能反欺诈。

7.6.2 生物识别技术面面观

无论人脸、虹膜、声纹,还是指纹与步态识别,所有的生物识别技术走到今天,在智能反欺诈应用方面都或多或少存在一些问题或不足。

1. 人脸识别

从技术的角度看,人脸识别存在信息可靠性及稳定性差、特征少、辨识度低、算法易出错等不足;从隐私保护的角度看,人脸识别存在威胁社会及个人隐私、侵犯人身自由与个人权利乃至人脸识别滥用等问题。

2. 虹膜识别

虹膜识别存在两方面不足:一方面,实施成本较高,识别准确率和响应速度较低,不像其他技术那样成熟;另一方面,对采集设备要求高,只适合特定的高强度安全场景,比如金库、机房、档案中心等需要严格限制人员出入的场所。

3. 声纹识别

声纹识别存在三方面不足:第一,同一个人的声音具有易变性,会受身体状况、年龄、情绪的影响;第二,不同麦克风或声道对识别结果有影响;第三,环境噪声对声音识别有干扰。

4. 指纹识别

指纹识别存在三方面不足:第一,识别技术对环境要求高,如手指的湿度、清洁度等,某些人指纹特征少甚至无指纹,难以成像;第二,指纹属于二维图像,被复制的可能性极大;第三,对受伤、脱皮、长茧等低质量指纹识别困难。

5. 步态识别

步态识别是一种新兴的生物特征识别技术,通过人走路的姿态进行身份识别,准确度极高,可惜的是目前还没有实现商业化。

7.6.3 人手识别原理

读者有没有试过仅通过看一只手掌准确认出你的朋友或是家人？一般来讲，除非手上有特殊的疤痕，否则不大能认得出来。当然，男女还是大致可以区分的。跟人脸不一样，通过手掌泄露个人隐私的情况基本是不存在的。

下面分析一下人手识别原理。

很多人热衷于看手相，其实每个人手掌的纹路都不一样，识别不同的掌纹，可以有效区分不同的人。此外，有些手机通过对手掌的照明，可以看到表皮下的血管，实现测脉搏、测血压等功能。

手作为人体的一部分，它的纹理、外形、静脉血液流向乃至温度等独特的信息，都可以被用于识别独立个体。

7.6.4 人手识别的三大特点

人手识别技术把浩瀚的手掌脉络微特征编码为高密度、高容量的超级原生码，其识别准确率远远超过人脸识别。在实际业务中，人手识别有以下三大特点。

1. 保护个人隐私

人手识别技术可识别手掌内部脉络微特征，这些信息不对外公开展示，任何人不可见，不能复制，不能伪造，不能盗用，更不会遗失，可以最大限度保护个人隐私。

2. 轻易识别个体

人手脉络的差异化特征极其丰富，具有唯一性，即便是同卵双胞胎，全脉特征也不一样，并且同一个人的左右手也不相同。因此，人手识别技术可以轻易识别个体。

3. 应用领域广泛

除了亚马逊将人手识别技术用于超市购物与第三方支付的场景，人手识别技术还可以应用在交通出行、智慧校园、金融服务、社保安防、智慧政府等领域。

7.7 本章小结

本章针对数字化时代出现的新型欺诈，首先梳理了黑产欺诈产业链，帮助读者了解各种欺诈行为与黑产工具；然后重点介绍了银行如何通过设备指纹、生物探针等技术手段，构建全面智能反欺诈体系，应对新型团伙欺诈；最后，特别介绍了人手识别的原理与应用。智能反欺诈是银行数字化风控的命门，再加上第 8 章将介绍的数字化贷后管理，银行零售业务数字化风控体系基本成型。

第 8 章

数字化贷后管理

贷后管理是银行降低逾期不良、提高资产质量的最后一环,是在贷款发放后继续对客户的资金运作进行跟踪监测和分析,以及时减少或化解风险,确保信贷资金安全。长期以来,由于种种原因,贷后管理一直是银行信贷管理的薄弱环节,存在诸多问题。在银行全面数字化转型时期,传统的贷后管理模式越来越难以适应银行信贷业务的发展。

准确进行风险预警,精准识别潜在风险,通过数字化、智能化贷后体系改造,提高风险管理效能,降低风险管理成本,是银行提升自身竞争力的有效途径。本章内容围绕贷后管理的数字化与智能化改造进行介绍。

8.1 银行传统贷后催收工作

银行传统贷后催收工作可以总结为"一催、二卖、三上诉"。一催,指的是催收,包括银行内部催收与委托外部专业机构催收;二卖,指的是资产出售与资产证券化等资产处置方式;三上诉,包括法律诉讼等方式。

进入数字化时代，银行传统贷后催收工作出现了诸多痛点与不足，已严重影响贷款本息的顺利收回，亟待改进。

8.1.1 传统贷后催收模式

银行传统贷后催收模式一般有3种：一是银行内部催收，二是委托外包催收，三是专业催收，如图8-1所示。

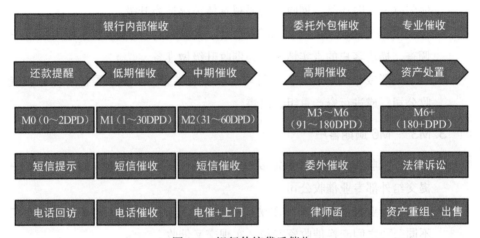

图8-1 银行传统贷后催收

银行传统贷后催收设置有贷后服务、逾期催收、法律合规与资产处置等不同部门，而银行内部催收则一般包括电话催收、上门催收、法务催收、委外催收等。笔者担任首席风险官时，曾基于逾期账龄并综合其他因素对消费金融业务贷后催收工作制定以下策略。

1. M1 逾期客户

- 对于逾期1～15天的客户，采取短信提示加人工电话回访的形式，以告知客户逾期为主，善意提示逾期客户尽快归还贷款，也可将其视为贷后服务工作。
- 对于逾期15～30天的客户，在人工电话催收的基础上，结合线上线下方式全面了解客户的经济状况，确定其是否具有还款能力，掌握违约的真实原因；对于还款意愿不强烈的客户，需要分别向家庭住址和单位地址寄送催收函。
- 对于失联或半失联客户，安排专人下户调查，若行内催收没有结果，可直接委托外部专业催收公司，或进行资产重组、出售。

2. M2 逾期客户
- 通过短信提示、人工电话催收与寄送催收函相结合的方式，最大限度督促欠款人及时还款，催收策略要视具体情况适当升级。
- 对于欠款金额较大（例如 10 万元以上）的客户，需要催收工作人员下户调查，摸清客户的真实情况，为催收升级做准备。
- 对于失联或半失联客户，若行内催收没有结果，可直接委托外部专业催收公司，或进行资产重组、出售。

3. M3～M6 逾期客户
- 以委外催收为主，银行确定委外催收名单，明确委外催收的原因，统一提交给外部专业催收公司。
- 根据各专业催收公司的回款情况安排专人定期进行人工对账，并定期在不同公司之间交换催收资产包，实现交叉催收。

4. M6+ 逾期客户
- 此类客户普遍经过行内催收与委外催收都没有实现回款，回款希望渺茫，此时催收工作的重心转为资产处置，符合条件的可以走核销程序。
- 综合采取法律诉讼、资产重组、资产出售、资产证券化等方式进行不良资产处理。

当然，在实际工作中，并非严格按照逾期时间确定催收方式，而是以逾期时间为主，综合考虑逾期客户的还款意愿与还款能力，多种催收方式配合使用。

8.1.2 传统贷后催收模式的 6 个痛点

传统贷后催收行业属于劳动密集型产业，不论是银行还是外部专业催收公司，都需要招聘大量工作人员。随着银行数字化转型以及互联网金融的蓬勃发展，传统贷后催收模式效率低下、回款率下降的问题越来越突出，如图 8-2 所示。

图 8-2 传统贷后催收模式的 6 个痛点

1. 舆情压力持续增大

很多债务人收入持续降低，导致还款能力下降，银行催收成本日渐增加却未见明显效果。更严重的是，反催收联盟迅速崛起，舆情压力持续增大。这一方面对银行声誉会造成极大的负面影响；另一方面，反催收联盟极大损害了银行权益，它们利用有偿教唆欠款人非法反催收等各种无礼方式胁迫银行谈判，争取实现分期还款、减免息费或延期还款等不当利益。

2. 催收公司压力倍增

行业监管趋严，催收行业告别"野蛮生长"。2021 年 3 月，催收非法债务罪正式纳入《中华人民共和国刑法》，暴力催收被依法严厉打击。同年，《中华人民共和国个人信息保护法》《征信业务管理办法》相继颁布，对专业催收公司影响巨大，很多公司的回款率已经低于5%。行业巅峰时期的6 000余家专业催收公司，到2021年底已萎缩到不足2 000家。很多地区的催收公司从年净利润超千万元变成严重亏损，催收座席收入也大不如前。

3. 合规压力日益加大

催收指标压力下，银行可能有意无意地放松合规管理，而监管部门对违规行为的零容忍使银行合规压力不断增加。2021年底，中国银行业协会下发《关于印发中国银行业协会信用卡催收工作指引（试行）的通知》，要求银行或外包催收公司在电话催收时必须表明身份并全程录音，催收时间限定在8:00—22:00，严禁使用"呼死你"等方式频繁致电，并严格遵守《个人信息保护法》相关规定。

4. 人工座席资源匮乏

很多银行的电话催收岗位（也称人工座席）并非正式编制，而是银行与第三方人力资源公司合作的劳务派遣工，考核方式一般为按催收回款率计件。但是随着催收行业整顿，大量优秀的催收员纷纷转行，人员短缺问题凸显。而缺乏数字化、智能化的金融科技手段又进一步加剧银行因人工座席匮乏导致的不利局面。

5. 人工操作效率低下

银行传统催收基本依靠人工进行，除电话催收外，每天逾期案件分配、催收日报以及委外催收回款统计等工作，要人工登录系统、制作Excel表格。随着业务量不断增长，逾期客户越来越多，完全依靠人工操作效率十分低下，而且极易出错，导致银行风控决策者无法及时掌握不良信息变动，而委外催收回款统计不及时及数据差异也会影响外部专业催收公司的积极性。

6. 工作氛围极度压抑

银行电话催收人员每人每天至少要打几百通电话，有拨不通号码的，有振铃很久不接的，有接一下就挂断的，有接了电话也不承诺还款的，甚至有接了电话破口大骂的。催收人员还不能针锋相对，否则就会被投诉。种种情况，不一而足，每天在这样的工作环境下，心情自然不会很好。即便如此，面对难以完成的业绩指标，领导脸色也不好看，整体工作氛围沉闷压抑。

8.1.3 从传统走向数字化

传统贷后催收模式问题很多，已经严重影响催收回款率与信贷资金安全，银行需要尽快构建智能贷后管理体系，大幅提高催收效率与合规管理水平，减轻一线工作人员的负担，实现智能化贷后管理，提升风险防范能力。贷后管理体系数字化改造是银行实现合规管理、提高回款率以及降本增效的必然要求。

1. 银行合规管理的要求

随着新一轮科技革命和产业变革兴起，互联网、大数据、云计算、人工智能等技术日新月异，银行要以数据资源为重要生产要素，以全要素数字化转型为重要推动力，实现合规管理的数字化与智能化，充分利用数字化技术提升精准合规的管理能力。

银行要加强内部数据挖掘分析和外部信息整合利用，及时发现本行合规漏洞与风险隐患，通过权限管控、加密技术以及合规运营规范等方式，全方位保障贷后管理工作流程合规。如在催收流程优化方面，可以根据处理进度及节点自动匹配发送名单顺序、设定发送频率与发送内容，催收员仅需单击鼠标进行勾选，一键发送，即可保证合规运营操作，有效减少催收投诉。

2. 提高回款率的要求

近些年，不论是银行内部催收，还是委外催收，催收回款率逐年下降是一个客观事实。造成这种现象的原因有很多，如债务人还款意愿强烈但还款能力不足，或是虽有还款能力但还款意愿不强等。更恶劣的是，有的债务人被反催收联盟恶意引导逃废债。因此，提高催收回款率是银行贷后管理的刚性需求。

一方面，银行催收必须合规；另一方面，催收回款率大幅下降。如何解决这种两难问题？答案是构建数字化智能化贷后管理体系，帮助银行实现高效智能催收，以高效合规为核心，打造一体化催收流程闭环设计，提升合规性及整体回款率。

基于数据驱动催收策略体系，借助 AI、云计算等技术实现智能催收，构建智能分案模型，根据数百个数据标签实现精准智能分级，将客户动态划分为数十个风险等级，针对不同等级、不同案件制定个性化催收策略，在不同催收阶段，通过智能分析实时调整案件的处置方式，保证催收效果，提高回款率水平。

3. 银行降本增效的要求

降本、提质、增效是衡量银行数字化转型成功与否的重要标志。达不到这些要求的银行数字化只能算作伪数字化，白白耗费大量人力、物力、财力。而通过有效应用智能语音、AI 机器人智能质检以及智能催收差异化策略，实现银行催收成本大幅降低、质量大幅提升、效益大幅增长，才是银行数字化转型的正解。

对银行传统贷后催收体系进行数字化、智能化改造，可以促使传统贷后管理工作提质增效，为高效精准的贷后催收工作提供强有力的技术支撑。例如，增加质效管理功能，对贷后管理效果进行多维度考核；加入远程视频检查、智能语音提示、OCR 技术、定时定位打卡等功能，结合移动端便携性的优势，最大限度提升人工效能。

以 "一键跟进" 为例，设置一键联系功能，及时跟进客户，标记预约提醒，避免流程、环节上的遗漏，大幅提高跟进效率。在催收回款环节，可以通过数字化改造，实现实时发起减免审批与即时动态定向定额扣款功能，使催收回款便捷入账。

8.2　智能贷后催收新模式

银行构建智能贷后管理体系，可根据自身情况分三步实现：第一步，搭建贷后标签体系；第二步，细化客户分层管理；第三步，实现智能贷后催收。

1. 贷后标签体系

传统贷后管理转向数字化的过程需要循序渐进，首要任务是将入催客户的数据和信息进行有效整合，做好催收数据治理工作，基于客户属性、基础维度、交叉维度、通话记录、效果指标以及过程指标等，建立并完善贷后数据标签体系，进而构建各种催收数据模型，实现不同账龄入催客户的精准分层，智能匹配催收工具与催收话术，奠定智能化贷后催收体系的基础。

搭建贷后数据标签体系，需要熟悉以下催收术语。

- RPC（Right Public Contact，有效联系人）：通过电话催收可以找到的客户本人或直系亲属。
- PTP（Promise To Pay，承诺还款）：承诺在某个期限内归还一定欠款。
- KP（Keep Promise，落实承诺）：客户按照承诺按时足额还款。
- KPTP（Kept Promise To Pay，超额还款）：约定期限内还款金额大于或等于承诺金额。
- VPTP（Valid Promise To Pay，有效承诺）：有效承诺还款的金额。
- BP（Broke Promise）：在承诺期限内未还款，或者未按承诺金额足额还款。
- 跟 P：跟进 PTP，在承诺期内再次提醒客户兑现承诺。
- 跟 P 比率：跟 P 的合同数 / 有效 PTP 的合同数。
- 委案手别：指逾期案件是第几次委托外包，一手即第一次，此时催收回款的可能性最大，二手即第二次，三手即第三次，以此类推。

2. 客户分层管理

传统的客户分层策略往往基于账龄、履约行为、地区、性别等维度，对入催客户的划分过于简单，远不能满足智能化贷后催收的要求。银行要确定整体催收流程，精准触达不同客群，构建多种催收模型。

（1）确定整体催收流程

在入催开始阶段，基于迁徙率模型、客户群体、案件特征等因素，确定整体催收流程。对于不同客户群体、不同产品类型乃至不同催收阶段，设置多种催收策略，适配多种运营方案，实现集中管理及配置，灵活分配催收策略。

（2）精准触达不同客群

对不同客户群体进行分层、分群管理，加强客群精准分析，对于不同客群、不同逾期阶段、不同风险等级的客户，实行定制化、差异化贷后管理，并基于迁徙率模型的结果以及催收反馈，动态调整下一步催收策略与催收时长。

（3）构建多种催收模型

在完成贷后催收数据标签体系的基础上，针对不同逾期阶段开发C卡（Collection Card，催收评分卡），构建多种催收模型，实现不同账龄客户的精准分层。

常见模型主要有以下几种。

- 还款率预测模型：预测经过一段时间的催收后，最终催回金额的比率。
- 账龄滚动模型：预测逾期人群从轻度逾期变成重度逾期的概率。
- 失联预测模型：在逾期阶段，对于尚能联系到的人群预测其未来失联的概率。
- 案件分配模型：判断案件失联风险及催收难易程度，为入催分配策略提供依据，实现有效资源的分配并精准匹配催收策略。
- 案件转手模型：综合催收过程数据及催收进度数据，判断案件是否进行有效催收，提供案件转手决策依据。

使用不同类型的C卡可对不同逾期阶段的入催客群进行精准分层，实现入催客户、催收话术、催收工具以及委外催收的有效匹配，减少催收资源的无效投入。对所有入催客户按照回款可能性大小进行排序，对于容易回款的案件，优先分配给银行自催团队，中高期及疑难案件委托不同专业催收公司负责，有效控制贷后催收的运营成本。

3. 智能贷后催收的五大应用

随着各类AI工具的发展及实践经验的日趋成熟，贷后催收方式已不再局限于短信、催收函、人工电话以及上门回访等传统形式，智能贷后管理系统、智能客服平台、智能质检系统、智能全场景交互与智能拨号模型等一系列智能手段的应用，全面提升了银行贷后催收管理数字化与智能化水平。

（1）智能贷后管理系统

理想的银行智能贷后管理系统应当兼具智能催收、智能回访、智能质检、预测外呼、预览外呼、三方通话、咨询转接、监听干预等多种智能化功能，通过标准化接口对接各业务系统，高效执行批量任务，通过功能强大、可自定义的决策引擎，及时响应业务需求，快速制定催收策略。

（2）智能客服平台

平台提供在线应答，支持 H5、微博、小程序及电话等方式的接入，采用自然语言处理技术，精准提取并理解客户意图，通过知识图谱构建客服机器人理解应答体系，将话术合成为语音播报给客户，提升服务效率，缩短催收处理时限，减轻人工客服的压力，实现自动化服务。

（3）智能质检系统

采用 MRCP（Media Resource Control Protocol，媒体资源控制协议）及 ASR（Automatic Speech Recognition，自动语音识别）技术，实现座席通话过程中的实时语音流传输，通过算法完成情绪识别、语速识别、敏感词及违禁语识别，将识别结果实时反馈给座席本人及现场管理人员，实时监测每一通电话，规范人工座席话术。

（4）智能全场景交互

以人工智能为基础，结合自然语言处理、ASR、ICC（Internet Call Center，互联网呼叫中心）、TTS（Text To Speech，文本转语音）以及 CV（Computer Vision，计算机视觉）等先进技术，构建集云呼叫中心、语音机器人、聊天机器人、智能质检、工单系统等为一体的服务解决方案，帮助银行提高贷后管理的数字化程度。

（5）智能拨号模型

人工电话催收经常会遇到拨打客户本人电话无应答的情况，此时需要拨打其他联系人的电话与客户取得联系，实际工作中存在大量无效外拨的情况。智能拨号模型可以根据催收人员的拨打效率、催收回款率等指标，对催收座席电话进行聚类分析，挑选通话效率高、回款率高的人工催收数据构建模型，预测号码拨通概率，优化催收电话拨打次序，降低资源损耗。此外，还可以通过号码状态核查实现智能筛选，剔除敏感号码，优化资源分配。

4. 智能催收机器人

智能贷后催收可以引入IVR（Interactive Voice Response，交互式语音应答）、文字机器人、外呼机器人等多种触达工具，以此提升客户体验，实现多元精准触达。

（1）IVR

IVR是一种功能强大的电话自动服务系统，用预先录制或TTS（Text To Speech，文本转语音）技术合成的语音进行自动应答，为客户进行菜单导航。IVR可以全天自动提供服务，并发处理多路来电，既可以按照最优算法自动分配应答，也可以根据客户指示处理呼叫，优先照顾重要客户，尽量缩短等候时间。

（2）文字机器人

文字机器人具备自然语言理解与泛化能力，可以精准识别用户表达的真实需求。对客户在微信公众号、小程序以及App上以文字形式提出的问题，文字机器人能够在智能识别的基础上，按照银行预设的催收话术，实现针对性解答，提高催收效率。

（3）外呼机器人

在逾期提醒和早期催收场景中，使用外呼机器人可大大提高催收效率，加快催收速度，有效节约催收人力。它具有以下3个优点。

- 情感监测识别：可有效录音，精准识别客户的情感变化，借助算法完成情绪识别、语速识别、敏感词及违禁语识别等。
- 自动话术优化：根据客户的反馈进行情感有效识别，自动根据不同情感等级进行话术调整，智能匹配对应的有效催收话术。
- 全年无休：外呼机器人可以全年无休，妥善解决了线下催收面临的人工成本高、工作效率低、人员流动性大等问题。

(4) 人机结合策略

采用人机结合策略可在提高催收效率的同时大幅降低运营成本。基于行业经验，在早期催收场景与人工回款率相似的情况下，外呼机器人的成本约为人工成本的 1/6，催收效率可提升 3～4 倍。假设每月新增入催案件单靠人工催收的回款率是 50%，单靠机器人催收的回款率是 45%，那么采用人机结合策略可使运营成本节约 40% 以上。

(5) 机器人话术设计

基于业务经验与实际催收效果，机器人仅适合催收低期逾期客户，占全部逾期客户的 80%～90%。银行可使用催收模型，在区分催收回款难易度的基础上对机器人催收话术进行差异化设计，并匹配相应的知识库与敏感词识别，对催收话术、TTS 音色、外呼号码、外呼时间段、外呼频次以及重新呼叫等策略进行冠军挑战者测试，确定最佳策略。

8.3 互联网法催：新型不良资产处置方式

2018 年 9 月 7 日，最高人民法院公布了《最高人民法院关于互联网法院审理案件若干问题的规定》，正式承认了区块链证据在法律纠纷中的约束力。对于当事人提交的电子数据，通过电子签名、可信时间戳、哈希值校验、区块链等证据收集、固定和防篡改的技术手段或者通过电子取证、存证平台认证，能够证明其真实性的，互联网法院应当确认。区块链电子律师函作为电子数据证据，其效力已经正式被法律认可。

2020 年，银保监会下发的《商业银行互联网贷款管理暂行办法》中明确要求，严格禁止商业银行与有违规收集和使用个人信息、暴力催收等违法违规记录的第三方机构合作。传统催收模式亟待变革，新型不良资产处置方式"互联网法催"应运而生。

"互联网法催"主要包括互联网法院、互联网仲裁以及网络赋强公证 3 种类型。

8.3.1 互联网法院

互联网法院是指案件的受理、送达、调解、证据交换、庭前准备、庭审、宣判等诉讼环节在互联网上完成,以全程在线为基本原则的法院。在互联网上申请、签订合同并履行的借款合同纠纷,可以申请互联网法院裁决。

2017年8月18日,全国首家互联网法院——杭州互联网法院正式成立。此后,北京、广州的互联网法院也相继成立。但在实践过程中,互联网法院对于借贷纠纷的处理并不尽如人意,对此稍加了解即可。

据中国裁判文书网的公开数据,截至2020年7月8日,3个互联网法院公布的总裁决文书数为74 280件,其中,涉及信用卡纠纷的1 377件、金融纠纷的10 086件,合计占比仅为15.43%。到2020年年底,可查询的金融纠纷类文书已不足300件。另外,北京互联网法院自成立以来,受理的网络纠纷案件中近80%集中在票务出行、知识分享、购物平台、二手交易等领域,金融借贷类纠纷占比微乎其微。

8.3.2 互联网仲裁

互联网仲裁是指利用互联网等网络技术资源提供仲裁服务的网上争议解决方法。仲裁的全部或主要程序包括立案、受理、审理、裁决、送达等都在网上进行。互联网仲裁庭可利用电子邮件、视频庭审系统等现代信息技术,将位于不同城市的当事人和仲裁员联系在一起,实现异地线上开庭,完成仲裁合议,做出仲裁决定,并通过网络形式传递裁决结果。

传统法院诉讼与互联网仲裁的对比如图8-3所示。

银行互联网贷款是普惠金融业务的发展方向,具有签约线上化、证据电子化、业务量大、金额小、周期短、频率高等特点,此类业务出现逾期或不良后,传统催收手段很难见效。而借助区块链存证技术,采用智能合规手段,银行可以通过互联网仲裁方式快速解决争议,极大提升互联网贷款不良案件的处置效率。

传统法院诉讼	对比	互联网仲裁
线下立案　个案处理	立案环节	线上立案　批量处理
手工	整理证据	自动
线下开庭	庭审方式	在线审理
一审、二审、再审	审判流程	一裁终局
法院判决书网上公示	隐私保护	裁决书没有网上公示
3～6个月	耗时长短	平均7～15天
同等效力，具有约束力，法院强制执行	法律效力	同等效力，具有约束力，法院强制执行

图 8-3　传统法院诉讼与互联网仲裁的对比

1. 互联网仲裁的 5 个优势

- 争议少。不受地域限制，可有效解决互联网贷款申请人分布广泛的问题，只要双方约定管辖权，发生纠纷归属仲裁机构管辖，一般不会有争议。
- 效率高。互联网仲裁时间短，程序及流程简单，批量案件最晚 45 天出裁决书，平均耗时 7 ～ 15 天。拿到裁决书后即可发起强制执行，2 个月内强制执行材料可以到达法院。
- 验证准。互联网贷款所涉及的合同、交易行为均为电子数据，只要与匹配的互联网仲裁系统对接，就能实现纠纷在线审理，完成电子数据的真实性、合法性校验，特别是电子证据的区块链存证校验。
- 流程快。仲裁申请文书在线制作并签署，批量案件数据直接传输，链接电子合同和存证数据，裁决书线上送达。
- 合规性强。仲裁裁决符合国家政策法规规定，可最大限度保护当事人隐私，也符合银行数据保密及合规要求。

2. 互联网仲裁的法律效力

互联网仲裁裁决具有法律效力和强制执行力。

- 根据《中华人民共和国仲裁法》规定，仲裁裁决实行一裁终局制度。
- 《中华人民共和国仲裁法》《中华人民共和国民事诉讼法》《中华人民共

和国电子签名法》以及中共中央办公厅、国务院办公厅印发的《关于完善仲裁制度提高仲裁公信力的若干意见》等相关文件证明互联网仲裁合法合规。

- 互联网仲裁裁决一经仲裁机构做出即发生法律效力,双方当事人应当自觉履行裁决所规定的义务,即使对仲裁裁决不服,也不能就同一纠纷再向人民法院起诉,同时也不能再申请仲裁机构仲裁。
- 任何一方当事人如不履行裁决所规定的义务,对方当事人可根据我国《民事诉讼法》的有关规定向人民法院申请强制执行。

3. 互联网仲裁的4个注意事项

- 约定管辖权。在签订借贷合同时必须明确约定,当债务人发生逾期未还款情况时,借贷双方同意按照现行有效的互联网仲裁规则进行网络仲裁,明确约定管辖权(即具体仲裁委地址)。
- 了解地区差异。具体执行一般是由被执行人户籍所在地的中级人民法院进行,而各地法院对仲裁裁决的看法不尽相同,有时会出现执行难的问题,所以申请互联网仲裁前,银行要熟悉业务体系及各地区差异。
- 约定送达方式。互联网仲裁一般以电子方式送达,极大缩短了整体仲裁流程的时间。
- 完善系统对接。计划采用互联网仲裁的银行应该积极主动地参与各仲裁委系统研发、设计招标工作,尽快实现银行信贷系统与互联网仲裁系统对接。

4. 互联网仲裁话术示例

银行若选择互联网仲裁方式,在客户出现逾期不良时,可采取如下话术。

客户您好,××银行针对您这种长时间逾期客户,已经准备向××仲裁委提起仲裁程序,包括立案、受理、审理、裁决、送达等,都在网上进行,最快15天会有仲裁裁决。如果您仍不还款,届时债权人有权向有管辖权的人民法院申请强制执行。法院一旦强制执行,您的存款、收入、动产、不动产等财产将被查封、扣押、冻结。如果您拒不履行偿还义务,那么您将被纳入失信被执行人名单并向社会公布。失信被执行人被禁止高消费（比如禁止乘坐飞机、高铁），还会有其他信用惩戒，如无法向银行申请各种贷款和办理信用卡、影响子女升学就业等。为避免给您的生活带来重大不利影响，请及时处理欠款。

8.3.3 网络赋强公证

互联网法催的第三种方式是网络赋强公证。

1. 何谓网络赋强公证

赋强公证是"赋予债权文书强制执行效力的公证"的简称，银行方面对其并不陌生，在住房抵押贷款中最为常见。通俗地说，赋强公证是指通过公证的方式，赋予双方之间的债权债务关系强制执行效力。如债务人拒绝履行到期债务，银行等债权人可以无须经过债务人或担保人同意，基于公证文书而不经过诉讼程序，向有管辖权的法院申请强制执行。

2021年年初，司法部发布《关于开展网上办理赋予债权文书强制执行效力公证试点工作的通知（征求意见稿）》，明确在北京、天津、上海等20个省市开展首批试点工作，规范公证机构开展网络赋强公证业务，协助银行等金融机构提高履约率、降低不良率。

网络赋强公证即债权文书网上赋予强制执行效力公证，是公证机构依托现代信息技术，通过网络平台对电子债权文书进行全程在线公证，并赋予强制执行效力的公证活动。一方不履行合同时，由公证机构出具执行证书，推送至法院立案执行。

将当事人与公证员面对面场景搬到线上，大大降低了银行办证成本，扩大了业务范围。与传统赋强公证相比，网络赋强公证可以有效处置因小额、批量、高频以及线上等特点而产生的大量小额不良信贷资产，具有高效率、低成本、零风险三大优势，如图8-4所示。

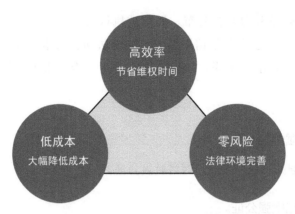

图 8-4 网络赋强公证的三大优势

2. 网络赋强公证的五大要点

- 电子数据证据保全：公证处对电子合同的数据和生成时间进行公证，证明在"什么时间存在什么内容的电子数据"，防止债务人质疑债权人收集的电子数据被篡改。
- 在线赋强：在线赋予电子借款合同债权文书公证强制执行效力，合同各方可以在线查看公证书。
- 催收证据保全以及公证催告：公证处可以代债权人通过短信、邮件、公告等方式，向违约方采取一切通知手段进行逾期款项催收，对催收的过程和事实进行证据固定。
- 执行对接：对于经催收未能回收的债权，公证处批量出具电子执行证书，发送至对接的法院系统，法院对电子执行证书审查确认后启动执行程序，通过最高人民法院网络执行查控系统查找执行债务人的存款、理财产品等财产。
- 失信惩戒：对于经网络执行查控仍未能回收的债权，法院可以依法将债务人列入失信被执行人名单，通过信用惩戒迫使其尽快履行还款义务。

3. 网络赋强公证的三大应用范围

- 尤其适合银行小额线上信用贷款产品，在帮助银行防范风险、提高借款人还款意愿、提升社会诚信度等方面均可发挥积极作用。
- 具有智能客服、智能风控、智能赋强、智能催收、智能执行等功能，能够满足海量客户的需求，为银行推进普惠金融服务解决后顾之忧。
- 颠覆传统公证模式，更好顺应时代发展；能够减轻中小企业融资难、融资贵等问题，促进互联网贷款及消费金融发展。

4. 网络赋强公证的四大作用

- 贷前警示：以视频方式向债务人展示赋强公证协议，警示贷款逾期后果，加强司法威慑力。
- 贷后催告：如果银行经过内部催收与委外催收均未产生效果，则由公证处进行催告，告知债务人不还款将面临的严重法律后果。
- 直接执行：债权人可借助公证处与法院建立的执行通道，通过无纸化、批量快速立案的方式，让公证执行证书得以快速执行，无须举证、诉讼。
- 震慑"老赖"：被执行人无可被执行财产，将被直接纳入限制高消费人员名单以及失信人员名单。网络赋强公证可有效督促被执行人主动还款，为银行核销不良资产提供依据。

5. 网络赋强公证的三大核心价值

- 免于诉讼：债务人逾期拒不还款的，银行无须提起诉讼，直接由公证处推送执行证书至法院立案执行。
- 解决执行难题：申请执行不需要去公证处现场，直接在网上系统操作，一键申请完成，并可实时查看处理进度。
- 降低成本：合法合规，降低司法成本，节约法院的审判资源，发挥公证法律服务的司法辅助价值。

8.4 本章小结

银行传统贷后催收体系越来越难以适应数字化时代银行业务发展。本章在分析了传统催收模式 6 个痛点的基础上，对如何做好智能贷后管理做了详细介绍。构建银行智能贷后催收体系是银行提升数字化风控能力的必然选择，而互联网法院、互联网仲裁以及网络赋强公证等新型不良资产处置方式也是银行的智能贷后管理体系必须涵盖的重要内容。

第三部分　对公授信数字化风控

对公授信数字化转型，特别是数字化风控建设，是银行未来长期高效发展的基础性工作，必须给予足够重视。

过去20年中，互联网连接电商平台与个人消费者，使零售业务在银行数字化转型中得到了较好的发展，大多数银行零售数字化风控体系已基本成形。受益于零售数字化风控的探索与实践，银行对公数字化智能风控具备快速落地的条件。从零售业务延伸到对公业务的数字化转型，正是银行业顺应数字化潮流、主动适应数字经济发展、实现全面数字化转型的必由之路。

银行对公授信数字化转型相对滞后，主要原因在于对公业务的"非标"特性。与零售业务可以大规模实现标准化风控不同，对公授信客户的风险管理标准并不统一，不同行业、不同地区及不同规模的企业均有大量差异化做法。因此，能否"非标转标"是对公授信业务数字化转型的关键。

第三部分将帮助读者理顺对公授信业务数字化转型的思路，了解基于事件语义理解和事件图谱的对公授信数字化风控做法，认识建设对公授信数字化风控体系的重要性和紧迫性，掌握对公授信数字化风控的主要内容与实施路径。

第 9 章

银行数字化转型下半场：对公授信

从零售业务转型延伸到对公业务转型，是银行主动适应数字经济发展的必由之路，也意味着银行数字化转型进入下半场。在数字经济时代，银行的企业客户在形态与风险类型方面均发生了深刻变化。

如何理解对公授信数字化风控的理念，熟悉并掌握大数据风控技术，对企业客户进行全生命周期风险管理？如何善用数字化技术手段，将信贷专家的经验与智能风控系统相结合，实现对公授信数字化风控措施落地？如何打破传统对公授信业务的风控思维惯性，借助金融科技赋能，全方位推进对公授信数字化风控转型？

本章围绕银行对公授信数字化风控的必要性与重要性展开讨论。

9.1 对公授信局面：日趋复杂

近年来，对公授信业务面临着越来越复杂的局面，银行需要应对的新变化、新问题越来越多，一方面企业客户自身风险日益复杂，另一方面外部环境存在更多的不确定因素。我们可以顺着时间线做一个简单的梳理。

- 2018 年，国内经济去杠杆，上市公司商誉减值、负债扩张、股权质押爆仓、利益输送等风险因素给某银行新增大量不良余额，占比超过当年新增不良余额的 60%。
- 2019 年，受区域政策影响，某银行因介入总部型企业、外贸型企业和境外客户较多，贸易融资业务新增不良余额，占比超过当年新增不良余额的 40%。
- 2020 年，外部环境不确定性显著，中美关系、中印关系、中欧关系等复杂多变，更加深刻地影响了更多企业，也因此产生了更多的对公不良贷款。
- 2021 年，全球经济不确定性显著加大，不良资产再次呈现井喷态势，规模进一步扩张；房地产市场外部环境承压，部分房企违约风险暴露，银行的房地产对公贷款不良率明显上升。

9.2 对公授信数字化：箭在弦上

数字经济时代，对公授信面临新局面，出现了很多银行从未遇到的问题。随着企业客户的运作模式、商业形态以及周边经济环境的不断变化，银行需要重新审视传统对公授信的风险管理模式，尽快推进对公授信数字化风控建设。应对全新挑战，借助金融科技赋能，加快数字化转型的步伐，向智能化、自动化方向迈进，是银行对公授信数字化风控的必然选择。

下面具体分析一下当前银行对公授信业务面临的 5 个新问题。

9.2.1 企业形态出现根本性改变

经过数十年的深化改革，现代企业形态出现了很多新变化，股权变动越来越频繁，股东结构越来越复杂，集团边界越来越多变，过去基于单一企业主体经营情况进行风险管理的模式已经越来越不适合当下的对公授信业务。

概括而言，主要有以下 3 点根本性变化。

- 企业方面：现代企业的组织与运营模式均发生了重大改变，很多企业不再是单一生产型（或商业型）个体，股权与组织结构复杂，产业布局超前，经营区域广泛，还有很多企业经过多年的发展，已经形成横跨不同领域、不同国家的跨国集团，法律环境与监管环境不同于国内，且处于持续动态变化中。
- 银行方面：过去以企业财务报表结合非财务信息进行分析判断的风险决策方式已经难以全面反映企业真实的风险状况，银行必须进行更广泛的数据采集与治理，加强企业周边各类复杂关系的风险洞察，及时识别潜在的风险传导，全面分析跨产业、跨行业、跨周期、跨区域的风险。
- 风控方面：企业之间既有并购，也有出售，带来了企业集团边界的不稳定性，银行在对集团边界变动的风险管理、收购与出售本身的风险评估以及由于并购而可能产生的风险管理等3个方面，需要区别于过去针对单一企业的风控模式，建立基于更多数据与信息的集团授信风控模型。

9.2.2 与传统迥异的投入产出新规律

想必很多读者都看过或至少知道 2019 年上映的一部国产动画电影——《哪吒之魔童降世》最终票房突破 50 亿元。那么，如果在影片拍摄之初，电影公司向银行申请一笔 5 000 万元的贷款，读者觉得银行该不该给呢？在给银行做对公数字化转型培训时，我曾经问过很多人这个问题，结果是，鲜有人支持。这是为什么呢？我们再追问一下，《哪吒之魔童降世》大获成功后，公司筹拍《姜子牙》时向银行申请 5 000 万元的贷款，银行该不该给呢？银行给出的答案依旧是"不"。

根本原因在于，一些新兴产业（如动漫、文化传播、康养、科创等）的投入产出规律与传统的第一、第二和第三产业不同。银行如果给拍摄《哪吒之魔童降世》的电影公司贷款，按传统对公授信的风险管理做法，既无法预测票房收入，也做不了现金流测算，如此而言，贷款无异于是风险投资，当然会被否决。

那么，银行又该如何把握这样的机会呢？答案是借助金融科技的力量，建设对公授信数字化风控体系，找到适合新兴行业及产业的新型风险评估方式，发现能确认其第一还款来源的强相关数据和信息；同时探索这类企业成功与失败的规律，形成相应的风险评估模型。

9.2.3 绿色金融提出对公风控新课题

绿色金融是赋能绿色发展、助力实现"碳达峰、碳中和"目标的重要手段，具体是指为支持环境改善、应对气候变化和资源节约高效利用的经济活动，即对环保、节能、清洁能源、绿色交通、绿色建筑等领域的项目投融资、项目运营、风险管理等所提供的金融服务。

2021年以来，全球绿色金融发展呈现新态势，越来越多的国家承诺碳中和，我国生态文明建设也进入"以降碳为重点战略方向"的新阶段，绿色金融被写进碳达峰、碳中和工作顶层设计中，国家明确要求积极发展绿色金融，建立健全绿色金融标准体系。绿色金融给银行风控带来了绿色风险管控新问题，银行更需要通过区块链、大数据、人工智能、联邦学习等金融科技手段推进对公授信数字化风控的建设。

绿色金融蓬勃发展，带来了绿色风险管控的4个新问题。

- 绿色产业风险。绿色产业对银行而言是巨大蓝海，也是风险管理的全新领域。由于绿色产业概念的内涵和外延较为宽泛，目前相关研究与实践都没有形成系统，因此对于传统银行来说，作为资金需求方的绿色产业存在着界定模糊、风险信息不对称等问题。以碳交易为例，银行可以提供哪些产品和服务，如何提供产品和服务？银行对这些绿色产业、绿色项目的风险识别还不充分，没有形成成熟的风险管理手段。

- 绿色风险评估。我国政府承诺，要将二氧化碳排放力争于2030年前达到峰值，并努力争取在2060年前实现碳中和。实现过程中，银行支持新兴绿色产业与绿色项目，需要对现有的存量客户和资产进行动态、全面的风险评估。部分实体经济在加速绿色低碳转型的同时，可能形成规模较大的"搁浅资产"，进而导致银行部分资产存在成为坏账或估值下降的风险，由此产生的风险防控压力会进一步加大。

- 企业"洗绿"风险。银行应全面摸排存量高碳企业（项目）运营、资金、授信情况和风险状况，建立跟踪监测机制，实施动态分类管理，加强风险识别管控，积极、稳妥地做好有关风险化解处置，不搞"一刀切"，避免处置不当引发风险。银行还需要加强新增绿色项目的选择与甄别，防止部分企业通过"洗绿"行为掩盖"高碳"实质,抢搭绿色金融政策的便车。
- 金融科技风险。随着绿色金融的发展,银行的投资、放贷活动会涉及越来越多的绿色金融科技,在金融科技赋能绿色金融的过程中,可能因技术应用不当,导致偏离预设目标。例如自动化算法因为数据处理规则和流程具有封装性,缺失透明度,影响市场主体的知情权。又如大数据征信,由于数据质量偏差以及算法设计缺陷,可能生成带有歧视或错误的信用评估结论。

9.2.4　金融生态圈进化增加风控难度

过去,金融生态圈的建设主要集中在零售业务领域,只有少数银行提出基于供应链、产业链的金融生态圈构建计划。金融生态圈的建设目的是将银行作为生态圈核心平台,连接各种金融或非金融场景资源,为所有类型的客户提供更加全面、高效的服务,从而实现自身规模、效益的最大化。

随着金融生态圈的进化,企业融资渠道越来越丰富。例如,为促进中小企业健康发展,国家设立中小企业发展基金、新兴产业创业投资引导基金、科技成果转化引导基金等,带动社会资本扩大直接融资规模,鼓励中小企业通过并购重组对接资本市场。

金融生态圈的进化,特别是企业融资渠道的持续拓宽,令直接融资比例不断加大,导致金融脱媒现象日益凸显。资金供给绕开银行等媒介体系直接输送到需求方和融资者手里,造成资金体外循环,企业需要资金时直接在市场发债、发股票或者短期商业票据,而不是从银行取得贷款。因此,银行为争取优质客户,相互之间的竞争压力逐步增大。与此同时,企业融资方式的变化也令银行有效评估企业整体资产负债风险增大了难度。

随着金融生态圈的进化,银行对企业的风险评估经历了3个阶段。
- 起初,银企之间的关系简单而纯粹。企业需要资金时,几乎无一例外,都会选择向银行申请贷款,区别只在于提供贷款的银行不同。此时的企业负债主要有银行借款、应付账款(应付票据)、预收账款以及其他应付款等，银行主要评估的是企业经营风险与财务风险。
- 后来，银行越来越多，不可避免地形成激烈竞争，纷纷以优惠条件争取优质客户，或降低门槛挽留客户。银行在贷款业务方面的主动权逐渐转移到企业，此时企业负债情况更加复杂，出现了多头借贷、民间借贷以及或有负债等情况，银行风险评估的范围进一步扩大。
- 数字化时代，银行需要完善对公数字化线上服务与数字化风控，为企业提供资产负债可视化管理（如资产负债统一视图），帮助企业看清资产状况，更好地识别资产风险。当企业资金紧张时，银行可及时预警并提出智能融资建议，协助企业做好资产负债管理，有效把控风险。

9.2.5 商业新模式带来风控新挑战

数字经济时代，从产业发展规律到企业商业模式，企业都在发生显著变化，给银行对公授信风险管理带来全新挑战。新型数字技术的发展、互联网平台经济等新兴商业模式的涌现，使企业与产业链之间出现了各种各样的共生共存关系，既给银行风险评估带来了挑战，也给银行业务创新提供了机会。

在处理传统企业贷款申请时，银行围绕单一企业进行风控措施调整，聚焦在申请企业自身存在的风险上，并不考虑其上下游企业的风险状况及关联风险传导。从这个角度讲，银行对产业链上下游企业的服务是孤立的、割裂的。数字经济时代，万物互联，数据的产生与获取更加便捷，银行需要采集与风险高度相关的各种数据，识别与风险有因果关系的数据，充分有效地利用内外部数据资源，将海量、多源、异构的数据进行整合，建立对公授信数字化、智能化、自动化风险预警模型。

- 过去：银行对企业的信贷风险评估模式建立在单个生产企业基础之上，并随着企业形态的变化而不断丰富。
- 现在：企业发展成集团，出现集团授信模式，但很多银行风险评估的基础还是单个企业，把集团企业看作扩大版同质化整体。
- 未来：建立针对不同企业集团的风险分析模型，在广泛的数据收集和治理基础上分析跨区域的各类风险，应对企业集团边界的不稳定性。

9.3 "吐槽大会"——传统对公风控的四大痛点

在近两年的线下数字化培训中，笔者有一个特别突出的感受：银行对公业务越来越难做，与此相关的所有岗位人员都有一肚子苦水。笔者曾经在与某国有银行省分行"一把手"聊天时获悉，该行的对公业务快没人做了，原因在于，做零售业务有奖励，做小微业务有奖励，做普惠业务也有奖励，但对公业务做好了是本分，做不好挨处罚。

下面分别从信贷员、审贷官、风险经理与管理者的角度开个"吐槽大会"，梳理一下银行对公业务的痛点。

9.3.1 信贷员：难以全面收集多方信息

传统模式下，银行信贷员接到一家新企业的贷款申请时，需要人工收集、统计、分析大量数据与信息，如产业政策、行业动态、企业财务与非财务状况、股东与关联企业状况以及上下游企业信息等诸多内容，并形成授信尽职调查报告，整个过程耗时长、成本高。由于缺少单一客户维度的智能信息整合，风险评估及企业调查分析受制于个人专业能力，往往十天半个月辛苦写出来的报告，上交审贷会时被直接打回，要求补充完善。

笔者在做审贷官时，经常遇到这样的例子：支行信贷员提交的授信尽调报告中时不时会出现"我公司"字样。一种情况是信贷员偷懒，直接把空白报告丢给企业对接人填写；另一种情况是，信贷员把客户提交的文档信息不加选择地复制粘贴。不论哪种情况，都说明传统做法依靠人工调查、手工完成报告的方式存在很大问题，不利于审贷官全面、准确地了解企业信息，很难做出客观的审查结论。

9.3.2 审贷官：专家审贷标准不一

各家银行总行或分行的审贷会一般由5名或7名审贷官组成，各审贷官的年龄、教育背景、从业时间、专业素质、所在部门等差异较大，导致风险偏好差异较大。传统模式下，因为审贷官没有专业工具进行客户深度分析和关联分析，一些通用分析逻辑重复的工作较多，而一些差异化的经验不能及时共享，因此对特定项目的决策分歧比较大。

举个例子，笔者1998年参加工作，就职于某大行总行信贷管理部门，负责对公业务初审工作（当时还没有个人房贷或车贷），几年后成为该行的专职审贷官。2003年"非典"疫情期间，笔者遇到一笔10亿元的贷款申请，申请人比较特殊，是国内某大型航空公司。当时由于疫情影响，国内航空业整体表现不佳，国内出行人数大幅下降，民航旅客运输量直线下跌，财务指标也惨不忍睹。笔者认为，此时条件不具备，不能发放贷款。

当时同为审贷官的风险部负责人却持不同意见，她认为疫情总会过去，航空公司能坚持运营下去，此时介入还可以适当提高贷款利率，所以极力主张发放此笔贷款。事实证明，疫情很快平复，此举帮助银行获得了一个大客户。

9.3.3 风险经理：预警耗时、费事且不精准

若干年前，笔者曾在某大行贷后管理部工作，培训中与银行学员谈及彼时的工作经历，发现不同银行在贷后管理上的做法区别不大，简单总结如下。

- 依靠人工监控企业贷后动态，分析不及时、不到位，风险追踪难度大，特别是Excel手工台账式的贷后管理时效性低、漏警率高。
- 对企业的财务指标变化多为无差别设置统一监控项，尤其对非结构化数据未做到多源风险整合及关联分析，风险预警消息滞后且不精准。
- 贷款"三查"（贷前调查、贷中审查及贷后检查）尚未做到全流程智能化，风控预警仅靠上网搜集。

9.3.4 管理者：无法及时掌握对公业务全貌

很多银行的管理者，如总行董事长、行长，分支行行长，以及各级公司部与风控部负责人，在对公授信业务全流程管理中，因缺乏可视化工具而无法及时掌握对公业务与风险全貌，具体总结如下。

- 银行的IT系统中缺少专门的平台展示各分行、部门层面的客户风险、客

群风险以及环节风险全貌。
- 管理者无法及时调阅和督办预警消息的落实情况，不能全局掌控所有风险状况以及基层人员落实风控措施的动态。
- 笔者任职风险总监时，办公室门口经常排满了人，既有业务部门来交流业务，也有风险部门人员汇报工作，工作效率极低。

9.4 对公数字化的五大成果

对公数字化走在前面的银行已经获得了显著成效。本节介绍某大型银行分行在实施数字化转型后的阶段性反馈数据，全部来源于业务实际。

1. 实时高效精准监控

与传统风控模式相比，对公授信数字化风控需要构建一系列风控模型，对企业及其关联方进行全面的风险监控与精准风险预警。

- 风控模型线上实测准确率超过90%。
- 构建数十个风控模型，高风险关联信号传导1 200次以上。
- 实时监控3 000个网站，每天新增6万余条资讯，新增企业主体事件3 000余个，新增事件图谱关系超过1 200个。

2. 实现智能风控预警

该行建设的数字化智能风控平台提供了大数据风险监控能力，能够主动获取企业内外部的有关信息，并通过人工智能算法、自然语言处理语义识别、多维度清洗等大数据处理技术，提高信息处理自动化、智能化能力，极大降低了人工依赖。

- 经对近4年高风险（含不良）案例进行回溯性检查，发现风险识别准确率达86%。
- 回溯性检查平均预警时效比历史实际发现提前4个月以上。
- 数字化智能风控平台上线后，半年时间对将近11亿元放款做出了首次预警。

3. 贷中、贷后管理提速

数字化智能风控既可以解决审贷官标准不一的问题，又可以解决传统贷后模式耗时、费事且不精准的问题，促进银行对公授信贷中、贷后管理的全面提速。

- 半年时间，有 70% 的审贷官借助系统辅助审批了上百亿元的授信申请。
- 风险排查全面覆盖，风险经理自定义监控 2 000 多户企业。
- 单户企业贷后管理所需的时间从 3 人天缩减至 1 个 5 分钟，每年可节约工作量 2 000 人天。
- 贷后智能预警近 400 户企业，风险经理直接管控其中 90 户。
- 系统提前预警，进入管控的贷款风险敞口达近百亿元。

4. 有效工作时间增加

笔者认为，数字化转型最重要的一点是人的全面解放。该行通过建设对公授信数字化风控体系，使信贷员的有效工作时间大幅增加。

- 系统智能出具授信尽职调查报告，出具周期从平均 7 ~ 10 天缩短至不到半天。
- 大量工作被人工智能替代，信贷员每月有效工作时间可增加 3 ~ 4 倍。
- 书面纸质材料大幅减少，节省了材料的整理录入时间。

5. 可视化全面掌控

笔者认为银行数字化转型对业务人员而言有两点非常重要：其一是自定义操作，其二是可视化呈现。对公授信业务参与岗位及人员众多，业务环节复杂，整体流程较长，管理层需要通过业务可视化掌控全局，及时准确地做出相应决策。

9.5 案例解析：提前预警破产事件

通过对公授信数字化风控以及多维度风险事件预警，可以提前识别企业破产风险。我们可从对 J 公司破产案件的追溯分析中管中窥豹，了解对公授信数字化如何提升银行智能风控预警的能力。

9.5.1　案件背景

J 公司是一家高新技术和软件企业，成立于 1996 年，注册资金 1 000 万元，主要从事智能建筑、网络通信、智能交通、节能减排等领域的集成、承包与应用研发服务。

该公司主要经营活动有两部分：软件技术及产品、智能化建筑工程施工。2020 年 6 月至 7 月，J 公司因相关诉讼案件被法院冻结了名下所有银行账户，无流动资金可用，因此无法清偿包括员工工资、工程应付款等到期债务，以致申请破产。

9.5.2　智能追溯破产原因

企业破产原因有很多种，对于银行而言，最重要的是能否提前预知风险，及时收回贷款，确保信贷资产安全。在 J 企业破产案件中，从时间上看，有个别银行后知后觉，在法院发布该公司破产公示之后的一个月才向法院起诉维权。

在 2020 年 6 月之前，J 公司究竟发生了哪些事情导致破产？银行有没有可能提前预知风险？银行对公授信数字化风控可以通过数据分析与智能手段，及时识别各类事件风险，并提前采取相应措施。

智能追溯破产原因，基于公司及关联企业工商信息、财务数据、资本运作等，结合银行业务经验进行深入分析，能够提前发现该企业历年来在多个维度上均存在多种风险事件。下面按时间顺序进行梳理。

- 2016 年 5 月 30 日：引入外部资本运作型股东，进行混合所有制改革。
- 2018 年 2 月 6 日：建设施工行业质量管理体系认证到期，没有续期。
- 2018 年 7 月 16 日：经营性债务拖欠——增值税、城市维护建设税 37 元。
- 2019 年 1 月 1 日：销售总额不再披露，养老金缴费人数连续三年下降。
- 2019 年 1 月 8 日：经营性债务拖欠——增值税、城市维护建设税 37 元。
- 2019 年 4 月 11 日：经营性债务拖欠——增值税、城市维护建设税 37 元。
- 2019 年 10 月 22 日：经营性债务拖欠——增值税、城市维护建设税 37 元。
- 2020 年 5 月 8 日：国有资产退出。

- 2020年5月12日：6个月以上没有新增专利信息。
- 2020年5月20日：引入有破产重组经验的管理者为董事长。
- 2020年6月20日：4个月以上没有新增软件著作权。
- 2020年6月28日：承揽合同纠纷。

从中可以发现"经营性债务拖欠"内容多次出现，最早是2019年1月8日，拖欠内容是"增值税、城市维护建设税37元"。区区37元，不管是对企业还是对个人而言，都不能算是一笔大的支出，连续拖欠多期，至少可以说明企业财务管理已经出现问题，需要重点关注。但在传统银行对公授信的风险管理中，很容易忽略如此小金额的欠款所带来的风险隐患。风起于青萍之末，对任何微小风险的忽视，都可能带来无法估量的损失。

9.5.3 智能识别风险事件

就数字化智能风控而言，第9.5.2节所述的经营性债务拖欠是极易识别的风险。除此之外，在2020年6月之前，对公授信数字化风控体系还可以智能识别109类风险事件，风险主体既有企业自身，也包括其兄弟公司或控股股东。

在J公司的案例中，智能识别破产企业各类风险事件如表9-1所示。

表9-1 智能识别破产企业各类风险事件统计表

行为主体	关系	信息日期	事件类型	风险事件	风险等级
J公司	自身	2014/9/10	工商事件	被列为被执行人	高
J公司	自身	2018/2/6	专利信息	6个月以上没有专利新增信息	中
K公司	控股股东	2018/4/26	工商事件	抽查发现违规行为	中
K公司	控股股东	2018/5/1	工商事件	对所投资企业进行清算	中
J公司	自身	2018/5/1	经营事件	招标投标次数减少超过50%	中
J公司	自身	2018/5/1	社保信息	养老金缴费人数下降	中
J公司	自身	2019/1/8	税务信息	连续两次税务拖欠	中
J公司	自身	2019/5/1	经营事件	此前2年未出现欠税，今年出现欠税	中

（续）

行为主体	关系	信息日期	事件类型	风险事件	风险等级
J 公司	自身	2019/5/1	经营事件	此前 2 年未出现法律纠纷，今年出现法律纠纷	中
J 公司	自身	2019/5/1	企业年报	销售总额不再披露	中
J 公司	自身	2019/11/8	工商事件	被列为被执行人	高
K 公司	控股股东	2019/11/14	工商事件	抽查发现违规行为	中
J 公司	自身	2020/5/1	工商事件	连续 2 年员工人数下降	中
J 公司	自身	2020/5/1	经营事件	连续欠税超过 10 次	高
K 公司	控股股东	2020/5/8	股东信息	引入资本运作型大股东	高
K 公司	控股股东	2020/5/8	股东信息	国资委退出	高
K 公司	控股股东	2020/5/12	资格认证	认证不再存续	中
J 公司	自身	2020/6/28	法律纠纷	承揽合同纠纷	高
K 公司	控股股东	2020/6/30	股东信息	引入资本运作型股东	高

依据表 9-1 的信息可以发现，最早在 2014 年 9 月 10 日，该破产企业已经出现被列为被执行人的高风险事件。2018 年、2019 年，企业及其控股股东又陆续出现大量中高风险等级事件，而依赖传统风控模式的银行对此并没有觉察。

9.6 本章小结

银行数字化转型进入下半场，从零售业务延伸到对公领域。本章通过分析传统银行对公授信风控的痛点，介绍了如何借助数字化技术手段打破传统风控的惯性思维，对公司客户进行全生命周期的风险管理，结合 J 公司破产案例的智能预警分析，将信贷专家经验与智能风控系统相结合，实现对公授信数字化风控。

| 第 10 章 |

全流程智能数字化

数字化时代，银行对公授信业务从单一企业为主向企业主体多元化发展，集团客户出现跨区域、跨行业经营趋势，导致银行风险管理难度不断增加。新情况层出不穷，给对公授信数字化风控能力提出了更高的要求，银行需要进一步提升新型风险防控能力，借助金融科技解决企业信息识别不充分、客户信用状况参差不齐、企业关联关系错综复杂、贷后风险管理存在时滞等问题。

建设涵盖贷前、贷中、贷后的全流程智能数字化体系，是银行构建对公授信数字化风控能力的最佳选择。

10.1 什么是全流程智能数字化

笔者在线下培训对公授信数字化时，曾多次问过 3 个问题：一是授信尽职调查报告怎样写；二是企业财务报表如何录；三是企业负面舆情怎么查。绝大多数的学员都回答：完全靠手工。

银行对公授信数字化智能应用贯穿贷前、贷中及贷后业务全流程。在数字经济新常态下，大数据、云计算、互联网、物联网等核心技术飞速发展，结合泛在感知数据和图形处理器等计算平台，极大推动了以深度神经网络为代表的人工智能技术飞速发展，并已经被领先银行应用到对公授信业务中。对此，可从决策智能化、分析智能化与流程智能化三方面进行了解。

10.1.1 决策智能化

近年来，随着数据基础设施逐步完善，机器学习与运筹优化技术不断突破，银行综合利用多种智能技术和工具，为智能化决策提供了更加成熟的技术条件。银行通过构建智能决策模型，借助 AI 技术完成从数据到信息、从知识到决策的转化，由机器自主完成从采样到学习的过程，实现智能化决策。

对于银行的标准化产品，可直接通过流程优化，最大限度地减少人工干预，由智能决策模型实现自动审批，比如批量办理小微企业贷款业务。对于银行的非标准化业务，如额度更高、流程更复杂、业务品种更加多样的集团授信等，可借助金融科技手段实现"非标转标"，构建对公风控模型，协助银行审贷官进行智能决策。

10.1.2 分析智能化

数据智能分析是指对类型多样、来源广泛、规模庞大的数据进行清洗与优化，采用统计学、模式识别、机器学习以及数据抽象等数据分析工具，对需要关注与解决的问题进行描述、识别及分析。智能化分析融合人工智能、模式识别、机器学习及统计分析，通过降维、分类、聚类、回归、关联分析及可视化等手段，实现数据分析的高度自动化。

银行借助全自动数据收集、分布式神经网络训练、模型优化及评估等方式，以多源、海量的数据为基础，结合不同维度要素完成企业风险画像，采用专业智能分析工具，精准探测客群风险，将业务系统之间的复杂调用关系透明化、数字化，打破业务、开发与测试之间的知识壁垒，实现智能化分析。

10.1.3 流程智能化

应用智能化技术实现业务流程智能化主要有两种场景。

一种是 RPA，解决人工效率低下的问题，可以自动处理逻辑简单、判断条件刚性、流程事务责任较轻、需要重复执行且工作量大的流程。对公授信领域常见的 RPA 流程，如证照识别、单据审核、财务报表识别与录入、订单传递与订单核对、自动审批、签订合同以及自动放款等，均可通过软件程序预设业务规则与逻辑自动完成。

另一种属于机器辅助决策，主要应用于流程中对关键环节的审批决策。此类决策不能完全依靠规则由机器自动完成，需要机器推送决策相关信息，分析与推演未来的决策结果，通过全域数据共享与应用来消除数据孤岛，使智能化流程覆盖贷前调查、贷中审查与贷后管理三大环节，全面辅助银行对公授信业务。

10.2 贷前调查阶段

在贷前调查阶段，信贷员需要多方搜集行业资讯与企业信息等资料，在分析财务因素与非财务因素的基础上，汇总线上线下调查所得信息，将企业的基本信息、财务报表以及授信业务方案录入信贷管理系统，在综合评级后完成授信尽职调查报告。

10.2.1 常用智能技术

如何实现授信尽职调查工作的智能化，是信贷员最关心的问题之一。有了先进的金融科技手段，过去一些普遍被信贷员认为是痛点和难点的问题可以得到很大程度的改进。

可以从技术与应用的角度来深入了解。

1. OCR

OCR 技术是指电子设备检查纸上打印的字符，通过检测暗、亮确定其形状，然后用字符识别方法将形状翻译成计算机文字。简单说，就是通过软件自动识别屏幕或图片上的文字并准确提取出来，变成可编辑的文字。OCR 服务通常应用于识别证照、票据、财报、合同、文档等客户材料，以提升银行信息采集的效率与准确性。

2. CV

CV（Computer Vision，计算机视觉）是人工智能领域的一个重要分支，要解决的问题是让计算机看懂图像或者视频里的内容。更进一步，CV 是用摄影机和计算机代替人眼对目标进行识别、跟踪和测量，并进一步进行图形处理，得到更适合人眼观察或传送给仪器检测的图像。

3. NLP

NLP（Natural Language Processing，自然语言处理）指使用计算机处理、理解以及运用人类语言，属于人工智能的一个分支，具有广泛的应用前景。NLP 技术应用于机器翻译、手写体和印刷体字符识别、语音识别及文字语言转换、信息检索、信息抽取与过滤、文本分类与聚类、舆情分析和观点挖掘等场景，涉及数据挖掘、机器学习、知识获取、知识工程、人工智能研究及与语言计算相关的语言学研究等领域。

4. KG

KG（Knowledge Graph，知识图谱）在图书情报界被称为知识域可视化或知识领域映射地图，是指通过应用数学、图形学、信息可视化技术、信息科学、计量学等理论与方法，把复杂的知识领域通过数据挖掘、信息处理、知识计量和图形绘制显示出来，揭示知识领域的动态发展规律，帮助企业自动构建行业图谱，摆脱传统的人工输入方式，可应用于智能搜索、文本分析、机器阅读理解、异常监控与风险控制等场景。

5. IDP

IDP（Intelligent Document Processing，智能文档处理）是指基于光学字符识别、计算机视觉、自然语言处理以及知识图谱等前沿技术，对各类文档进行识别、分类、抽取与校验，帮助银行实现文档处理的智能化与自动化。

IDP 根据银行业务需要，可将非结构化数据分类为结构化、易访问且系统可处理的数据，如发票、订单及收据、电子邮件、表单、注册表、合同、箱单、提单、扫描文档、印刷品等。

10.2.2 智能技术应用的典型场景

智能技术在银行对公授信贷前调查中的应用越来越广泛，以下是 3 个典型场景。

1. 智能识别证照信息

企业在向银行申请授信时，需要提交很多证照信息资料。例如，企业需要提交营业执照正副本、组织机构代码证正副本、税务登记证正副本、信用机构代码证、基本户开户许可证等，如涉及不动产、动产抵押，还需要提供产权所有者名下的不动产权证、机动车登记证、行驶证等证件。在传统风控模式下，上述证照资料需要人工核验原件并手工录入信贷系统，存在工作效率低、差错率高等问题。

银行借助金融科技，如 OCR 技术，对各类证照进行智能识别、智能分类与结构化输出，可以精确识别身份证、银行卡、营业执照、组织机构代码、税务登记证、户口本、结婚证、不动产权证、驾驶证、行驶证以及机动车登记证等各类证照，并自动填单录入银行信贷管理系统。

2. 智能识别录入财务报表

财务分析是银行对公授信风控的核心工作。在实际业务中，在贷前调查阶段，银行一般会要求申请人提供近 3 年及最近一期的财务报表，包括资产负债表、损益表以及现金流量表等；在贷后检查阶段，银行也会要求借款人按季或按月提供全套财务报表。信贷业务办理过程中收集的大量企业财务报表，需要信贷员手工录入信贷管理系统，存在录入烦琐、耗费时间长且容易出错等弊端。此外，各行业、各企业财务报表的格式并不一致，数据输出缺乏统一标准，靠人工横向对比也存在较大困难。

借助智能文字识别、表格识别、自然语言处理技术以及可视化智能文档处理技术，银行可以做到智能采集、校验并结构化输出财务报表数据，很多OCR软件识别一页财务报表信息仅需2～3秒，能高效地将不同文件格式、不同报表格式的财务数据以统一的标准格式输出，大幅缩短财报录入时长，规范数据输出格式，提升财务分析效率。

3. 自动生成尽职调查报告

由于信息渠道、信息来源、信息可信度及信息呈现等方面存在很大差异，因此信贷员往往需要花费大量的时间进行贷前调查。根据行业经验，完成一次符合银行规定的对公授信尽职调查，信贷员大概需要7～10个工作日，且全程完全依靠手工操作，既耗时又费力，报告质量还不一定过关，上报后被信贷评审部门打回的并不在少数。

借助金融科技等数字化手段，银行可以系统梳理庞杂的信息，为授信尽职调查报告提供自动化内容支持，只需20～30分钟即可智能生成授信尽职调查报告，全面提升尽职调查效率，解决信贷员贷前调查的痛点与难点。

此外，可以智能自动生成的报告还包括企业基础信用报告、企业增值信用报告、KYC报告、高管任职报告、企业股权结构报告、股权穿透报告、企业商业数据报告及企业动产抵押报告等。

10.2.3 数字技术赋能贷前调查

在对公授信业务贷前准入阶段，信贷员可借助数字化技术重点调查并核实以下工作内容。

1. KYC查询

KYC查询既是反洗钱的合规要求，也是贷前尽职调查的目的。数字化风控技术可以提供场景化客户信息视图，使关键信息一览无余，帮助银行快速了解借款主体企业及关联人员、关联企业的信息，全面覆盖企业工商、税务、法院、公安、仲裁、专业资质以及特许经营等方面的状况，并深入了解企业人员对外投资任职、涉诉、股权质押等多维度信息。

2. 关联关系调查

基于多维度关系图谱、大数据分析挖掘与知识图谱能力，银行可层层穿透企业错综复杂的股权结构，识别并确认企业的实际控制人、受益所有人、股东以及关联方，快速确认客户关联关系。

在监管合规的前提下，借助数字化技术，银行可深度掌握企业的基本情况、经营情况、信誉情况以及担保情况等，并结合行内外大数据及业务信息分析，完善担保关系、交易关系、供应链上下游等关系图谱，为授信决策提供更全面、更丰富的数字化支持。

3. 集团授信调查

集团授信是指银行对企业集团内所有成员单位进行统一授信，集团内所有企业共享授信额度。银行在集团客户认定中，有两种情况需要注意：一是由于集团企业归属关系难以判定，使成员企业游离于集团授信之外；二是成员企业发生兼并或重组、股权转让等事项导致所属集团变更，而在银行系统中该企业仍被划分至原集团授信项下。基于股权投资、董事任职、银行内部客户数据构建集团关系图谱，当股权发生变化时，银行信贷系统可以智能调整集团内企业的归属关系，避免信息获取时滞产生风险，辅助完成集团授信。

4. 财务预测分析

财务预测分析是银行确定是否对企业授信的关键步骤，在实际业务中，信贷员通常会采用比较分析法，如通过比较企业不同时期的财务指标，从指标增减变动情况中发现问题；通过连续数期的趋势变动分析，评价企业财务的管理水平，预测企业未来的发展趋势；通过与行业指标进行比较，判断该企业在行业中所处的位置等。智能财务预测分析可以全面、立体地分析企业的财务状况，自动测算资金需求、预期利润、资产结构预测及建立 EVA（Economic Value Added，经济增加值）模型，并生成图文并茂的企业财务分析报告。

10.3 贷中审查阶段

在贷中审查阶段,银行审贷官需要识别各类风险并提出风控措施,如企业财务报表粉饰、欺诈及舞弊等,还需要复核企业关联关系与企业信用等级,有效甄别高风险企业客户。此外,银行还要做好授信合同管理工作。

10.3.1 智能识别财务造假

传统风控模式下,人工识别财务造假风险主要存在两个问题:一是过度依赖专家经验判断,难以避免主观因素影响,无法构建标准化流程;二是完全基于财务指标分析,可供核验的数据有限且有一定滞后性。基于数字技术,收集并分析企业各种数据信息,采用机器学习算法,如构建智能财务风险识别模型、智能财务报表风控系统等,银行可以洞察并预测企业经营业务中的各种风险,提前进行风险防控,大幅提高财务造假风险识别率。

1. 智能财务风险识别模型

基于人机协同的财务报表分析引擎,构建智能财务风险识别模型,银行可通过专家规划分析、行业数据对标、机器学习反欺诈以及非财务因素分析等,实现财务报表分析及交叉验证,并结合非财务数据对企业的盈利能力、偿债能力、经营能力与发展能力等进行一键式分析。

- 智能发现财务及运营数据粉饰情况,从被粉饰的企业财务数据中挖掘并识别企业的真实运营状况,为银行授信审查决策提供依据。
- 智能审查数据并识别虚假财务报表,通过现金流对比、企业间对比、财务指标分析、还债能力计算及还债风险评估,自动生成财务综合诊断分析报告。
- 持续迭代智能财务舞弊识别系统,根据市场实时信息,动态调整风险评估结果并迭代数据,跟踪细分行业的变化,调整模型指标及阈值,迭代模型。

2. 智能财务报表风控系统

智能财务报表风控系统具备信息收集和处理、风险预警和发布、风险跟踪和应对管理等功能，可自动生成各种图形报告，包括风险管理矩阵、风险汇总分析、单位风险清单与财务风险报告等，向管理者提供全面的财务分析结论。实际工作中，智能财务报表风控系统通过构建以下模型实现风险预警。

- 可信度识别模型：银行从财税维度、行业维度、内控维度、公司治理维度与数字特征维度等方面进行企业画像，以模型为导向筛选出对企业财务状况构成潜在威胁的变量，通过动态跟踪市场信息及时发现企业财务舞弊信号。
- 异常识别模型：银行通过构建行业财务分析模型及行业图谱，针对同一行业内的不同企业，从盈利能力、资产质量与现金流分析3个层面，设置主成分指标、权重、阈值，搭建财务分析框架模型，结合行业特征进行全样本分析。

3. 量化处理非结构化数据

非结构化数据是计算机或人工生成的信息，数据并不一定遵循标准数据结构（如模式定义规范的行和列），若没有人或计算机的翻译，银行系统很难理解这些数据。量化处理非结构化数据可以极大提升银行对公数字化风控能力。

- 量化非财务数据：对企业临时披露信息、新闻资讯等动态进行跟踪，突破行业术语及高度专业化等差异化问题，实现从财务到非财务信息、从内部数据到外部数据的逆向加工与信息溯源，构建财务信息可靠性再判断的基础。
- 量化审贷专家经验：基于决策树模型、专家系统与回归统计分析等量化方法，实现审贷专家经验复用，并将其整合成可量化的数据分析指标、维度及组合，突破人工识别的边界，得出可用于企业画像的大量指标及变量。

10.3.2 智能识别客户欺诈

整合海量多源信息，从关系网络图谱中提炼结构特征，基于全方位企业画像与企业关联图谱构建智能反欺诈模型，智能识别企业客户的欺诈行为，定量分析与评估企业客户的欺诈风险。模型从企业自身、实际控制人、关联人以及企业关系图谱四大维度提取特征，结合审贷专家经验，通过数据挖掘、特征筛选等方法定义欺诈场景，并利用分类器对欺诈进行概率推断。

相比于传统信贷欺诈分析模型，智能反欺诈模型可将关联信息与企业属性信息有机结合，有效挖掘企业与欺诈目标之间的非线性关系，有助于在审查阶段有效评估企业的欺诈风险。具体而言，智能反欺诈模型可以代替人工做好以下工作。

- 识别企业的财务风险评估与科目造假、粉饰行为。
- 进行风险指标异动、背离及同业对标分析。
- 进行关联风险传导分析及重大风险压力测试。
- 根据银行风险偏好进行可视化建模分析。

10.3.3 企业关联关系核查

为避免出现因贷前调查不尽职、不全面而引发的各类信贷风险，特别是关联风险传导，银行审贷官需要对信贷员的调查结论进行复核，同时要进一步核查企业的关联关系，如通过构建市场主体全景关系图谱，发现企业实际控制人、企业归属集团以及企业间的隐形关联关系。

市场主体全景关系图谱基于工商、税务以及互联网大数据等建立企业标签，以直观的方式展示企业个体画像、群体画像、商谱分析、商圈分析、上下游分析、关联交易分析以及商群分析等，可以 360° 全景透视企业的关联关系，识别并呈现企业股东、高管、对外投资、裁判文书、法院公告、历史股东以及疑似关系等多维度企业关系，便于审贷官核实调查报告。市场主体全景关系图谱综合海量、多源数据，可以轻松地以可视化方式呈现企业背后千丝万缕的关联关系。

1. 发现企业实际控制人

企业控制权受到股权、协议或者其他因素影响，加上信息获取相对滞后，这些都会导致银行很难在审查中发现企业的实际控制人。更进一步，如果企业股东签订私下协议或者通过其他方式变更企业控制权，银行靠传统风控手段很难获取相关数据及信息。因此，研究实际控制人的所有权比例、控制权比例以及两权分离度与企业资本成本之间产生的关系是很有意义的。

银行需要借助市场主体全景关系图谱，采用图的深度优先遍历算法，基于股东关系，找到指定企业被持股的所有路径，然后分别计算每一条路径上最上层的股东节点对其的持股比例，通过加法运算和比较，得到最终持股比例超过某个值的最上层股东，即为该企业的实际控制人。

2. 发现企业所属集团

企业集团整体持股结构一般呈金字塔式或者围绕式，企业之间的股东关系，个人与企业之间的股东、高管和联系人关系，共同组成了企业集团的关联关系。银行审贷官如果想找到某个企业归属于哪个集团，可以根据集团成员公司的生产经营状态判断整个集团的业务活动，或者根据集团核心企业的经营活动来判断其他企业成员行为。

通过市场主体全景关系图谱，沿着一条股权控制路径找到企业实际控制人；通过实际控制人所有的股权控制路径找到其他控股企业，形成一个股权控制骨架，银行可以就此发现企业所属集团的潜在风险因素，并采取有效的风险防控措施。

3. 发现隐性关联关系

隐性关联关系是指企业之间表面上不显露关联关系，但实际隐含投资关系，或在经营决策、资金调度及生产活动上存在控制关系。一方面，由于企业之间的关联关系经常会被人为有意遮掩或隐藏，银行审贷官在实际业务中很难做到一眼识破企业之间存在的隐性关联关系。另一方面，对于企业间的直接关系，银行能够通过知识图谱直观地了解，但当一家企业与大量企业产生联系时，间接关联关系的广泛存在是很难被发现的。如何对看似割裂、实际存在间接关联的两个实体进行关联关系挖掘，对银行审贷官发现企业隐性关联关系并有效控制关联风险传导具有现实意义。

银行可在深度挖掘信息的基础上使用市场主体全景关系图谱，有效识别企业隐性关联关系。如银行可在数字化风控系统中批量添加企业或人名，快速获取目标企业、自然人之间基于任职、投资上下游关系构建出来的关联关系图谱，展现多种关联路径，深度挖掘隐性关联关系。

10.3.4 大数据企业信用评级

传统的银行企业信用评级体系存在评级数据来源有限、信息失真或滞后以及评级模型存在缺陷等不足，可能导致评级结果不能全面、准确反映企业真实的信用风险状况。

利用大数据企业信用评级，银行可以综合使用信贷员调查与审贷官审查中获取的各项信息，包括企业基本信息、资信信息、经营信息、财务信息，对企业客户进行评级，通过对全量企业大数据进行清洗、挖掘及优化，构建企业信用评分模型，综合股东背景、企业规模、资产负债、财务管理、经营状况、发展潜力、知识产权以及风险状况等数据，计算得出信用评分，量化企业风险等级，并给出风险评估建议。

此外，银行还可以将企业外部数据（如工商、税务、司法等）与银行内部数据（如订单、流水、财务等）相结合，在企业信用评级的基础上构建授信额度模型，测算各个信用等级对应的授信额度，实时监控，动态调整，防止出现过度授信或授信额度不足的情况。

10.3.5 智能授信合同管理

银行对公授信业务的合同管理是一项十分重要但非常烦琐的合规性日常工作。为避免遗失、错漏造成重大风险隐患，如关键数据信息缺失、重要约定条款错漏以及同一客户新老授信方案混淆等，银行必须对授信合同进行审慎性审查与管理。采用对公授信合同智能化管理可以有效解决上述问题。

智能授信合同管理基于 STR（Scene Text Recognition，场景文字识别）技术与 NLP 算法，支持智能结构化抽取合同的关键信息，进行关键信息与合同全文比对，并通过 API（Application Programming Interface，应用程序接口）传输至银行信贷系统，帮助银行业务人员实现自动填单，高效沉淀数据资产。

从实际效果来看，银行的智能授信合同管理具有以下优势。

- 实现合同全程在线管理：采用智能提取合同要素、文档智能比对与纠错、风险预警等智能化手段，方便银行有效防控授信合同风险，特别是关键

- 在线协作提高工作效率：银行不同部门的人员可以通过各种电子设备在线协作，不受时间或地域限制，可随时随地进行合同审核及签署等操作，充分提高合同签署效率，节省时间成本与人力成本。
- 内置授信合同常见要素：如授信额度、授信期限、利率、担保方式等要素，根据不同信贷产品的场景化需求，采取预设通用模板与定制数据处理方案并行的方式，满足信息抽取的不同颗粒度的需求。
- 云端存取方便快捷安全：实名认证、防篡改与第三方取时[一]等技术让合同签署更加高效安全，智能化管理合同归档、检索、借阅及下载工作可以有效降低银行合同管理人员的工作压力，化繁为简。

10.4 贷后管理阶段

银行传统的贷后管理工作大多依靠有限的人工，不仅费事、耗时，监控及预警效果也很不理想，风控工作经常处于被动状态。对于贷后风险经理而言，采用数字化贷后管理，可以在自定义风险监控项的基础上实现全局管理企业客户，全面排查风险隐患，并基于事件触发／驱动预警，实时推送至具体负责人。

10.4.1 智能财务风险预警

智能财务风险预警是指银行在授信企业业务存续期间，根据企业的财务报表、经营计划及其他相关的财务资料，对其主要经营管理活动中的潜在风险进行实时监控与预警。可以综合采用各种算法模型自动进行财务因素变动分析，发现企业潜在风险并及时向贷后管理人员预警。

银行的智能财务风险预警主要包括以下内容。

- 对企业资金链进行实时监测，并在其现金流紧张时进行风险预警。
- 对企业财务科目进行异常监测，发现财务指标异常变动时进行风险预警。

[一] 第三方取时技术用于精确记录签约时间。

- 对企业综合效益、营运能力、偿债能力及发展能力进行风险预警。
- 自动生成财务风险预警报告，并及时通知相关管理人员。

10.4.2　智能监控预警模型

银行通过引入可信外部数据并对接行内数据，可根据自身风险偏好、风控策略及企业类型建立不同种类的贷后风险预警模型，掌握企业的风险动态，实时生成风险预警信号，有效提升智能风险预警水平。

- 风险经理可以采用事件驱动实时触发预警模式，在信贷系统内自动生成多维度风险排查报告，如行业、股权、财务、经营及关联方报告等。
- 风险经理按照风险管理意见，对授信企业按照不同行业、不同类型及不同监控时间，自定义设置差异化监控指标，并提出有针对性的管控措施。
- 在监控项生效运行的过程中，一旦出现风险预警信号，及时通过计算机、手机或平板电脑等多种设备进行多端信息推送，精准通知到相关人员。

10.4.3　智能舆情监控

企业客户舆情监控是银行在贷后管理中及时发现风险隐患的有效手段。银行可以借助对公授信数字化风控系统智能监控企业客户舆情实时动态，对工商变更、行政处罚、司法风险、违法违规、经营异常以及负面舆情等多维度风险信息实行 7×24 小时全天候监控。

银行实施智能舆情监控的方式主要包括舆情信息监测、全网事件分析、主题词云分析及事件情感分析等，一旦出现舆情风险信号，可立即通过短信、邮件、微信或 API 等方式推送给信贷员、风险经理或者银行管理层。

10.4.4　有效掌握财产线索

对于逾期贷款清收与不良资产处置这两项工作而言，能否及时有效地掌握债务人财产线索，是银行赢得债务追索主动权的关键因素。不论是贷款因逾期而进入催收流程，还是在法院诉讼后进入执行流程，借助对公授信数字化风控系统提供的财产线索，银行都可以及时获取企业资产疑似流入与流出动态，帮助银行掌握违约客户的财产线索与资金流向。

上述企业资产类型包括资本、股权、动产、不动产、商业收入、无形资产、涉诉资产以及对外债权八类。

10.4.5　黑名单管理

银行风险管理部门一般会将所有不良贷款户置入黑名单库进行管理，按照银行传统风控的做法，黑名单数据并不会向行内所有部门公示，有可能出现同行其他业务部门在不知情的情况下与黑名单客户开展业务合作的情况。银行可以借助对公授信数字化风控系统，通过统一黑名单标签及数据输出口径，打造全行黑名单共享机制，方便不同业务条线获取统一的黑名单客户信息，全面维护银行权益。

10.4.6　防止关联风险传导

一家企业出现违约，与它相关联的企业大概率也会发生违约，这属于关联风险传导。借助对公授信数字化风控系统，银行可以基于控股关系、集团关系、产业链上下游关系、供应链关系以及其他合作关系构建关联风险网络，智能分析风险传导路径与影响力，及时排查本行授信客户，量化判断信用风险变化，提前预警并阻断风险传导路径，防止一家企业信贷违约引发关联风险传导，进而引发更大范围的企业违约潮。

10.5　本章小结

本章针对数字化时代银行企业客户出现的新变化，提出银行需要提升数字化风险防控能力，借助金融科技有效解决各类新型风险问题，建设涵盖贷前、贷中、贷后全流程的智能决策体系，并在此基础上帮助读者深入了解银行对公授信数字化风控在贷前调查、贷中审查与贷后管理等环节上的具体应用。

第 11 章
数字化风险穿透识别

2016年9月，银监会下发《关于进一步加强信用风险管理的通知》（银监发〔2016〕42号，简称"42号文"），要求各银行坚持穿透式管理和实质重于形式原则，将贷款（含贸易融资）、票据承兑和贴现、透支、债券投资、特定目的载体投资、开立信用证、保理、担保、贷款承诺等表内外业务，以及其他实质上由银行业金融机构承担信用风险的业务纳入统一授信管理，其中，特定目的载体（Special Purpose Vehicle，SPV）投资应按照穿透原则对应至最终债务人。

42号文要求，由银行承担信用风险的资产负债表内外业务应该实行穿透式管理，根据基础资产风险状况，合理确定风险类别，并结合非信贷资产性质，通过计提减值准备或预计负债等方式，提高拨备覆盖率与核心资本充足率，增强风险抵补能力。

所谓风险抵补，就是银行在正常经营的情况下，每年需要从税前利润中抽取一定比例的风险准备金（信用减值损失），用于处理未来产生的不良资产。风险抵补包括盈利能力、准备金充足程度和资本充足程度3个指标。

风险穿透识别既是监管部门对银行风险管理工作的明确要求，也是银行加强自身风控能力的重要内容。长期以来，银行大多使用传统数据库系统进行业务分析与判断，严重制约了信用风险管理工作，特别是在风险穿透识别方面，普遍存在"算不准""算得慢""算得贵"等突出问题。

借助图计算、知识图谱、企业风险画像与风险信号体系等数字化技术与工具，透过复杂的业务表象，把握金融本质和风险实质，建立跨部门、跨条线、跨场景的风险监测与信息共享机制，实时动态感知风险的全局变化，打造数字化穿透式风险管理平台，使银行对风险"看得见""辨得清""管得住"，有效提升风险管理的准确性与适当性，实现智能化、自动化决策，以及高效率、全流程管理。

11.1 图计算

图计算是下一代人工智能的核心技术，属于人工智能基础设施，用于研究客观世界当中事物与事物之间的关系，并对其进行完整刻画、计算和分析，被广泛应用于医疗、教育、军事、金融等多个领域。

11.1.1 什么是图计算

图计算是用于表示事物之间关联关系的一种抽象数据结构，以图作为数据模型来表达问题并予以解决。图数据结构很好地表达了数据之间的关联性，而关联性计算是大数据计算的核心——通过获得数据的关联性，可以从海量数据中抽取有用的信息。许多金融领域的数据问题都可以用图结构来抽象表达，关系数据遍布各种场景，如贷款、理财、基金、信用证、票据、保理、保险、债券、股权与期权等。

图计算技术主要由点和边组成。举例来说，如果把点定义为人，那么3个人就是3个点，边就是这3个人之间的关系。人与人之间有多种多样的复杂关系，如亲戚关系、邻居关系、同事关系、同学关系、夫妻关系、朋友关系等。除此之外，人与人之间还可以是项目合作关系、投资关系、债务关系等。点越多，点与点之间的相互关系就越复杂。图计算技术可以对跨产品、跨机构、跨市场的金融风险进行穿透式检测与分析。

图计算过程中的图算法是分析图数据的有效方法。例如，使用最短路径算法做好友推荐，可以计算关系的紧密程度；使用网页排名算法，可以分析传播影响力，从而进行搜索引擎网页排名；使用社区发现算法，可以识别洗钱或虚假交易。

在图计算中，基本的数据结构是 $G=(V,E,D)$。式中，V 是节点，可能是实体，也可能是概念；E 是边，用于表示节点之间的关系；D 是权重，是边上的一个数据结构。例如在贷款关系中，节点是用户与产品，边是贷款行为，权重是贷款次数与最近一次贷款时间。通过对申请人的关系网进行分析，图计算技术可以在申请人没有征信记录时给出相对合理的借款人信用等级，并据此实现精准风控。

11.1.2 图计算的优点

图计算能够以一种更友好的展现形式将通过高深算法挖掘出来的分析结果直观、流畅地展示出来，让使用者一目了然。在银行数字化风控体系中，引入图计算技术可以实现海量数据的可视化分析，以及多维异构数据的关联挖掘，大大强化银行的数字化风险穿透识别能力。

与传统风控技术相比，图计算技术具有以下 4 个突出优点。

1. 实时可视化的全景呈现

对关系型数据库进行数据存储和数据处理是传统银行的做法。数字化时代，数据与数据之间的关系复杂程度大幅增加，持续动态变化的数据以及数据之间的高度关联性促使数据关联洞察成为探查数据价值的重要工作。图计算技术的交互可视化方式可以全景呈现并实时分析银行各项业务之间的数据变化与数据关联，洞察数据变化的原因，帮助银行大幅提升经营管理的效率与决策能力。

2. 逐笔白盒化①的精准计量

传统银行的业务与技术之间长期存在一个矛盾：为实现业务需求，技术人员要写少则几千行、多则几万行代码；而业务人员无法及时捕捉行业或客户的细微变化，无法及时进行精准判断。通过白盒化的图计算系统，业务人员可以实时查看任一账户、任一分支机构乃至任一行业的数据，系统能够直观展示数据间的业务逻辑。超深度图遍历更能做到精准计量账户的每一笔交易与每一分钱。

3. 参数自定义的友好模式

传统银行的系统压力测试是基于业务人员的经验设置一系列压力测试参数，再交由技术人员编写代码进行开发。图计算系统可以实现银行各类风控指标的排列组合，无须技术人员编写代码，业务人员就能在系统中随时自主调整参数，及时查询结果。图计算系统在满足监管要求的基础上，能够开展更多场景的模拟与压力测试，除银行降本增效外，还可提供产品组合、经营优化方案与决策建议等。

4. 算力指数级飞速跃升

银行处理海量信息和数据需要强大的算力支持。图计算系统借助高效内存计算，可短时间内进行大量图构建与图计算，满足用户响应时间与准确率的要求，在高效完成任务的同时将资源维持在较低水平。例如，高性能图计算通过高密度并发、深度穿透、动态剪枝等能力充分释放底层硬件算力，能够做到占用更少的计算资源、更低的碳排放量，获得更高的并发算力，轻松实现银行海量业务数据亿级计算。

11.1.3 图计算技术的应用场景

银行对公授信客户中存在许多不同类型的关系，有些是相对静态的，如

---

① 白盒化是相对于传统品牌的概念，产品没有品牌标志，一般是代工厂生产的产品，白盒产品是软硬件解耦的，相对于品牌产品，需要客户自行配置和加载软件系统。白盒化的概念在服务器、交换机等IT领域出现较早，可以简化信息转化流程，降低综合成本，方便业务人员办公。

企业之间的股权关系，有些则是不断动态变化的，如转账关系、贸易关系等。图计算技术和基于图的认知分析可以有效弥补传统风控技术的不足，从实体与实体之间的经济行为关系出发分析问题。

图计算技术在银行对公授信数字化风控体系中有如下应用场景。

1. 识别隐性集团关联

在银行对公业务、供应链或集团客户场景中，图计算能深度发掘基于工商信息的投资关系、集团高管、实际控制人与最终受益人等信息，对其进行股权穿透。对于比较复杂的集团，银行采取传统做法很难做到实时分析。使用传统分析技术即使耗费几天时间，最终结果也不一定全面准确。而使用图计算技术只需要几百毫秒，就能实时发现集团关联的十几万家企业，并发掘出其中的关联关系。

2. 识别企业关系图谱

随着单一企业向集团化、家族化、多元化方向发展，集团客户多层交叉持股、股权层层嵌套、隐性股东和股权代持等现象频繁发生。企业、企业高管及关联公司构成复杂的关系网，银行利用图计算引擎搜索国家企业信用信息公示系统，遍历集团成员及关联企业之间的股权结构，判断是否存在交叉持股、受同一股东控制的情况。识别企业关系图谱有助于发现关联交易非关联化、关联交易利益输送等违法或违规线索。

3. 计算信用风险传导

为提高银行对企业不良风险传导的预测能力，银行可利用图计算和图认知技术构建风险传导模型，完整刻画企业客户之间的关系、企业与自然人之间的社会关系、经济往来关系等，构建全方位风险关联网络，动态呈现风险要素。当关联网络内某家企业发生信贷风险时，银行可利用风险关联网络中风险客户画像与经济行为轨迹等信息进行交叉分析，预测风险传导路径与扩散范围，采取有效措施阻断风险传染源，实现风险隔离。

4. 防范企业担保圈风险

传统银行对客户之间因担保关系、贸易关系或资金往来关系等引起的风险传导十分重视。在供应链金融或者担保圈等新形态下，企业之间环环相扣、彼此依赖，链条中的一家企业出现风险，就有可能导致风险蔓延。受限于传统关系型数据库的数据存储方式，银行在分析担保圈等多层关系时受到较大限制，利用强连通分量图、广度优先遍历算法等图计算技术，可以高效、直观地识别联合担保、相互担保与循环担保等风险。

5. 实时在线反欺诈

随着互联网的发展，金融欺诈呈现出专业化、产业化以及隐蔽性等特点，从单个作案发展为团伙作案，交易手段更隐蔽，交易链路更复杂，给银行识别欺诈带来新挑战。图计算反欺诈风控技术可串联所有线索，还原事件全貌，有效识别欺诈案件。

6. 助力银行反洗钱

长期以来，银行反洗钱工作面临着洗钱形式多变、隐藏关系难挖掘、洗钱特征变化多样、反洗钱预警误报以及实时监测预警困难等痛点。将图计算技术应用于反洗钱工作，可精准分析资金流动痕迹，挖掘隐藏关系，使深度关系表征图谱化，直观展现资金关联交易图谱，提高风险识别准确性，降低误报风险，实时跟踪多层资金流向，洞悉表象下的隐含关系，从海量交易中实现对单笔资金链路的全貌追踪，并洞察资金拆分流转路径。

11.2 知识图谱

2012 年，为提高搜索引擎性能，提供更加友好的搜索结果，谷歌提出了知识图谱的概念。

11.2.1 什么是知识图谱

知识图谱是一种基于知识内在关联性构建的网状知识结构，由节点和边组成。在知识图谱里,每个节点表示现实世界中存在的实体,每条边表示实体与实体之间的关系,它提供了从关系的角度去认识世界的能力。通俗地讲,知识图谱就是把所有不同种类的信息连接在一起而得到的一个关系网络。

对机器而言,知识图谱是对人类知识结构的抽象表示,构建知识图谱的过程就是建立机器对世界认知的过程。

11.2.2 从4个角度了解知识图谱

知识图谱技术融合了认知计算、知识表示与推理、信息检索与抽取、自然语言处理与语义、数据挖掘与机器学习等技术,可以从4个角度来了解。

1)构建知识图谱。采用一站式数据接入方案,经过数据清洗、知识抽取、知识融合、知识存储等环节,从客观世界或者互联网各种数据资源中获取客观世界的知识。

2)应用知识图谱。基于知识图谱分析计算引擎,实现图谱可视化、扩散分析、时序分析图查询、图计算、自然语言处理以及标签引擎等各类算法,为业务应用提供支持。

3)存储知识图谱。通过实施面向关系数据、时序数据以及指标数据的存储解决方案,可以实现亿级知识图谱的存储与毫秒级查询响应。

4)管理知识图谱。通过知识图谱管理平台,实现用户管理、角色管理、模型管理、数据管理与任务调度管理等,如流式调度编排、自动化调度优化与历史追踪。

11.2.3 知识图谱的应用场景

从人工智能的发展阶段来看,知识图谱是人工智能从计算智能、感知智能向认知智能进阶的重要基础。知识图谱作为一种表达客观知识的新兴技术,以结构化形式描述客观世界中的概念实体及其关系,将互联网信息表达成更接近人类知识的形式。第16.5节以资金流向知识图谱为例详细介绍知识图谱的构建步骤。

近年来，各家银行纷纷发力，将知识图谱技术广泛应用于营销、风控、反欺诈及反洗钱等多个方向，效果良好，其中 7 个典型场景如下。

1. 建立全网视图

知识图谱深度整合行内外数据，引入行内信贷、客户、交易等数据，以及行外海关、司法、舆情、工商等数据，建立信贷客户标识特征库，全面识别客户间的关联关系，构建客户关系全网视图，有效识别企业之间的担保、投资及控股等关联关系。

2. 划分风险客群

银行基于客户关系视图，运用知识图谱和社区发现理论，通过单一关联关系风险传导系数计量、客户间风险传导系数拟合、客群关系子网划分 3 个步骤，实现信用风险传导知识图谱的构建与风险客群的自动划分。

3. 洞察客群风险

银行依托信用风险关系知识图谱来打造客群风险洞察引擎，将其应用于核心企业识别、风险传导测算、客群风险测评与客群关系探索等方面，支撑信用风险管理模式创新与金融风险防控，有效提升银行群体性风险防控意识及能力。

4. 异常关联模型

知识图谱结合业务场景与反欺诈需求来确认实体、实体间的关系及其属性，帮助银行基于异常关联指标配置关联规则。知识图谱预警平台能实时扫描风险，及时阻断关联风险传导路径，降低企业关联风险发生概率，减少不良贷款损失。

5. 贷后客户管理

知识图谱可以依据银行贷后数据信息，综合分析借款客户在贷款期间的表现，对所有客户进行打标（签）分类，对于优质客户设定方案并跟进开展二次营销，对于失联客户通过信息关联找到催收线索，提高不良贷款的回收率。

6. 可视化反洗钱

在银行传统关系型数据库反洗钱模型的基础上，知识图谱可进一步根据汇款信息路径及客户信息，洞察汇款异常或款项来源与实际收入不符等异常现象，提示业务人员进行风险管控，同时实现反洗钱数据的可视化。

7. 数据资产管理

知识图谱引擎深入挖掘数据关系，梳理个人、对公、风控及信用卡等业务条线的关系数据，建立个人交易、对公交易、信用关系与企业关联关系等十余项图谱关系类型，帮助银行整合行内外的数据资产，赋能数字化风控效果显著。

11.3　企业风险画像

客户风险画像最早应用于零售数字化风控，是指银行基于个人客户的全面信息深入理解其背景处境、认知特征及个性特点，结合客户的身份背景、生活习惯、消费需求、决策方式、购买偏好、价值潜力与行为倾向信息等不同维度进行画像，在银行业应用十分广泛。

得益于企业法人公共信用信息共享，银行可以更加方便地获取企业生产经营、投资管理、司法诉讼、外部舆情与信用行为等数据和信息，企业风险画像已具备实际应用条件。银行构建对公客户画像体系，有助于精准把握企业特征，有效实施企业客户分层管理，在贷前、贷中、贷后等各个环节实现数字化风控。

11.3.1　必要性分析

传统银行对公授信业务一般会从经济环境、行业趋势以及企业经营等不同角度对企业客户进行全面分析，并进行企业信用等级评定，不过，尚未形成企业风险画像概念。企业风险画像是银行构建对公授信数字化风控的必备武器，其必要性体现在以下3个方面。

1. 贷前风险识别

为有效规避贷前风险，鉴别企业客户资质，筛选优质企业客户，银行必须借助企业风险画像进行风险识别。风险识别包括感知风险与分析风险。企业风险识别与风险画像是主动的动态风险管理过程，银行可以通过调研问卷、风险研讨会以及专家一对一访谈等方式收集并明确定义企业内外部风险因素及其对企业经营目标的影响，形成企业风险登记表，最终完成企业风险画像，方便银行直观、清晰地了解重点风险领域。

2. 贷中风险分析

在贷中风险分析阶段，银行借助企业风险画像构建信用评估模型、可疑检测模型与挖掘预测模型等多种数据分析模型，对信用风险展开多层次、多视角的画像分析，使用机器学习、深度学习等人工智能算法提升信用风险评估覆盖率与准确率，实现风险可视化。

更进一步，企业风险画像可将外部数据与银行内部数据整合关联，形成多维度风险数据池，构建数据智慧集群，为信用风险智能化分析奠定良好的基础。

3. 贷后资产管理

不良贷款客户的企业风险画像有助于银行深入分析各行业不良贷款风险的成因，加强授信风险监测、风险识别与客户筛选工作，完善前瞻性风险管理，健全贷后风险监测机制，主动提升风险预警及化解意识。针对风险量化分析评估结果，画像可提供智能化风险提示，形成差异化风险应对措施。

在实践中，银行需要针对信贷资产质量监控开展全方位、全流程、全维度的风险分析，最大限度提升信贷资产风险预警水平。

11.3.2 企业风险画像的主要内容

企业风险画像技术可以通过整合银行内部跨部门数据，引入多元化外部数据，从海量数据中提取关键信息，描绘客户全景画像，挖掘客户内在关联，构建企业客户关联图谱，有效疏通银行内部数据不联通、外部信息不对称、营销风控缺抓手的业务瓶颈。

银行应结合司法涉诉风险、历史行政处罚、上下游关联风险传导、分支机构经营异常、相似度过高、企业经营异常、组织结构及人员异常变动等因素，捕获企业经营活动痕迹，洞察企业自身经营稳定性及关联方风险，全面完善企业风险画像，这是银行数字化风控的重要工作之一。

企业风险画像主要包括以下内容。

1. 企业客户标签

企业风险画像的核心工作是给客户打标签。标签是高度精炼的特征标识，标签集合能够抽象出客户信息全貌。每个标签分别描述一个维度，各个维度之间相互联系，共同构成对客户的整体描述。

在对公授信方面，银行通过整合分散在本行内部各条线、各部门的客户信息，与工商、司法、税务、舆情以及政府公共信用信息等外部数据结合，从工商注册、股权投资、信用状况、管理人员资质、运营管理能力、生产经营状况及财务情况等角度提炼并形成企业客户标签。

企业客户标签可分为以下五类。

- 基本特征：包括客户类型、所属行业、资质情况、股权结构、创新能力、融资方式、薪资体系等身份特质。
- 关联信息：涉及股权投资关系、公司高管及其投资公司、担保链条、合作机构、集团从属、产业链上下游、关联方风险等信息。
- 履约能力：企业在银行的授信情况、现金流状况、盈利能力、偿债能力、运营能力等，重点考察客户的还款能力。
- 行为偏好：企业日常交易时间、常用交易渠道、交易对手信息、资金结算量、对外投资规模、对外投资行业以及各类公共行为。
- 信用历史：历史信用评级、灰名单、黑名单、涉诉信息、欠税信息、环保处罚、食药监局处罚、股市负面舆情以及债市负面舆情等。

2. 情感倾向分析

情感倾向分析是指对一段文本进行积极情感或消极情感的判断，在银行业常被用于舆情分析。文本情感分析作为舆情研判分析的关键一步，将词语、句子、段落和篇章映射到一组相对应的情感类别上，继而得到可用于划分情感状态的模型。

标签情感倾向分析的步骤如图 11-1 所示。

图 11-1　标签情感倾向分析的步骤

第一步，文本清洗，删除与文本无关的噪声数据。

第二步，分词处理，将文本中的词语转换为词向量，即将自然语言转化为机器语言，使用模型处理数据。

第三步，获取特征，主要采用基于情感词典与规则的方法、传统机器学习方法、深度学习方法以及多策略混合方法等。

第四步，模型分类，利用各种模型对词、句、篇章蕴含的情况进行分析，并划分类别。

通过机器快速判定舆情事件，借助情感抽取系统、数据的获取与预处理、评价对象的特征抽取与情感倾向判断等生成情感标签。围绕情感倾向对标签进行分类，支持企业风险画像的直观展现。企业标签情感倾向分为正面、负面以及中性 3 种。

- 正面标签：企业的正面形象、优秀资质、良好的资产状况、诚信纳税单位以及碳排放、绿色低碳发展等能充分体现企业优势的标记为正面标签。
- 负面标签：企业的负面舆情、财务状况恶化、涉及诉讼、欠税、环保处罚与食药监处罚等能体现经营负向变动或出现违约行为的标记为负面标签。

- 中性标签：对企业的客观描述，如成立时间、经营规模、主营业务、融资方式、公司人数与交易时段等，标记为中性标签。

银行通过量化分析企业标签情感倾向，将多维度标签按场景进行汇总，形成完整、立体的企业风险画像，有助于快速认知客户，实现差异化营销及数字化风控。

3. 风险画像维度

个人风险画像是基于个人的社会属性、生活习惯与消费行为等主要数据构造特征标签，建立模型分析。企业实际上并没有这些特征。举例来说，如果给一家房地产公司做企业风险画像，一般会采用房地产专项分析、财务因素分析、动产担保登记查询、股权质押分析、网络舆情分析、关联关系传导等维度的信息数据。

（1）房地产专项分析

结合政务信息，借助大数据分析技术，监测房地产市场运行与房地产项目周边动态，掌握集团项目与关联项目信息，重点关注房地产项目去化率，以及反映房地产行业基本情况的其他指标，如房价收入比、租金回报率与空置率等。

（2）财务因素分析

对企业的盈利能力、运营能力与成长能力，结合现金流状况进行多维度风险诊断，在风控系统中自定义财务指标监控项，对行业趋势、行业风险、主营业务与经营业绩进行智能对标分析，出具财务分析简报。

（3）动产担保登记查询

接入人民银行征信中心动产融资统一登记公示系统，查询机动车、船舶、知识产权担保登记信息，既可以有效解决动产担保权益查询系统分散、规则不统一的问题，也能切实提高企业动产融资效率和获得性。

（4）股权质押分析

针对股权价值波动的市场风险与出质人信用缺失的道德风险，通过在风控系统自定义质押风险监控指标，刻画质押关系图谱，动态统计股权质押状态，并对大股东质押行为进行实时监测，出具质押风险简报。

（5）网络舆情分析

通过自然语言处理技术，对网络舆情进行多维度识别，采用事理图谱、热点聚类、文本分类等技术自动总结舆情事件发展脉络、特征分布与风险等级，使用事件时间轴智能追踪事件详情，智能排查诉讼事件。

（6）关联关系传导

基于关联关系风险传导预警规则进行关联公司风险评测，从基础数据库中获取预警对象及关联公司的风险预警记录，根据预设关联关系风险传导规则计算所有预警对象及其关联关系的风险传导路径。

11.3.3 企业风险画像的应用场景

企业风险画像在银行中主要应用于以下 5 个场景。

1. 客群快速识别

企业风险画像既能描述单一客户特征，又能通过对客户群体的全面覆盖，基于共性特征实现客户分层管理，实现客群快速识别与筛选，有助于银行为企业客户提供精准的个性化服务。企业风险画像有助于改善传统银行客户信息分散、银企信息不对称与集团客户信息整合度不够等问题，增强银行营销获客与风险识别的主动性。

2. 客户结构优化

企业风险画像通过提炼存量客户特征助力银行掌握存量客户结构。银行可通过企业客户类型、价值信息与授信情况等标签，快速检索目标客群，从两方面优化客户结构：一方面，明确重点客群的拓展方向，提高优质客户黏性；另一方面，根据负面信息特征圈定风险客户群体，逐步压缩存量风险客户，避免新增授信。

3. 重点客群筛查

借助企业风险画像，银行通过对标签情感倾向进行量化分析，筛查重点客群。一方面，将负向标签匹配企业风险特征，筛查潜在风险客群及其关联企业，提高风险预警时效性，防止关联风险传导；另一方面，将正向标签匹配企业行为特征，筛选优质潜在客户，通过关联关系挖掘业务机会，发现企业营销商机。

4. 关联路径挖掘

从股权投资关系、资金与业务往来、担保与被担保、核心管理层与从属集团等维度入手，挖掘关联路径，绘制关联关系图谱。针对客户特征及业务需求，突破企业自身信息限制，通过关联关系挖掘企业风险画像的有效信息，识别关联关系链上的风险因素，及时排查风险，实现对客户价值的有效挖掘与风险预判。

5. 动态跟踪企业

企业风险画像并非一成不变，随着外部环境与市场条件的变化，企业也会处于动态变化之中。因此银行需要抓取客户特征标签，并持续跟踪企业客户特征的变化，定期绘制不同时段的企业风险画像，描绘客户特征随时间序列的变化，并通过预测模型研究企业未来发展趋势，为银行对公授信的数字化风控决策提供依据。

11.4 风险信号体系

银行要实现风险穿透识别与主动风险管理，需要持续增强风险监测与预警能力。通过数字化风险预警平台及时发现风险信号，筛选预警信息，进行风险预警提示，是银行对公授信数字化风控建设的重要内容之一。

11.4.1 风险信号

在发生信贷风险之前往往会出现大量风险信号，如果银行的风险穿透识别能够做到及时、有效、到位，就可以在最大限度地预防风险发生，提升信贷资产质量。

1. 风险信号的种类

在银行对公授信风控方面，风险信号分为财务预警信号和非财务预警信号两类。

财务预警信号是指各类财务数据、财务指标引发的风险预警，对触发预设财务指标阈值的企业客户，系统会自动发出预警信号。财务预警信号在大多数情况下是预先设定好的，具有相对稳定性。

非财务预警信号是指因企业信用评级下调、贷款分类下调、特定审批条件与押品异常变动以及重大突发事件等引发的风险信号。银行需要根据内部管理与外部形势变化灵活调整非财务预警信号，涉及范围广泛，如企业经营管理、业务运营、行业发展形势、与银行往来关系或者外部事件等。

2. 风险信号的组合监控

风险信号主要来自银行的信贷组合管理、限额管理、业务集中度管理与关键风险指标预警等方面。

3. 风险信号的预警提示

信号预警管理是指银行选择客户、行业、区域以及外部信息等预警指标，并确定这些指标在不同状态时的界限值，划定预警界限，在发现风险征兆时，根据事先设置的预警指标发出风险预警提示。

风险信号的预警提示是指通过风险信号识别各类潜在风险，并向银行及时发出提示，要求有关人员采取风险防范措施。对于出现重大风险预警信号但是不能在短期内消除或具有恶化趋势的企业客户，银行要采取果断措施化解风险，防止预警事件转变为真正的不良资产。风险信号的预警提示必须做到及时、有效、明确。

11.4.2 风险信号的自动识别与应用

传统的风控模式依靠人工，无法驾驭海量数据源、超大存量数据与持续增量数据并从中挖掘风险信号。银行借助数字化风控系统，自动生成数百类、几千个风险信号，融合银行信贷专家经验与人工智能技术，自动发掘精准风险信号与多层关联风险，并将其应用于贷前、贷中及贷后的多种风控场景，可以迅速提升对公授信数字化风险预警能力。

银行通过引入可信外部数据，对接行内数据，结合风险管理策略，建立不同类别的风险预警模型，实时生成贷后预警信号，并将风控模型、预警结果应用于各个业务场景，可以提升银行信用风险全流程预警水平，提高信用风险管理的综合能力，有效识别客户风险状况，及时掌握客户风险动态并提供数据支持，大幅提高触达效率和还款率。

风险信号生成后，银行数字化风控系统提供风险监控流程，对风险信号进行全生命周期管理，保障风险信号得到有效跟踪，直至风险化解、信号消除。同时，在风险监控过程中，银行可通过大屏、App 以及计算机端等设备实现多端信息推送，将风险信号精准通知到前中后台相关人员，做到实时风险预警。

11.4.3 风险信号的主体与分类

银行可以按照宏观、行业、区域、金融机构、企业与业务等 6 类不同的风险信号主体划分风险信号大类与子类。表 11-1 所示是北京感易智能科技有限公司（简称感易智能）为银行制定的风险信号体系。

表 11-1 感易智能为银行制定的风险信号主体与分类

风险信号主体	风险信号大类	风险信号子类
宏观	宏观风险信号	宏观景气度
行业	行业风险信号	行业景气度、行业事故、行业信贷质量
区域	区域风险信号	区域经济发展、区域事故、区域信贷质量
金融机构	外部监管、内部管理	MPA、CAMELS+、核心监管、内部管理、其他
企业	信用状况、公司治理、经营情况、财务状况、资本市场表现	融资信用、商业信用、财务信用、纳税信用、社会信用、第三方信用、股权变更、股权结构、实控人及高管、主营业务、资质情况、对外投资、招标投标情况、上下游情况、雇员变动、报表质量、科目异常、指标背离、偿债能力、盈利能力、营运能力、成长能力、融资情况、股票情况、债券情况
业务	授信执行情况、担保情况	贷款资金使用、还款资金落实、审批要求落实、抵押物、质押物

11.4.4 风险信号的层级

风险信号可细分为一级、二级与三级。

- 一级风险信号是指出现对贷款偿还有实质性影响的事件,包括但不限于借款人或实际控制人突然死亡、重大意外灾害、提供虚假信息、拖延支付贷款本息、资不抵债、宣布破产、押品价值下降或失控等事件。
- 二级风险信号是指出现对贷款偿还可能发生较大影响的事件,包括但不限于借款人财务指标恶化、出现诉讼、出现支付困难、出现内部管理问题、未按规定使用贷款、账户异动等。
- 三级风险信号是指出现对贷款偿还可能发生影响的事件,包括但不限于行业变化、管理层变化、不配合贷后管理、销售下降、贷款归还率较低或大幅减少等情形。

将不同类型的风险信号由一级风险信号细化并扩展为二级或三级风险信号,有助于银行更加精准地掌握授信企业的风险动态,以便及时、有针对性地采取风控措施。

11.5 本章小结

风险穿透识别是监管部门指导银行加强信用风险管理的重要工作,也是银行提升自身风控能力的重要体现。本章重点介绍图计算、知识图谱、企业风险画像与风险信号体系等数字化技术与工具,帮助银行实现数字化穿透式风险管理,有效提升风险管理准确性与适当性,实现智能化、自动化决策,以及高效率、全流程管理。

第 12 章
数字化金融事件分析

本章介绍如何基于事件语义学,结合事件语义理解、事件图谱分析与非结构化数据智能解析等数字化手段,以金融事件为核心,进行数字化金融事件分析,持续追踪事件演变过程,从繁杂的信息中捕捉关键因素,助力银行的数字化智能决策。

12.1 事件语义学

首先来了解一门新的学科——事件语义学,它在银行数字化金融事件分析中起到十分重要的作用。

1967 年,美国哲学家、逻辑学家戴维森(Davidson)提出事件论元思想,以一阶逻辑、形式符号和计算来描述自然语言。这就是事件语义学的雏形,随后它逐渐发展成为逻辑语义学中影响力最为广泛的理论之一。事件语义学主要用来解决事件和事件的内部时间结构等问题。

12.1.1 语义

通俗来讲，语义是指语言所蕴含的意义。数据是一种符号，本身并没有任何意义，如果被赋予含义的数据转化成为信息，则此时数据的含义也是语义。

12.1.2 事件

在知识图谱领域，事件是发生在某个特定的时间点或时间段、某个特定的地域范围内，由一个或者多个角色参与的一个或者多个动作组成的事情或者状态的改变。

事件是人类社会的核心概念之一，是比"概念"粒度更大的知识表示单元。人类的各种社会活动往往是由事件驱动的，各行各业对"事件"一词也有不同的理解和定义。在现实世界中，在给定事件、事件之间顺承与因果关系的前提下，人们可以通过抽象、泛化以及聚类等技术，在保持事件语义完备性的前提下揭示事件演化规律与发展逻辑并加以利用。

事件语义是指事件的自然语言意义，研究事件语义的学问就是事件语义学。

12.1.3 语义理解

在人工智能领域，图像识别、语音识别和语义理解是机器人智能化的三大标志性技术。前两项技术越来越成熟，已经广泛应用于各行各业，语义理解则被学术界认为是实现人工智能最后也是最关键的一步。

举个例子，人们在看电影时，眼睛看画面是图像识别，耳朵听声音是语音识别，大脑理解故事情节就是语义理解。人们看到一篇文章或者一个句子时，大脑会进行上下文搜索与知识联想，结合过去学习过的规则与概念进行抽象总结，并在脑海中勾勒出一个清晰的图形加以理解。

实现智能机器人语义理解需要注意以下 4 个特性。

- 差异性：指理解句子之间的细微差异，比如"这是我""这是我的"，差了一个"的"字，语义不同，而对于"的、地、得"之间的细微差别，机器人并不会特意处理。

- 同一性：指同一个语义的不同表达，比如"你吃饭了吗""饭你吃了吗""吃了吗"等，其实都是一个意思，机器人一般会将这些问题归类处理。
- 模糊性：指如果用户输入错误或者语音识别错误，机器还能正确处理，例如即使把"前进"识别成"天津"，机器人同样会执行前进的动作。
- 一致性：指智能机器人说的话前后逻辑要一致，不能先说"我是女孩子"后说"人家是个男的"。

总结一下，对于人工智能而言，语义理解实际上就是把自然语言做结构化处理，转换成计算机可操作的方案，并为业务目标与业务需求服务。

12.2 事件图谱

在事件图谱的构建、推理与应用的过程中需要用到多种智能化信息处理技术，核心技术主要包括事件抽取技术、信息补全技术、关系推断技术以及事件预测技术等。

事件抽取技术可以从非结构化文本数据中提取出与事件有关的信息，并将信息以结构化的形式呈现出来。信息补全技术是利用事件图谱中已有的知识推理并补全事件图谱中缺失的事件元素知识。关系推断技术是利用文本信息推断出事件之间的共指、因果、时序以及从属等四类关系。事件预测技术被用来预测未来可能发生的事件，分析事件的演变趋势。

12.2.1 事件图谱的定义

事件图谱是以事件为核心构建的知识网络，提供了对动态事件的理解与建模方式，能够持续追踪事件的演变与发展，从繁杂的信息中捕捉关键点，为智能决策提供新助力。

事件图谱技术是一种主流事件处理技术。我们可以利用自然语言处理、计算机视觉等人工智能技术将真实世界中发生的事件抽取成机器可理解的结构化知识——事件图谱，并将其存储到以图数据库为代表的存储结构中，然后使用知识图谱相关的技术对事件进行推理分析，辅助人类理解当前事件并提高事件分析的精度与速度。

12.2.2 知识图谱与事件图谱

与知识图谱相比，事件图谱具有更深入、更丰富、更精确的语义表示能力。有别于知识图谱的实体识别与关系抽取等静态分析，事件图谱可以动态刻画现实世界中发生的事件，准确描述事件信息。作为一种更高层次的语义单位，事件图谱在表达特定的人、物、事在特定时间和特定地点相互作用的客观事实等方面，能够更加清晰、精确地表示发生的各种事实信息。

随着事件图谱技术的演进，银行可以利用该技术提取事件有关信息，例如哪个公司在什么时间、什么地点发生了什么事，这件事为什么会发生，是怎样发生的，未来会有哪些影响等；还可以结合时序事件、关联事件来进一步推理并分析事件发生的原因、诱发的风险、带来的机遇，进而为信贷、投资与风控等业务的智能决策提供助力。

12.2.3 事件抽取的相关概念

事件抽取是把含有事件信息的非结构化文本以结构化的形式呈现出来，它在自动文摘、自动问答、信息检索等领域有着广泛的应用。近些年来，事件抽取一直吸引着许多研究机构和研究者的注意力。为方便读者理解，将与事件抽取的相关概念列示如下。

- MUC（Message Understanding Conference，消息理解会议）：主要用于对信息抽取系统进行评测，是典型的评测驱动会议。
- ACE（Automatic Content Extraction，自动内容抽取）：实现对不同来源语言文本的自动处理，尤其对新闻语料中的实体、关系、事件进行自动识别、抽取和描述。
- 事件指称（Event Mention）：对一个客观发生的具体事件进行自然语言描述，通常是一个句子或段落。同一事件可以有不同事件指称，在文档中分布的位置不同，或分布在不同的文档中。

- 事件触发词（Event Trigger）：一个事件指称中最能代表事件发生的词，是决定事件类别的重要特征，一般是动词或名词。
- 事件元素（Event Argument）：指事件中的参与者，是组成事件的核心部分，它与事件触发词一起构成事件框架，框架主要由实体、事件和属性值组成。不过，并不是所有的实体、事件和属性值都是事件元素，要根据上下文语义确定。
- 元素角色（Argument Role）：指事件元素与事件之间的语义关系，即事件元素在相应事件中扮演的角色。ACE2005数据集共定义了35类角色，例如攻击者、受害者等。
- 事件类型（Event Type）：事件元素和触发词决定了事件类型，ACE2005数据集定义了8种事件类型与33种事件子类型，现实中大多数事件抽取采用33种事件子类型。

12.2.4　事件抽取的相关技术

事件可以被认为是文本包含的一种特殊信息，事件抽取就是从非结构化文本数据中抽取与事件有关的各种信息，并将其用结构化的数据表示。构建事件图谱有两项关键技术，一是事件抽取，二是事件关系抽取。

1. 事件抽取

事件抽取旨在将事件要素进行结构化表示，抽取内容包括事件类型及时间、实体名、触发词等事件元素。事件抽取有两步。

1）事件发现，需要让计算机知道读完这一句话后，是哪一个词触发了这个类型的事件，并且判断它触发了什么类型。

2）事件元素抽取，需要让计算机判断出参与这个事件的所有元素是什么，以及它们在这个事件当中扮演什么角色。

按照确定事件类别的方法，事件抽取可被分成两类。

- 限定域事件抽取：在进行抽取任务之前已经确定好了相应的目标事件类型与相应的结构。限定域事件抽取任务还会给出一些标注数据，因为事件标注较为复杂，需要耗费一定的人力、物力，所以数据集规模一般较小。
- 开放域事件抽取：事件类型不需要预先指定，一般没有人工标注数据，主要使用无监督方法，当事件触发词和事件元素相似时，其表达事件类型也相似。开放域事件抽取在实际应用中常采用聚类方法与概率模型。

2. 事件关系抽取

事件关系抽取指识别事件间的关系。此类关系通常包括共指关系、时序关系、从属关系与因果关系等。其中，时序关系识别与因果关系识别有助于厘清事件脉络，探索事件演化规律。

事件关系抽取同样可以转化为序列标注任务。以因果关系抽取为例，将因事件与果事件视为标注类别，采用神经网络建模并利用有标注语料对模型进行训练，就可以获得类别标注结果。

4类事件关系的主要内容如下。

- 共指关系：一个事件会有不同的信息来源，其描述侧重点也不尽相同，如果计算机识别的出不同描述都指向同一个事件，即被称为共指关系。
- 因果关系：指事件之间的作用关系，即某个事件是另一事件的结果，在技术上可以通过构建事件和事件元素的语义关联进行事件因果关系识别。
- 时序关系：指事件在时间上的先后顺序，是构建事件图谱的关键要素，根据时序标注体系又可细分为之前、之后、同时以及包含等十余种关系。
- 从属关系：指同一事件话题下包含的多个子事件。从网页新闻文本中动态抽取子事件可以帮助用户理解事件话题的主要内容、历史演变与最新进展。

3. 篇章级金融事件抽取

在金融领域，经常需要从上市公告或新闻事件中抽取结构化事件信息，如股权冻结、股权质押、股东增减持等公告内容，此时就用到了篇章级金融事件抽取。在此以感易智能的技术应用为例进行介绍。

（1）自动生成标注数据

数据标注是指使用自动化工具从互联网上抓取、收集数据，包括文本、图片、语音等，然后对数据进行整理与标注，使其转换为计算机可识别的信息。数据标注是人工智能产业的基础，是机器感知现实世界的起点。从某种程度上来说，没有经过标注的数据就是无用数据。

训练机器学习特别是深度学习模型需要大量标注数据集。传统人工标注的方式成本高、耗费时间长，对专业性要求很高。同时，手工标注的训练数据属于静态数据，无法适应任务变化带来的新需求。因此，利用现有结构化事件信息在公开文档中自动生成标注数据，是提高金融领域标注数据质量的有效手段。

（2）从句子级到篇章级抽取

一篇文章由很多段落和句子构成，实现篇章级抽取要从句子级抽取开始。大多数情况下，一个事件是由篇章当中不同的句子进行描述的，首先从不同的句子中抽出事件元素，构成完整事件，然后在多个句子当中通过分类模型确认主句，最后通过上下文补齐对应的角色及信息。

（3）公告事件抽取步骤

对于公告事件如何进行要素抽取呢？可以检测公告中关注事件的类型，对不同事件抽取相应要素，如主体、客体、时间等。

公告事件抽取步骤如图12-1所示。

图12-1　公告事件抽取步骤

第一步，预处理。将公告原始 PDF 文件进行文本化和结构化处理（即篇章结构分析），识别文中表格边框与行列分隔位置，合并断句文本。

第二步，句子级要素抽取。对结构化文本，通过设计模板规则抽取对应信息；对非结构化文本，通过设计序列标注模型，结合事件类型与事件要素将事件抽取任务转化为序列标注任务。

第三步，篇章级事件整合。将公告内所有事件的抽取结果进行整合，并关联事件要素与事件主体。通过句子级事件抽取模型给出抽取事件的预测概率分数，在全文范围内对相同事件文本分数进行累加，通过最终分数选择所需事件要素。

第四步，格式归一化处理。为消除数据特征之间的纲量影响，需要对特征进行归一化处理，使不同指标之间具有可比性。将抽取出来的事件要素文本，如数值、时间、单位以及区间等，进行格式统一描述。

（4）财务数据抽取的步骤

针对上市公司年报、季报中的财务数据，通过机器自动编写相关财务简讯并快速发布。使用者能够在尽量短的时间内获取上市公司的最新财务情况，辅助财务决策。

财务数据抽取的步骤如下。

第一步，公告结构化抽取。抽取上市公司财报中的结构化数据，生成对应数据表。

第二步，文本生成。基于模板规则生成财务快讯，根据财报结构化数据，对每种财务数据栏目设计对应的话术模板，并建立模板映射。例如，对于营业收入栏目，可设计模板为"公司当期实现营业收入（营业收入金额），相较于去年同期，增长了（百分点）"，在生成文本时，只需要在括号所示的空位中填入对应的财务数据。

第三步，形成财务简报。在上市公司定期公告发布后，短时间内完成财务数据的抽取与指标测算，形成一篇简要的财务报道。

12.2.5 事件图谱的应用场景

事件图谱以事件为核心，可以准确描述事件信息以及事件之间的关系，在实际业务中主要有以下应用场景。

1. 事件热点检测

事件热点检测是构建事件图谱的基础，包括两部分内容。

- 事件归纳（或事件发现）：对新闻篇章进行数据清洗等预处理后，结合自然语言处理技术对其进行向量化表示，多采用聚类或分类算法将描述同一事件的新闻篇章进行归纳。
- 事件名抽取：旨在为事件（或篇章集合）赋予事件名，对事件进行归纳概括。采用与事件图谱相关的分析技术可以对网络舆论内容进行分析，实时捕捉热点事件。

2. 事件脉络分析

事件图谱可以利用事件之间的关系对事件的前因后果进行关联，形成事件脉络。事件图谱与搜索引擎结合，当用户对感兴趣的事件进行搜索时，就可以得到事件发生的来龙去脉，清晰反映事件的发展脉络，极大提高知识检索的效率，给用户提供更多便利。

对于一些延续时间较长的新闻事件，还可以通过数据挖掘抽取事件发展的重要阶段，也可称为事件脉络信息，使用户能够直观了解事件的发展过程。

3. 事件信息补全

事件抽取的结果往往并不完整，存在部分事件元素缺失或抽取不准确的情况。信息补全技术依托相应的事件图谱，利用机器学习或神经网络模型，可通过局部纹理特征填补周围区域，根据部分信息自动补全事件内容。

机器学习与神经网络模型是数据驱动的模型，通常需要"看见"数据，才能够"脑补"数据。不过，数据的缺失量决定了数据样本本身提供的信息量，如果缺失信息过多，则很难对样本进行补全。

4. 事件关系推断

事件关系推断是事件图谱应用阶段的关键技术，它基于已有事件序列对未知事件进行合理推断，在事件风险预测与事件演化挖掘等场景中具有很强的现实意义。一份文本中有多个事件，事件之间可能相互关联，也可能存在其他关系。事件关系推断技术可以利用文本中的信息来推断事件之间的关系，如共指关系、时序关系以及因果关系等。对于不同业务有的不同事件推理场景，事件关系推断需要具有针对性。

5. 未来事件预测

未来事件预测指根据历史事件预测未来有可能发生的事件。对未来事件进行准确预测，一方面可以减少突发事件带来的损失，另一方面也可以针对未来事件做出相应部署。例如在金融领域，可以基于历史事件掌握行业动态，预测行业的发展趋势，准确把握市场动向，及时做出相应调整。

未来事件预测在经济生活，特别是金融活动中具有十分重要的作用，可以帮助人们及时规避风险，创造社会价值。

12.3 3个关键要素

数字化金融事件分析借助自然语言处理与深度学习算法，结合事件图谱技术，对新闻资讯、网络舆情及风险事件等数据信息进行定性与定量分析，助力银行实现对公授信数字化风控。

12.3.1 金融事件图谱

在金融事件图谱中，图的节点表示事件，节点与节点之间的连线表示事件之间的时序、因果、顺承与从属等关系。下面以一个比较常见的并购事件为例，如图12-2所示，金融事件图谱展示了并购事件、股价上涨事件和股价下跌事件的事件元素以及事件之间的关联关系。

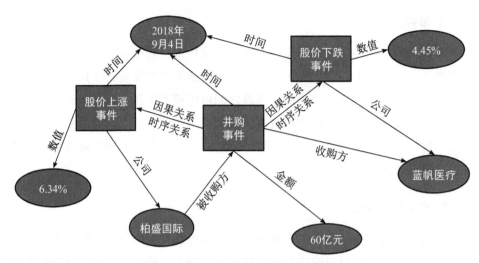

图 12-2　金融事件图谱

从图 12-2 可以看到，并购事件的收购方是蓝帆医疗，被收购方是柏盛国际，收购金额是 60 亿元，收购时间是 2018 年 9 月 4 日。另外，由于收购事件导致了股价上涨事件和股价下跌事件，因此收购事件分别与股价上涨事件、股价下跌事件之间具有因果关系以及时序关系。

12.3.2　银行应用场景

数字化金融事件分析通过事件化语义理解技术，将金融事件与业务知识融合，抽取并整合金融机构内外部的数据与信息，实现数据对业务应用价值的挖掘，打通银行对公授信风控底层数据的关联，支持银行进行数据驱动业务的分析与决策管理。

1. 监控金融风险事件

综合运用多种事件图谱技术，使用事件发现技术有效捕捉风险事件，结合金融事件图谱进行风险评估，监控并分析事件演化趋势，对事件进行归因分析，便于银行提前做出风险应对措施，降低风险事件影响。银行通过金融事件图谱构建及风险传导计算，挖掘核心风险企业的关联企业并纳入灰名单管理。与基于历史信贷违约数据的风控方式相比，融合事件发现的风险客户识别模式具有更高的时效性、全面性与可解释性。

2. 生成新闻事件脉络

金融事件图谱技术可以实时抽取国内主流新闻媒体的数据，智能挖掘和聚合新闻事件动态及热点，并根据事件热度、新闻来源、发生时间及空间等信息，结合近几年全量新闻数据进行大数据分析，挖掘新闻事件的内在关联和动态发展规律，智能生成热点事件发展脉络。在掌握财经新闻事件脉络的基础上，银行利用事件检测及事件倾向性分析算法可以识别潜在风险企业客户，将其纳入风险灰名单。

3. 构建数字化产业链图谱

金融事件图谱技术可以从相关产业资料中挖掘产业链上下游关联企业，构建数字化产业链图谱，提供更加及时、全面的产业信息，为供应链金融与投融资等业务赋能。数字化产业链图谱是银行通过深度分析，由构成产业的基本单元结合企业海量数据特征，充分利用自然语言处理、语义解析、机器学习与神经网络等人工智能算法，构建而成的上中下游业务依赖关系与产业结构。

4. 监测预警网络舆情事件

银行可以利用事件检测与事件计算技术计算风险经济实体之间的传播路径，有效捕捉舆情事件并监控事件演变，对事件进行归因分析，从而实现对潜在风险企业的预警管控，防止金融风险传染和扩散，强化风险甄别能力。由舆情事件引发的企业风险会在企业实体图谱中通过关联关系传导。银行对新闻信息进行舆情监测可以有效掌握企业风险事件，及时对高风险企业、关联风险企业及关联风险个人进行风险预警。

5. 关注负面事件关联传导

在风险传导场景中，关联信息是最值得关注的信息类别之一。企业负面事件造成的危机效应会沿企业关联关系链进行传播，而关联关系链可以用金融事件图谱来刻画。银行通过构建以企业客户与个人客户为实体的金融事件图谱，建立法人、实际控制人、投资人、控股公司等关联关系模型，经过风险传导计算得到风险传播链，可将位于传播链上的相关企业客户纳入风险灰名单。

12.3.3 金融风险事件集合

基于事件数据的金融风险监测与预警可将金融风险以事件的形式表示出来，形成风险事件集合，并与因果事件图谱中的事件进行对齐与连接，获取导致该事件发生的前序事件集合或者事件传导链集合。

风险事件可表示为"风险主体＋风险表现或动作"的形式。如财务风险可以转换成"营业收入下降""净利润同比下降""经营性现金流连续两期为负数"等风险事件，形成一个风险事件集合。

金融风险事件集合既是数字化金融事件分析最核心的组成部分，也是其实用价值的直接体现。以下是感易智能总结的 9 类典型金融风险事件集合。

1. 政务风险事件集合

基于工商、税务、司法、专利与特许经营等政务数据获取系列风险事件，构成政务风险事件集合。典型事件有刑事案件、纳税人评级在 B 级以下、一年内被列为失信被执行人、有行政处罚、有税收违法或被列入经营异常名录满三年等。

2. 财务风险事件集合

基于资产负债表、损益表与现金流量表等财务数据获取系列风险事件，构成财务风险事件集合。典型事件有商誉占比高、应收款增长异常、存款与贷款双高、递延收入异常、长期投资收益偏高、担保额度占比偏高以及银行授信额度减少等。

3. 资讯风险事件集合

基于媒体新闻、公众号、公司研报与裁判文书等资讯数据获取系列风险事件，构成资讯风险事件集合。典型事件有企业实际控制人变更、股权纠纷、股权冻结、重组失败、业绩承诺失败、财务造假、担保违规、资产减值、涉诉、被立案调查以及媒体负面报道等。

4. 行业风险事件集合

基于行业新闻、公众号、行业研报与政策文件等行业数据获取系列风险事件，构成行业风险事件集合。典型事件有原材料价格大幅上涨、出口业务量连续降低、同业竞争加剧、融资成本上升、产品安全问题以及行业政策限制等。

5. 上市公司风险事件集合

基于公告披露信息、股票资讯与市场信息等上市公司的数据获取系列风险事件，构成上市公司风险事件集合。典型事件有股东减持、担保违约、业绩对赌失败、商誉减值、监管处罚、评级下调以及对外借贷事项等。

6. 发债公司风险事件集合

基于公告披露信息、债券资讯与市场信息等发债公司的数据获取系列风险事件，构成发债公司风险事件集合。典型事件有债券价格暴跌、债券发行异常、无法付息兑付、逾期违约、募资投向变动、评级下调、非标意见以及担保异常等。

7. 股权质押风险事件集合

基于股权质押、股权补充、股权展期、股权回购、股票平仓与股权被冻结等数据获取系列风险事件，构成风险事件集合。典型事件有质押股票被平仓、公司股份被司法冻结、大股东质押率超过持股70%、公司整体质押率超过50%以及质押给非标质权人等。

8. 动产抵押风险事件集合

基于动产抵押登记、注销及变更信息并结合抵押权人、被担保主债务及抵押物等信息获取系列风险事件，构成风险事件集合。典型事件有在押动产债权总额占注册资本比例过高、未来3个月到期债务高、借贷类抵押占比过高以及租赁类抵押占比过高等。

9. 房地产风险事件集合

基于公司新闻、公众号、公司研报与裁判文书等房地产市场的数据获取系列风险事件，构成房地产风险事件集合。典型事件有连续被监管处罚、土地储备同比下降、项目投资金额大幅减少、项目销量下滑以及项目去化率低于周边均值等。

12.4　本章小结

本章重点介绍了数字化金融事件分析，首先普及了事件语义学、事件图谱等银行传统风控不曾接触的概念，然后通过一个并购案例帮助读者了解金融事件图谱及银行应用场景，最后列举了数字化金融事件分析的 9 类金融风险事件集合。

第四部分　普惠金融数字化风控

2015年12月国务院印发的《推进普惠金融发展规划（2016—2020年）》明确定义，普惠金融是指立足机会平等要求和商业可持续原则，以可负担的成本为有金融服务需求的社会各阶层和群体提供适当、有效的金融服务。

普惠金融首先要满足"普"，意思是扩大金融服务的外延，即所有金融服务需求者都能享受到金融服务；其次是满足"惠"，强调合适，即金融服务需求者能够享受到合适的金融服务，最通俗易通的含义就是为社会上的所有人，尤其是被传统金融忽视的贫困和低收入人群等提供金融产品和服务。银行在普惠金融发展中承担着重要的使命，数字技术进步为银行更好地服务普惠金融带来了全新的机遇。技术进步是推动金融创新的重要力量，普惠金融在全球范围内得到空前发展，很大程度上得益于科技与金融的结合。

借助互联网、云计算、大数据技术等金融科技，银行得以打破物理网点的约束，拓宽信贷投放范围和数量，降低准入门槛和服务成本，利用全流程线上化、智能化服务，不断降低金融产品的利率，从企业增信、风险分担、抵押担保、支付结算等方面进行信贷产品创新，有效提升普惠金融服务的精准度、覆盖面与便捷性，特别是为满足"非接触式"的金融服务需求发挥了重要作用。

2021年年末，全国普惠金融贷款余额19.23万亿元，同比增长27.3%，全年增加4.13万亿元，同比增长6 083亿元。有专家预计，我国中小微企业的贷款空间约为当前规模的2.7倍，但是受制于银行风控能力短板，普惠金融小微贷款的整体供给仍颇为不足。

全面运用数字化技术，实现普惠金融的可持续发展，是当下众多银行的必要选择。

第 13 章

普惠金融破局之道

《中国普惠金融创新报告（2020）》指出，我国普惠金融体系已经呈现出服务主体多元化、服务覆盖面较为广泛、移动互联网支付使用率较高的特点，但仍处于初级发展阶段。

世界银行在 2005 年提出普惠金融的概念，最初致力于解决贫困地区小额信贷问题。普惠金融发展到今天，随着金融科技的进步，其内涵、外延以及面临的困难都已经出现了新的变化，但是成本高、风险大、服务不均衡等问题依旧突出。

"融资难、融资贵、融资慢"是普惠金融的三大痛点。长路漫漫，银行该如何破局？

13.1 破局的三大思路

不妨从政策破局、思维破局与科技破局三方面来探讨普惠金融破局之道。简言之，政策是"势"，思维是"道"，科技是"术"。

13.1.1 政策破局——取势

普惠金融，需要政策破局。

传统银行的普惠金融业务及产品大多围绕房产、土地、厂房等易于处置的抵质押物设计，没有正规的财务报表和合适的抵押物就不发放贷款，信用贷款产品及"首贷户"贷款占比较低，增加了中小微企业的贷款难度。

"首贷户"是指从银行业金融机构首次获得贷款的客户，或者说是第一次从银行获得贷款的小微企业。这是一个衡量普惠金融覆盖面的政策性指标。

- 在国家层面，2020年5月，《政府工作报告》首次提出增加"首贷户"数量[一]；2021年3月，《政府工作报告》明确提出，引导银行持续增加"首贷户"[二]。
- 在监管层面，2021年4月，银保监会要求大型银行、股份制银行发挥行业带头作用，强化"首贷户"服务，努力实现2021年新增小微企业"首贷户"数量高于2020年，大型银行要将"首贷户"纳入内部考核评价指标。

2022年年初，银保监会印发《关于2022年进一步强化金融支持小微企业发展工作的通知》，要求银行业金融机构继续实现普惠型小微企业贷款增速、户数"两增"，加大信用贷款的投放力度，持续提高普惠型小微企业贷款中信用贷款的占比，进一步提升金融服务的质量和效率，扩展服务覆盖面。此外，监管部门还将两项直达实体经济的货币政策工具分别转换为普惠小微贷款支持工具，纳入支农与支小再贷款支持计划。

政策破局，是普惠金融的发展根基。

13.1.2 思维破局——明道

银行服务普惠金融，需要思维破局。

银行传统的风控思维模式是通过封闭的系统、严格的担保措施来防控风险，

[一] 原文链接为 http://www.gov.cn/premier/2020-05/29/content_5516072.htm。
[二] 原文链接为 http://www.gov.cn/premier/2021-03/12/content_5592671.htm。

而数字化风控则需要银行具备以客户体验为核心的互联网思维,实现开放合作运营。银行要善于运用平台化思维、商业化思维以及系统化思维,切实打破传统僵化的思维模式,为普惠金融探明新的发展思路。

1. 平台化思维

(1)建设核心平台

银行要以平台化思维发挥自身优势,立足于银行平台化,构建以自身为核心的普惠金融生态体系,充分发挥银行、客户、担保公司以及中介渠道等诸多市场参与者的优势,形成价值链的有机整合,共同创造价值。

(2)优化管理平台

银行必须提高业务运作和管理效率,一方面,要进一步优化信贷业务流程与信贷业务管理平台的设置,提升信贷系统服务普惠金融的能力;另一方面,要建立高效协调的数字化管理机制,实时反馈客户储备情况与业务诉求信息。

(3)打造风控平台

银行要打造风控平台,坚持平台风控和自动预警为主的普惠金融数字化风控思路,借助行内外小微企业大数据和人工智能技术,深度梳理各类风险信息,动态调整风险预警指标,持续提升预警信息的实时性及有效性。

2. 商业化思维

普惠金融与支农、支小(小微企业)、扶贫等工作联系密切,在普惠金融概念引入之前,国家更多采取的是政策手段支持,而要形成可持续发展,必须依靠商业化,而不是政策的强制要求。引入普惠金融的概念之后,国家更加强调商业可持续性要求,普惠金融应该是建立在市场化基础上的可持续商业化服务。

坚持普惠金融商业化运作,需要注意以下三方面。

- 数字化时代银行的传统经营模式正在发生深层次变化,银行必须清醒地认识到，实现成本可算、风险可控及保本微利，方是普惠金融服务机构实现机会平等、商业可持续运作的基础。

- 普惠金融重视消除贫困、实现社会公平，但并不意味着普惠金融是面向低收入群体的公益活动。普惠金融不是慈善和救助，而是为了帮助受益群体提升生产力，应坚持商业可持续原则，坚持市场化和政策扶持相结合，建立健全的激励与约束机制，确保可持续发展。
- 普惠金融要讲究市场性原则，在发展普惠金融的过程中，既要满足更多群体的需求，也要让供给方受益。坚持普惠金融商业化运作就是以市场为导向，用商业的方式来解决社会问题。

3. 系统化思维

系统化思维是以系统论为基本模式的思维形态。不同于创造性思维或形象思维，它可以极大简化人们对于事物的整体认知。银行必须提升普惠金融的系统化思维。

- 普惠金融服务是一项系统化工程，涉及供给者、需求者、基础设施与监管机构等多方参与者。其中，供给者是关键，需求者是核心，基础设施是基础，监管机构是保障，四者相辅相成、缺一不可。
- 经过多年发展，国内普惠金融体系逐渐健全，但依然存在区域发展不均衡以及供需错配等显著问题，普惠金融的金融基础设施尚待加强，商业可持续性有待巩固。解决这些问题需要系统化思维。
- 普惠金融存在的一些问题并不局限于金融领域，也不可能完全依靠金融体系去解决，需要系统性思考，明确发展方向，重点是厘清金融体系、财政税收以及社会管理等各方面可以发挥的作用。

举个例子，在推动普惠金融服务场景化的过程中，中国农业银行通过汇聚市场相关参与主体，如政府部门、担保公司、保险公司以及银行同业等，建立健全保险、风险补偿基金、商业担保、银团联合等多种方式的客户增信与风险缓释机制，实现小微企业融资风险共担与利益共享，构建普惠服务共同体。

思维破局，是普惠金融的发展保障。

13.1.3 科技破局——优术

金融科技，赋能普惠金融。

随着对金融科技认知的加深，银行已经充分认识到数字化风控及线上小微信贷技术是破解普惠金融小微企业融资难的有效手段。在同业竞争、银行数字化转型与小微贷款任务指标的多重压力下，如何加速构建数字化风控体系，提升线上小微信贷技术能力，成为中小银行必须着力解决的问题。

2021年是"十四五"规划开局之年，中小微企业群体也表现出强劲的增长潜力。数据显示，2021年全国个体工商户数量已突破1亿户，由此产生的融资需求也十分旺盛。同时，银行数字化转型推动小微信贷技术持续优化升级，已初步形成IPC、信贷工厂与大数据信贷技术相结合的新型数字化普惠金融模式。

科技赋能，实现小微信贷线上化突破，是银行迅速取得普惠金融贷款增量的关键因素。

《中国普惠金融指标分析报告》指出，大型银行线上贷款产品规模快速增长，发挥着"头雁"作用，中小银行的线上产品更加下沉，笔均贷款额度相对更小，是服务微型经营主体的主要力量。我们可从各家银行公开披露的信息中管窥一二。

- 中国邮储银行披露，2021年报告期内其线上化小微贷款产品余额为7 130.99亿元，较上年增加了2 560.29亿元，增长了56.02%。
- 中国银行披露，该行加快数字普惠转型，构建了线上线下双轮驱动业务模式，推动产品体系持续丰富、应用场景更加多元，形成了"信用贷""银税贷""抵押贷""经营贷""税易贷"等五大产品系列。
- 中国建设银行披露，该行打造以"批量化获客、精准化画像、自动化审批、智能化风控、综合化服务"为核心的数字普惠金融模式，扎实推进普惠金融业务高质量发展；依托数字技术和科技赋能，强化平台经营，提升市场响应能力。
- 南京银行成立小微企业业务流程优化小组，实现准入环节手机移动审批，开发移动信贷产品"鑫航标"，小微信贷全流程效率提高23%。2021年年底，普惠型小微企业贷款余额为 656.12 亿元，增长 30.42%，高于全行贷款平均增幅。

科技破局，是普惠金融发展的助力。

13.2 普惠金融的风险诱因

从普惠金融的主要服务对象小微企业来看，由于其自身抵御风险能力普遍偏弱，弱势群体生存状况越发艰难。银行又该如何应对小微企业出现风险带来的冲击？笔者认为，银行首先要摸清自身存量资产的风险状况，并做好极端情况下的压力测试，运用金融科技手段实施风险动态管控，持续建立多层次、全方位的风险分担机制。

普惠金融风险主要有以下四大诱因。

13.2.1 过度授信遭遇经济下行

在经济下行周期，银行拓展新客户会遭遇一定的困难，而给比较熟悉的老客户增加授信额度就成了一些银行的次优选择。但是，过度授信导致企业资金链断裂出现风险仿佛是一个黑色幽默。

一方面，由于客观局限性，如民间借贷、地下钱庄等灰色金融的存在，银行对农户、小微企业整体融资情况缺乏全面的了解，不能准确判断农户等自然人或者小微企业是否存在过度融资现象，可能会向没有实际资金需求的企业或个人发放大量贷款，而放款后信贷资金往往被挪用或转贷。

另一方面是主观上的麻痹思想，如有个别银行明知借款人已获得大量授信额度，仍仅仅基于相信这是一个"好客户"或"好企业"而继续盲目增加额度。在经济上行周期，借款人资金周转顺畅，问题可能不大；若处于经济下行周期，各家银行加强资金回笼，就会导致借款人因资金链断裂而出现坏账的风险。

13.2.2 短贷长用助长盲目扩张

中小企业盲目扩张，更多体现在跨行业与跨领域方面。很多中小企业发展到一定规模，难以抑制多元化经营的欲望，往往不惜以"短贷长用"的方式来支撑其扩张冲动。

在经济上行周期，借款人通过增加信用杠杆有可能获取超额收益，且一般不会有太大风险，借款人会乐观地认为银行提供的短期贷款可以长期重复使用，能够依靠"短贷长用"模式帮助自己迅速做大、做强。

但是，很多中小企业的多元化发展本身就存在一定的盲目性，在银行短期贷款不能满足其扩张需求时，企业会选择向其他金融机构借款或使用民间借贷，导致财务杠杆越来越高，最后现金流出现严重问题，超出其债务承担能力。在宏观经济环境恶化的情况下，企业盲目扩张的恶果会直接显现，最终企业财富大幅缩水，风险资产大量出现，银行贷款也会因此形成不良资产。

13.2.3 连环担保导致风控失效

近年来，银行对传统企业互保现象进行有效控制，一定程度上降低了信贷风险。但是又有很多企业将互保形式转为连环担保，以规避银行的风控措施。

连环担保一般指两家或多家公司通过互相担保而形成的特殊担保形式，将原本互不关联的公司通过担保连接在一起。由于担保内的公司之间往往采取保证担保的形式，因此如果担保圈内有一家公司资金链断裂，就很有可能引发连锁效应，导致银行贷款损失。

连环担保形成的担保圈主要有以下3个方面的风险。

- 可能成为不法分子套取银行信贷资金的重要途径。如部分不法经营者可建立多家企业，通过虚假交易、做假账、互保、联保等方式骗取银行信贷资金。
- 引发过度融资风险。银行授信额度远超企业实际偿还能力，可能引发中小企业信用风险。
- 容易形成系统性风险。若一家企业不能按时还款，势必引发担保链条断裂，关联传导后成倍放大风险。

13.2.4 多重因素造成生存艰难

近年来，中小微企业发展的外部环境日趋复杂，不确定、不稳定因素明显增加，原材料成本上升，物流成本增加，大幅度推高企业的经营成本，订单不足影响企业正常经营，企业资金回笼难度加大，不可避免地加大了中小微企业的经营难度。

典型的普惠金融群体，如农户及小微企业等自身实力有限，抵御风险能力较弱，产品技术含量低，导致市场竞争力明显不足，加上高房租、同质化竞争、出口受阻、资金链断裂以及融资难等一系列不利因素，令中小微企业的生存雪上加霜。

13.3 普惠金融数字化风控的着眼点

数字化风控既是线上小微信贷技术的核心，也是普惠金融风险管理一大难点，是数字化时代银行亟须具备的基本能力。与消费信贷数字化风控在银行得到广泛应用不同，银行普惠金融数字化风控的进展比较缓慢，笔者认为其关键在于发现不足之处，提出改进举措，解决棘手问题。

13.3.1 发现 4 个不足之处

在银行构建普惠金融数字化风控体系的过程中，在有效数据、坏账样本、专业人才与规模效应方面仍存在很多不足之处。

1. 有效数据不足

有效数据是指经过清洗验真的数据，具有可靠性、安全性、及时性和完整性等特点。银行的数字化风控模型须建立在有效数据的基础上。举个例子，二代人行征信报告的个人基本信息中，身份信息、居住信息、职业信息等数据来自客户向银行申请业务时填写的信息，而客户按照自己的理解随意填写的数据不属于有效数据，不能作为变量进入模型。普惠金融数字化风控的瓶颈很大程度上源自银行有效数据积累不足。

2. 坏账样本不足

银行构建风控模型时，如果坏账样本量太小，模型会不稳定；如果坏账样本量太大，模型容易出现过拟合的现象。实际上，很多银行遇到的最大问题是本行的坏账样本量严重不足。坏账样本来自业务试错，本行坏账样本的实用价值最高。与消费信贷相比，由于普惠金融平均授信额度相对较高，因此试错成本也会高很多，对很多银行，特别是中小型银行来讲，由此带来的坏账风险是难以承受的。

3. 专业人才不足

数字化人才短缺是大多数银行面临的现实问题。首先，从全国范围来看，具备专业素质兼具实战经验的银行数字化风控专家极少；其次，为数不多的数字化专家型人才绝大多数集中在大城市；最后，视野开阔并具有领导能力的数字化领军人才更加稀缺。银行必须下定决心投入大量人力、物力建设数字化人才队伍，同时裁撤传统岗位，对全行人才结构进行调整。

4. 规模效应不足

充分发挥数字化小微信贷的技术优势，要求普惠金融业务必须具有规模效应。然而传统银行的普惠金融产品同质化严重、区分度不高，在银行各自为政、相互竞争的局面下很难形成规模效应。大多数银行经过两三年业务沉淀与数据积累，特别是获得足够的试错样本之后，在业务后期基本能够实现规模效应，不过要付出一定的经济成本与时间成本。而对于一些区域性中小银行而言，实现规模效应难度则比较大。

13.3.2 提出4个改进举措

普惠金融业务的风险主要源于信用体系薄弱、客户信息缺失以及抵质押物不足等。数字化时代，积极探索创新普惠金融数字化风控模式，完善客户信用评价，实时精准授信，提升银行智能决策水平，加强集中风险管控，是应对普惠金融业务风险的有效举措。

1. 智能识别风险

通过数字化风控策略、数字化风控模型与数字化指标构建数字化风控体系，实现风险智能识别，将基于财务数据的简单现金流模型的普惠金融风险管理工作拓展至高维变量决策模型，利用人脸识别、生物探针、设备指纹及关联网络等技术有效解决普惠金融业务风险识别的难题。

2. 实时精准授信

银行传统风控模式过度依赖财务报表与抵质押物，成为小微企业融资难问题的根源之一。银行必须积极应用数字化风控技术，将小微企业客户的信用历史、交易数据及行为表现等数据和信息纳入授信模型，实时精准授信评级，并借助数字化风控系统加强小微企业及其负责人授信额度的联动管控。

3. 智能风控决策

小微企业易受产业链上下游客群风险的影响，银行需要深度应用知识图谱技术构建小微客户关系全网视图，打造智能决策中枢，实现风险客群有效划分和客户风险精准洞察，并将智能决策中枢与信贷业务流程紧密结合，按照信贷事项、客户规模、客群分类等维度自定义风控策略，使风险预警更具实效性。

4. 创新风控模式

银行应针对普惠金融业务的风险特点主动创新风险监控处置模式，有效加强全行资源共享，建立各级银行、各条线工作协调机制，统筹设计普惠金融风险监控和集中处置的作业流程，规范风险信号处理标准。如中国农业银行对普惠金融业务实行"集中＋属地＋自动"风控作业模式，非常值得各家银行借鉴。

13.3.3 解决 4 个棘手问题

中小微企业普遍存在数字化基础薄弱、有效数据不足且数据质量较低的问题，银行该如何解决呢？笔者建议，银行可以从以下 4 个方面入手，为服务小微企业、发展普惠金融夯实数据基础。

1. 人机协同完成大数据采集

以机器自动采集为主、人工采集为辅，人机协同完成大数据采集。银行一方面在线上对接政务、产业、电商以及区域特色等各类数据；另一方面充分发挥物理网点的优势，借助移动工具，加强数据线下采集，有效解决外部数据准确性不足且不够全面的问题，对各类数据进行交叉验证，构建普惠金融大数据体系。

2. 客观全面评价小微企业信用

银行通过应用"大数据+AI"智能建模技术，并结合宏观经济形势的变化采用多维风险向量来构建营销、授信、贷后与预警等数字化模型，能够深入了解小微企业的经营能力、治理能力、履约能力与还款意愿等，形成客观、全面的小微企业信用评价体系，为精准营销、产品创新、智能风控等工作提供强大助力。

3. 强化信用信息整合利用

银行应当积极参与全国一体化融资信用服务平台网络的构建，灵活采取物理归集、系统接口调用、数据核验等多种方式，加强信用信息共享整合，与接入机构共同建设中小微企业信用评价指标体系，完善信用评价模型，动态监测贷款企业的信用状况，分析、研判潜在风险，并有效保障信息主体的合法权益。

4. 扩充更多数据信息来源

银行应当积极与地方征信平台、融资服务平台及第三方征信机构合作，引入工商、税务、市场监管、工信、科技等更多维度的公共数据和信息，结合中小微企业在本行交易的结算数据综合评价企业信用水平，提高信用贷款的发放比例，建立优质的中小微企业信息库，促进银行与中小微企业数据高效对接。

13.4 数字普惠金融

数字普惠金融是金融科技与普惠金融深度融合的产物，体现了科技创新金融服务的典型实践。2016 年，二十国集团领导人峰会将数字普惠金融定义为一切通过使用数字金融服务以促进普惠金融的行为。

数字普惠金融可以理解为数字技术方式下的普惠金融，通过数字技术实现金融普惠目标，弥补传统普惠金融难以完全遵循商业可持续原则的缺憾，使金融服务触达能力与服务效率相结合成为现实。

13.4.1 数字普惠金融促进银行全面升级

普惠金融领域的数字技术，特别是大数据、人工智能、区块链与物联网等技术，有助于银行强化普惠金融风险防控，提升普惠金融的服务质量，打造开放、共享、智慧及普惠的数字化银行。笔者总结，数字普惠金融对银行有以下 4 个方面的帮助。

1. 助力银行提升服务能力

数字普惠金融符合国家大力发展普惠金融、支持中小微企业发展的政策方向，金融科技的迅猛发展促使越来越多的银行通过提升数字能力支持中小微企业发展。银行数字普惠金融将服务场景从融资端延伸至中小微企业的生产流程，使普惠金融群体得以及时享受便捷易得、温暖贴心、质优价廉的金融产品与服务。

2. 助力银行强化风控能力

银行数字化风控体系是数字普惠金融稳健发展的基础，银行推进数字普惠金融业务也有助于提升自身风险识别与防控能力。银行通过新技术完成企业信用评估，利用数字技术优化风控模型，为中小微企业提供信用贷款支持，建立健全数字化风控体系，提升普惠金融信贷风控能力。

3. 助力银行降低综合成本

普惠金融，既要求"普"，也要求"惠"。高风险、高收益是银行风险定价的基本原则。中小微企业的高风险与贷款低价格对银行普惠金融的成本管控是一个严峻挑战。借助数字技术，银行可以有效降低普惠金融的风险识别成本、数据处理成本与传统运营成本，经过不断迭代升级，最终促成数字普惠金融市场化应用。

4. 助力银行提高服务可得性

数字技术与普惠金融结合下的数字普惠金融，既扩大了金融服务的覆盖范围、完善了金融服务网络，又降低了金融服务的风险和成本、提高了个体层面金融服务的可得性。在实体经济供需两方平衡下，数字普惠金融既可以优化金融供给结构，还可以助力银行提高金融服务可得性。

13.4.2 银行推进数字普惠金融全面发展

近年来，在国家政策引领与推动下，以银行为主体的金融机构高度重视发展普惠金融业务，不断加大普惠金融创新力度，推出普惠金融创新产品，提升金融服务便利性，强化薄弱环节的金融服务供给，并已取得良好效果。银行具备利用数字技术提升普惠金融服务可得性的内在动力，也有能力将数字普惠金融的全面发展继续推向纵深发展。

1. 银行降本、提质、增效的必然选择

做好数字普惠金融服务是银行降本、提质、增效的必然选择。相对于传统银行服务，数字普惠金融能更好地适应现代经济社会的发展模式，提升银行金融服务的便捷性、精准性与安全性，真正惠及大众。一方面，数字技术在银行业广泛应用，金融业务与应用场景紧密结合，助推银行金融服务转向以客户为中心，降低成本、提高质量、增强效益，使银行服务更加贴心、高效、精准；另一方面，金融与科技的融合与应用促使银行触达客户的方式与商业逻辑发生变革，服务对象与辐射半径进一步扩展。

2. 银行高质量稳定发展的坚实基础

完善数字普惠金融服务是银行高质量稳定发展的坚实基础，也是银行发展的内在需要。银行数字化转型的目标之一是促进银行金融服务模式更加完善、银行产品供给更加丰富、业务触达范围更加广阔。对大多数银行而言，必须大力发展数字普惠金融服务，让金融服务更有温度、更有力度、更加准确，用几年时间初步实现数字化、智能化，并显著增强服务实体经济能力。银行推进数字普惠金融既是支持金融业高质量发展的内在要求，也是满足人民日益增长的美好生活需要的现实举措。

3. 助力实现共同富裕的有效举措

做强银行数字普惠金融服务，是银行助力实现共同富裕奋斗目标的时代要求。在高质量发展中促进共同富裕的重大战略，应当是银行矢志不渝的奋斗目标；以数字普惠金融助力实现共同富裕，是新时代赋予银行的重要任务。银行应当进一步发挥数字技术在普惠金融发展中的创新引领作用，持续优化小微企业金融服务，进一步完善农村金融服务体系，服务区域重大战略和区域协调发展战略，加快完善面向弱势群体的金融服务，为重点领域和人群持续拓宽金融服务渠道，致力于实现共同富裕。

4. 实体经济均衡发展的有力保障

中国人民银行发布的《中国普惠金融指标分析报告（2020年）》显示，银行数字普惠金融正不断向县域乡村下沉，服务对象也从原先的金融扶贫扩大到了小微企业、"三农"客户等。银行数字普惠金融的发展为农村地区的支付服务和金融服务提供了有力保障，使金融服务有效内嵌到农产品的生产、分配、流通、消费等各个环节，为实体经济结构的均衡发展和优化发展做出了重要贡献。

5. 金融领域供给侧改革的重要抓手

银行推进数字普惠金融是金融供给侧结构性改革的重要抓手与着力点。金融供给侧结构性改革既是增强有效供给能力、穿透循环堵点的有效举措，也是实现普惠金融高质量发展的根本动力。针对金融领域供需失衡的问题，银行要继续完善专业化普惠金融经营机制，用好科技手段与政策工具，进一步优化信贷结构，加大首贷、信用贷、中长期贷款的支持力度，满足小微市场主体多样化的融资需求。

13.4.3　银行数字普惠金融的未来

数字普惠金融可推动数字经济健康发展，助力经济高质量发展。银行需要把握以下重点。

1. 制定清晰的战略规划

大型银行可以制定较完整的数字普惠金融发展规划，明确数字普惠金融发展的具体举措和实施路径。如建设银行将普惠金融作为全行战略规划的三大内容之一，将数字普惠金融作为全行发展的大事业，致力于发展大普惠。

股份制银行可以把发展普惠金融作为一项战略性工作来抓，头部银行市场定位比较清晰，组织架构基本搭建完成，高度注重科技赋能。一小部分股份制银行数字普惠金融发展布局尚不明确。

与大中型银行相比，中小银行更加强调深耕细作的发展理念，在客户定位和服务方向上更加聚焦细分领域，致力于打造区域内中小企业数字普惠金融专营银行。

2. 切实提升金融可得性

银行要打破中小企业金融市场的准入障碍，为数字化转型提供便利，同时加快银行与数字技术的融合，通过改进移动支付手段来弥补传统网点的不足。银行要推动基层普惠金融组织的设立，在不断提高中小企业资金增量的同时注重盘活资金存量，提高中小企业金融服务的可得性。面对中低收入群体，银行要简化贷款审批、理财产品购买等金融服务流程，节约金融交易成本，同时加强对偏远地区、广大农村地区弱势群体的基本金融知识教育，弥合城乡"数字鸿沟"，提升中低收入群体的金融可得性。

3. 提供低代码数字化解决方案

银行通过第三方机构获取中小微企业数据，不如直接与小微企业连通。笔者建议，银行可以开发标准的数字化系统，要特别适合小微企业财务、供应、生产、销售与综合管理，通过标准化的接口在云端与小微企业连通，在满足小微企业的日常生产经营的同时获取真实有效的企业数据。银行可以采用低代码数字化解决方案，对于不同的客户不需要额外开发软件，既能推动小微企业的数字化转型，又能营销一大批优质企业，还能获得小微企业真实可靠的信息流、物流与资金流信息。

4. 助力完善社会信用体系

信用是经济金融活动的基础，完善的社会信用体系能够有效提升经济发展和经济治理的现代化水平，为建设现代化经济体系提供信用保障。随着直接融资体系的发展，个体信用的地位日益提升。在数字经济时代，银行发展数字普惠金融能够有效弥补个人及中小企业信用不足的问题，帮助政府建立良好的征信监管体制和社会信用体系。在这一过程中，信用良好的中小群体获得融资便利，信用较差者也能被低成本地甄别出来，有助于提升数字经济治理效率，保证数字经济的安全性。

5. 助力完善数字普惠金融基础设施

作为数字化基础设施建设的重要组成部分，银行的数字普惠金融基础设施需要进一步完善。一是建设银行数字普惠金融的企业类基础设施，以金融科技赋能传统普惠金融，建立专门面向广大中小企业的金融数据处理中心，以数字技术整合各类普惠金融服务资源，助力中小企业顺利完成数字化转型；二是建设银行数字普惠金融的个体类基础设施，建立覆盖到农村地区的通信网络，提高农村地区电信基站的覆盖率，同时以金融科技增加金融产品的多样性，使银行数字普惠金融更加精细化、多元化。

13.5 本章小结

本章首先提出了普惠金融三大破局思路，然后在分析普惠金融风险诱因的基础上进一步明确普惠金融数字化风控的着眼点，并详细介绍了银行与数字普惠金融相辅相成的关系，最后指出了银行数字普惠金融的发展方向。

第 14 章

银行数据管理与个人信息保护

2019 年 10 月,党的十九届四中全会决议首次将数据列为生产要素,要求建立和健全按贡献参与分配的机制。2020 年 4 月,中共中央、国务院发布《关于构建更加完善的要素市场化配置体制机制的意见》,将数据"升格"为与土地、劳动力、资本、技术并列的第五大生产要素,并提出要加快培育数据要素市场。

随着大数据、人工智能等技术的快速发展,数据资产价值日益凸显。银行作为数据密集型行业,是信息汇聚和应用的重要领域,海量的内外部数据构成银行的核心生产资料。在数字化转型的浪潮中,强化银行数据管理与个人信息保护,合法、合规、合理地使用数据,对于推动银行实现高质量发展、促进金融的安全稳定具有非常重要的意义。

在普惠金融领域,数字化风控已成为银行服务广大小微企业、解决小微普惠金融核心痛点的关键,数字技术在提升金融普惠性方面正发挥着巨大的作用。银行要做到将数字技术与实体经济深度融合,将数字元素注入普惠业务全流程,将数字思维贯穿业务运营全链条。数字普惠金融则要求银行必须夯实数字化基础,特别是做好全面的数据管理应用与个人信息保护工作。

14.1 银行数字化：三部重要法律

为促进数据要素的流通与共享，国家加快数据领域的法治建设，近年来陆续出台相关法律法规。其中，最重要的三部法律如下。

- 2020 年 5 月，《中华人民共和国民法典》正式实施，首次将数据确认为一种民事权益，第一百二十七条规定，"法律对数据、网络虚拟财产的保护有规定的，依照其规定"，为后续的数据保护单行立法提供了依据。
- 2021 年 6 月，《中华人民共和国数据安全法》正式颁布，并于 2021 年 9 月 1 日起施行。《中华人民共和国数据安全法》旨在规范数据处理活动，保障数据安全，促进数据开发利用，强调数据是数字经济发展的关键要素。
- 2021 年 8 月，《中华人民共和国个人信息保护法》经全国人大常委会审议通过，并于 2021 年 11 月 1 日起施行。该部法律厘清了个人信息、个人敏感信息、自动化决策、去标识化、匿名化等基本概念，从适用范围、个人信息处理的基本原则、处理规则、跨境传输规则等方面进行了全面规定。

多年来，银行在快速发展的过程中积累了海量的客户数据、交易数据以及外部数据，上述法律对银行数据管理与个人信息保护工作提出了更高的要求，银行必须做到合法使用数据，实现数据价值。

14.2 银行数据管理

数据已经成为银行的重要资产和核心竞争力。数据管理是提高数据质量、发挥数据价值、提升经营绩效的前提。好的数据管理是银行精细管理和业务创新的基础，只有切实做好数据管理工作，才能真正实现数据质量的提升和数据价值的升华。银行为了应对市场挑战，需要打破传统运营模式，引入金融科技以及数字化手段。

14.2.1 银行数据管理的必要性

银行借助有效工具建设并优化数据治理体系，提高数据管理水平，充分挖掘数据价值，为数据分析、经营决策、发展规划提供支持，持续提升风险管理、内部控制及经营管理能力，是形成本行数据文化、充分发挥数据价值的必由之路。

- 2021年2月，中国人民银行印发《金融业数据能力建设指引》，对数据战略、数据治理、数据架构、数据规范、数据保护、数据质量、数据应用以及数据生存周期等方面做出详细规定，进一步推动银行数字化转型。
- 中国银行业协会和中小银行联盟于2020年发布的《中小银行数据治理调研报告》显示，92.1%的受访银行经常遭遇数据质量问题，必须提升整体数据治理能力。
- 中国互联网金融协会发布的《金融业数据要素融合应用研究》显示，调研银行数据治理能力的自评估总体得分为3.03分（满分为5分），地方中小银行得分为2.80分（满分为5分），其中数据碎片化和数据孤岛问题非常突出。

14.2.2 银行数据管理面临的挑战

银行是较早重视并开展数据应用的行业，在银行数据管理的过程中也伴随着诸多挑战与制约，主要体现在以下3个方面。

- 数据处理能力：随着银行数字化转型进程加速，结构化数据治理能力逐渐增强，但是对于影像、音频、视频等非结构化数据的处理能力不足，严重制约银行的数据分析与应用能力的提升。
- 数据分析平台：很多银行尚未建立大数据处理与分析平台，还没有完全实现各部门各系统之间的数据共享，系统烟囱、数据孤岛等现象依然存在，影响数据应用效果，限制数据应用场景。
- 专业数字人才：很多银行严重缺乏复合型专业数字化人才，导致数据分析能力与模型构建能力明显存在短板，无法满足业务与风控需要，数据应用精度降低，数据驱动业务能力严重不足。

14.2.3 银行数据管理的实施路径

银行需要制定数据管理的应用策略，评估数据管理的收益与投入成本，结合明确的数据应用方向，建立与业务战略相匹配的数据治理与应用规划，制定切实可行的数据治理与应用实施路径，搭建数据平台，扩充数据来源，培育数字化人才。

1. 搭建数据平台

搭建大数据分析平台是进行数据采集、数据集成、数据共享及数据应用的基础性工作。银行可以基于传统数据仓库的经验与技术积累，大力推进大数据、云计算等开源技术的应用，构建云服务型数据基础平台，集数据处理能力与数据应用能力于一体，提升快速计算、海量存储及动态可视化的数据应用核心能力。

2. 扩充数据来源

扩充数据来源是提升银行数字化应用水平的重要手段。银行要通过持续的、高质量的数据采集与集成，运用数据分析及挖掘算法，一方面要充分挖掘内部数据资源，另一方面要积极获取外部数据，扩充银行数据的宽度与深度，提升数据应用水平，并形成行内数据资产地图，降低数据理解难度，有效支撑业务数据应用。

3. 培育数字化人才

银行可由首席数据官牵头，组织数据科学家、数据分析师、数据管理员在内的专业化团队与业务部门数据分析人员一同组成数据人才队伍，加强数字化人才队伍建设。同时，银行还可通过培训与绩效激励相结合的方式大力推广成功的数据管理经验以及先进的数据应用理念，营造良好的数字化人才培养氛围。

14.3 自然人数据管理与应用

小微普惠金融的自然人数据管理，包括但不限于多头借贷、反欺诈评分、App 行为风险特征、还款能力评估以及客户综合评分等诸多方面的内容。

14.3.1 多头借贷

基于银联商务数据,银行可以对持卡人海量跨行交易数据与特有的信贷商户名单进行多头借贷数据分析。银行可以借助银联广泛覆盖的信贷商户名单实时动态监测其贷款与还款情况,识别多头借贷情况。

银联信贷商户有三种类型:一是信贷平台(消费金融公司、互联网平台、互联网小贷等);二是信贷平台资金方(银行);三是信贷平台的支付方与收单方(第三方支付)。多头借贷动态监测如图14-1所示。

多头借贷结果展示	
持卡人姓名	张××
银行卡号	62××××××××××1568
覆盖时段	过去1、3、6、12个月
监测内容	监测结果
多头借贷数	7
放款平台类型及平台数	3家消费金融、3家互联网小贷、1家第三方支付
放款金额区间	(3 000元,5 000元)
还款平台类型及平台数	2家银行、1家第三方支付
还款金额区间	(0元,1 000元)
贷款申请次数	9
异常平台类型及平台数	1家第三方支付

图14-1 多头借贷动态监测

14.3.2 反欺诈评分

反欺诈评分是指基于借款人个人信息进行深度加工,结合关系网络图谱、历史行为习惯等特有数据建立信用评分模型,显著提升银行对信贷客户的区分度。读者可以从建模维度、使用场景与分数解读3个角度进行了解。

1. 建模维度

(1)个人基础信息

- 经济实力:包括本人名下存款、理财、动产及不动产等综合实力。

- 交易记录：指借款人通过借记卡或信用卡完成的各种刷卡消费信息。
- 信用历史：指借款人在银行等金融机构贷款的还款历史记录。
- 人生阶段：指借款人当前所处人生阶段，如刚毕业、工作一段时间或是即将退休等。

（2）历史行为习惯

- 操作习惯：指借款人在手机、计算机等设备上的使用习惯。
- 物理位置：如手机或计算机周围环境、设备指纹信息及设备地理位置等。
- 信息一致性冲突：指各种数据和信息之间是否存在逻辑冲突或不一致。

（3）关系网络

- 资金网络：指基于交易行为产生的资金往来关系网络。
- 社会网络：指一群人之间的关系结构以及他们之间存在的交换关系与特定角色。

2. 使用场景

- 贷前审核：风险前置，快速评估客户质量，最大限度防止骗贷和恶意申贷行为，发现优质客户。
- 贷中监控：监控客户的收入水平、履约能力和工作稳定性，及时做好风险预警与风险提示工作。
- 贷后管理：通过反欺诈评分变动观测信贷客群信用风险分布状态，评估整体风险与未来趋势。

3. 分数解读

反欺诈评分取值区间及含义如表 14-1 所示。

表 14-1 反欺诈评分取值区间及含义

模型分值	含义	描述
0～100	客户风险区间	分值越高，风险越高（0 为没有数据）
90≤分值≤100	高风险客户	高强度验证或限制高危业务使用权限

（续）

模型分值	含义	描述
80≤分值<90	分值越高风险越高	作为变量进入风控流程进行判断，对高分段限制额度
60≤分值<80		
40≤分值<60		
20≤分值<40		
0<分值<20		
分值=0	特征不足（未查得）	需要分析实际表现并确定方案，通常此类客群存在一定风险

14.3.3 App 行为风险特征

App 行为风险特征是银行对最底层数据建模、训练、测试及优化后提炼出的与逾期行为潜在相关的变量，适用于客群分层、反欺诈、信用评分等各种策略与模型。App 底层数据有以下 4 类。

1. 应用安装类

- 应用安装表：按天更新、新增、在装、卸载。
- 应用标签表：内含超过 200 万个应用的分类维表。
- 用户打开活跃信息表：打开频次、时段、时长。

2. 地理位置类

LBS（Location Based Service，基于移动位置服务）清单表：GPS、Wi-Fi、基站、线下地理 POI（Point of Interest，兴趣点）、地理围栏。

3. 设备硬件类

设备维修登记表：品牌、型号、价格。

4. 推送类

推送消息日志：是否打开 App 并查看推送消息。

银行在使用 App 数据时，应结合《App 违法违规收集使用个人信息自评估指南》《App 违法违规收集使用个人信息行为认定方法》《移动互联网应用程序个人信息保护管理暂行规定（征求意见稿）》等行政法规与监管要求，做好个人信息保护与合规监管。

14.3.4 还款能力评估

银行通过基本信息、纳税信息、水电费信息、发票信息、电商信息以及收入信息等数据构建还款能力评估模型，根据客户的历史稳定性和当前稳定性对客户分群分等级管理，并根据还款能力授予适当的授信额度，如表14-2所示。

表 14-2 基于还款能力评估授信额度

评估等级	授信额度 / 万元
A	无法预测
B	[0, 0.5)
C	[0.5, 3)
D	[3, 5)
E	[5, 10)
F	[10, 20)
G	[20, 50)

还款能力评估模型包括3个方面的内容。

- 稳定性评分：依据客户现单位缴纳社保的情况，对客户的稳定性进行评级。
- 历史属性评分：依据客户以往累计缴纳社保的情况，判定客户的历史稳定性。
- 还款能力预测：依据客户实际缴纳社保公积金数据，推测客户的缴纳基数。

14.3.5 客户综合评分

基于客户银行卡跨行交易数据并结合其他数据绘制持卡人画像，银行可对客户进行综合评分。持卡人画像是银行综合分析客户交易时间、交易类型、交易渠道以及所处行业等多重因素，围绕持卡人的风险水平、消费习惯、财富水平以及社会地位4个维度完成的。

1. 风险水平

- 逾期评分：预测持卡人的信用风险。

- 套现评分：预测持卡人的套现风险。

2. 消费习惯

- 钱包位置：衡量持卡人的用卡习惯和黏性。
- 卡使用状态：判断银行卡的使用趋势。
- 消费偏好：总结持卡人的消费偏好。

3. 财富水平

- 消费能力：衡量持卡人的相对购买能力。
- 消费趋势：反映持卡人消费能力的成长性。

4. 社会地位

- 消费自由度：反映持卡人的收入可支配能力。
- 持卡人价值：衡量持卡人在社会中的地位。

14.4　中小企业数据管理与应用

一直以来，作为银行主要客户群体的中小企业普遍存在财务管理弱、财报质量差、信息不透明等问题。进入数字经济时代，银行数据管理能力的缺失对中小企业融资形成严重制约。银行唯有全方位提升自身数字化风控能力，才能有效破解中小企业融资的困境。

银行提升中小企业数据管理能力，应做到以下3点。

- 全面整合企业的数据和信息，洞察中小企业风险结构，客观评价企业信用。
- 扩充建模数据来源，构建中小企业数据分析模型，完善中小企业风险画像。
- 搭建中小企业风险监控平台，动态跟踪企业风险，做好风险信号预警管理。

14.4.1　中小企业风险结构

中小企业面临多种风险，包括与自身相关的各类风险、与企业关键人员相关的风险、供应链风险、投资链风险以及外部环境风险等。中小企业风险结构如图14-2所示。

第 14 章 银行数据管理与个人信息保护

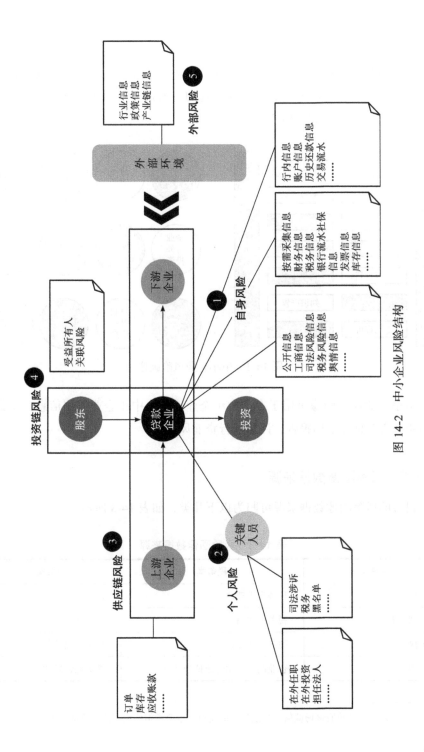

图 14-2 中小企业风险结构

14.4.2 中小企业风险画像

银行运用大数据风控技术,从工商、税务、海关、土地以及法院信息入手构建企业图谱,结合法人代表及其他高管的个人投资与消费信息对中小企业进行全方位风险画像,如图14-3所示。

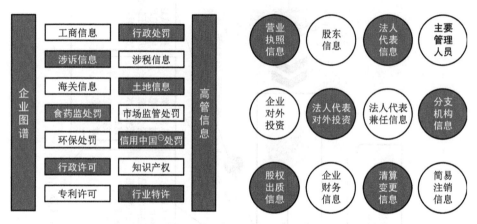

图 14-3 中小企业风险画像

中小企业风险画像可用于查询中小企业族谱、中小企业信用信息,出具基础信用报告与标准信用报告,评估银行贷前风险等。

14.4.3 风险画像数据来源

银行的风险画像数据来源可归为以下几类,如表14-3所示。

表 14-3 风险画像数据来源

司法类	税务类	海关类
失信	税务严重违法	海关登记信息
限制高消费	税务负面清单	海关评级信息
被执行	税务行政处罚	海关行政处罚
裁判文书	企业纳税信用等级低于A级	海关经营异常

○ 信用中国是政府褒扬诚信、惩戒失信的窗口,主要承担信用宣传、信息发布等工作。

（续）

司法类	税务类	海关类
开庭公告		
立案公告		
法院公告		
食药监类	**企业资质类**	**企业关联关系类**
食品类行政处罚	商标注册权	企业族谱
药品类行政处罚	专利权	控制路径
	版权信息	多节点关联
	招标投标信息	受益所有人
	招聘信息	实质关联
	行业特许资质	
工商信息类	**行政处罚信息类**	**企业风险监控类**
基本信息	工商类行政处罚	工商变更类监控
股东出资信息	税务类行政处罚	工商负面信息监控
管理人员信息	食药监类行政处罚	司法涉诉信息监控
分支机构	海关类行政处罚	
对外投资	土地类行政处罚	
	环保类行政处罚	

14.4.4 中小企业风险监控

银行设立中小企业风险监控平台，可以依据自身风险偏好自定义风险监控的数据维度、推送方式（如邮箱、短信、微信等）、推送时间等，按照风险类别、风险事件以及风险维度逐级递升风险分级，标识风险预警信号级别（关注、警示、危险），对借款主体及其关联企业设置同步监控，对网络新闻舆情等设置专项监控。

工商信息监控维度设置示例如图 14-4 所示。

监控维度设置

工商信息

☐ 企业名称变更	危险	☐ 住址变更	警示	☐ 企业类型变更	关注
☐ 国民经济行业代码变更	危险	☐ 法定代表人变更	危险	☐ 登记机关变更	警示
☐ 经营范围变更	危险	☐ 许可经营项目变更	危险	☐ 经营期限变更	关注
■ 经营状态（吊销/注销/停业/撤销）	危险	■ 经营状态变更（迁出）	警示	■ 经营状态（在营/开业）	关注
☐ 经营状态（其他）	危险	☐ 注册资本（减少）	危险	☐ 注册资本（增加）	关注

图 14-4　自定义监控维度

14.5 "三大纪律、八项注意"

数字化转型浪潮下，银行越来越重视数据管理。数据资产的多少、数据采集能力的强弱、数据对业务与决策的支撑，特别是数据安全，直接影响银行的核心竞争力。不论是为了法律法规及监管政策的外部约束，还是出于银行自身发展的内在需求，银行都应将数据管理与个人信息保护视为重中之重，认真落实。为方便读者了解与学习，笔者将其总结为"三大纪律、八项注意"。

14.5.1 "三大纪律"

"欲知平直，则必准绳；欲知方圆，则必规矩。"纪律严明，是一切事业走向成功的内在要求和重要保证。银行的数据管理应用与个人信息保护要求从业人员必须认真遵守保护客户、保护银行、保护数据"三大纪律"。

1. 保护客户

银行对个人金融信息的保护整体上是比较规范的。个人金融信息关乎客户隐私保护与财产安全，但有很多银行尚未真正意识到这一点，没有将个人金融信息保护纳入银行风险管理框架之中。

银行保护客户有两方面含义：一方面是对金融消费者权益的保护，这始终是监管部门关注的重点；另一方面是对客户信息的保护，这是银行必须履行的数据安全义务。金融消费者是指购买、使用金融机构提供的金融产品和服务的自然人。

（1）金融消费者权益保护

2015年，国务院办公厅印发《关于加强金融消费者权益保护工作的指导意见》，首次从国家层面对金融消费者权益保护进行部署，提出保障金融消费者的八大权益，即自主选择权、财产安全权、知情权、公平交易权、依法求偿权、受教育权、受尊重权与信息安全权。

2016年，中国人民银行颁布《中国人民银行金融消费者权益保护实施办法》，基本确立了金融消费者权益保护的制度框架。

2019年，中国人民银行、银保监会和最高人民法院联合发布《关于全面推进金融纠纷多元化解机制建设的意见》，压实金融机构的投诉主体责任。

2021年，银保监会下发《中国银保监会关于印发银行保险机构消费者权益保护监管评价办法的通知》，要求银行进一步提升消费者权益保护工作质效，切实应对金融交易数字化、金融产品结构化以及市场主体多元化带来的新挑战。

做好金融消费者权益保护，要求银行在完善规章制度前提下，针对各类业务流程涉及的数据安全问题，加大人员行为规范力度，提升全员合规意识。

（2）客户信息安全保护

2017年6月1日，《中华人民共和国网络安全法》正式实施，重点明确企业数据保护的要求：一是必须履行数据安全保护义务；二是承担客户个人信息泄露责任；三是建立灾难备份体系和应急管理机制。

对于很多银行而言，由于尚未建立完善的客户信息保护机制，因此个人金融信息标准不一且分散在不同业务系统之中，容易导致部门各自为政的现象，对客户信息的收集、使用与保护存在明显不足，风险防控意识淡薄，给客户信息安全带来极大隐患。

银行在客户信息安全保护方面应从建立健全的客户信息保护机制、加强信息系统安全管理以及员工安全意识教育3个方面入手。

- 银行必须建立健全客户信息安全保护体系，实现客户信息全生命周期管理，确保客户信息采集程序合法，使用客户信息之前须得到合规授权。
- 银行必须加强信息系统安全管理，有效防范IT系统遭受外部攻击而导致信息被篡改、被盗等操作风险，同时科学配置客户信息的使用权限。
- 银行必须持续加强员工的风险防范意识，常态化开展客户信息安全保护合规教育，不断提高员工的客户信息保护意识与合规意识。

2. 保护银行

2022年3月，银保监会披露，严肃查处一批在监管标准化数据系统、数据质量领域违法违规案件，对政策性银行、国有大型银行、股份制银行等21家银行依法做出行政处罚决定，处罚金额合计8 760万元。具体处罚原因是，上述银行存在漏报错报监管标准化数据、部分数据交叉校核存在偏差等数据质量违规问题。2020年4月，六大国有银行和两家股份制银行也曾因同类问题被罚1 770万元。

高额罚单背后不仅显示出银行在数据治理上存在短板，更标志着监管部门已经将银行数据管理提升到前所未有的高度。银行作为个人信息处理者的重要特定主体，每天处理海量个人信息，贯穿个人信息处理全流程，包括客户身份识别、账户交易、数据开发、服务决策和信息资源化等环节，以及个人信息从收集、存储、使用、加工、传输、提供、公开到删除等所有处理过程。

与此同时，银行还承担着与个人权利相对应的个人信息处理者的义务及法律责任。《中华人民共和国个人信息保护法》对敏感个人信息的特别保护无疑将改变银行的服务方式。例如，银行基于人脸识别技术进行客户身份识别和金融交易，基于风控目的获取客户位置信息和设备地址等，都应满足合规审计和合规自证的要求。

《中华人民共和国个人信息保护法》第六十六条规定，违法行为最高面临"五千万元以下或者上一年度营业额百分之五以下罚款"，远远高于《中华人民共和国网络安全法》规定的100万元罚款上限，对违法机构的惩戒力度大幅提高。罚款标准也与欧盟2018年实施的最严格数据保护法案GDPR（General Data Protection Regulation，通用数据保护条例）的罚款标准接轨，彰显国家在个人信息保护方面的决心[○]。

《中华人民共和国个人信息保护法》第七十条还规定,对于侵害众多个人权益的违法行为,人民检察院、消费者组织和网信部门确定的组织均享有诉讼权利。这是继生态环境和资源保护、食品药品安全等领域之后,公益诉讼首次用在个人信息保护领域。银行对个人金融信息数据的合法利用也是对自身权益的最大保护。

3. 保护数据

伴随着大数据、人工智能、云计算等技术的广泛运用,大量金融数据快速频繁地交互流转,数据所有者和数据管理边界越发模糊,数据泄露、滥用及被盗等安全威胁日益加大。银行日常接触大量客户个人隐私信息和金融信息,数据安全更是不容有失,做到严格保护数据安全是银行数字化进程中的重要工作。

银行必须严格遵守监管部门对金融数据的保护要求,建立常态化数据安全审计工作的有效工具和机制,实现集中统一的监控管理与报警,实时监测内部用户访问敏感数据,及时发现数据泄露事件,防范数据库后台授权用户操作风险,向管理层提供准确的数据库风险状况报表等。

银行要设立覆盖决策、业务以及技术的数据安全管理组织,建立从制订计划、评估安全、执行方案到总结经验的数据安全管理流程,通过技术与管理相结合的方式严格管理个人数据全生命周期的安全,合法合规开展个人数据采集工作;借助多方安全计算、可信区块链、标记化等技术确保数据可用不可见、可用可计量;要做到最小够用、专事专用,消除数据所有方因为所有权让渡而导致事权转移的顾虑,保障各方权益。

14.5.2 "八项注意"

在严格遵守"三大纪律"的基础上,银行在数据管理应用与个人信息保护工作中还需要注意做好以下 8 个方面的工作。

○ 任何违反 GDPR 的行为都将会产生 1 000 万～ 2 000 万欧元或企业全球年营业额的 2%～ 4% 的罚款,以数额最大的为准。

1. 注意企业数据架构管理

为统一业务人员与技术人员的认知，优化数据共享，奠定沟通基础，银行应注意做好企业数据架构管理，包括数据模型、数据分布、数据流转，构建框架结构，促进数据资产的存储、集成、使用、访问及传输，支持数据集中管理与分析应用，针对信息需求制定数据架构规划，维护数据架构的原则和规范，开发并维护数据模型，掌握数据分布与存储情况，确保系统的设计符合数据架构的整体设计。

2. 注意数据标准管理

数据标准是一整套数据规范、管控流程和技术工具，用于确保银行各种重要数据具有一致性和准确性。为解决银行普遍存在的数据采集标准不一、统计口径各异以及分支机构众多等问题，银行需要统一数据定义与机构编码，明确数据填写及处理要求，规范数据接口，打造数据交换的通用语言，降低各系统间的集成复杂度，提升数据工作质量与数据模型设计效率，为管理决策提供准确、全面的数据支持。

3. 注意数据质量管理

数据质量是指数据满足银行业务需求与业务规则的程度。银行应采用完备性、一致性、有效性、唯一性、时效性、精确性和真实性等维度，对数据进行描述和度量。银行应当规范数据质量日常监控、分析、评估、改进和考核工作，形成数据质量主动管理机制，持续优化数据质量，支持全行业务运行、管理分析和领导决策，提升数据资产的业务价值，确定数据项的可信数据源，从源头保证数据质量。

4. 注意数据生命周期管理

数据生命周期是指数据从产生到销毁的全过程，包括数据的收集、创建、分发、存储、使用、归档和销毁等。数据生命周期管理是通过一定的方法、流程和工具，在数据生命周期中一致、有效地管理数据，根据业务需求及内外部合规要求对数据进行收集、创建、分发、存储、使用和归档，直至数据退出与删除。数据生命周期管理的目标是提高数据资产利用率，以最低的数据持有成本提供最大的数据利用价值。

5. 注意做好主数据管理

主数据是指在银行内部跨条线、跨系统的数据集合，具有实时共享、相对静态且描述业务实体的特点，是最权威、最准确的数据。主数据管理是指银行创建、整合、使用和维护主数据的全过程，包括明确主数据整合需求、建立主数据体系框架与规划、定义主数据来源、制定主数据整合规则与共享机制以及主数据技术支撑等。主数据管理的目标是确保银行监管报送、业务运营、管理分析及领导决策等核心数据的唯一性。

6. 注意做好元数据管理

元数据是描述数据的数据，用来描述数据的业务含义、技术含义、加工处理过程、覆盖范围、逻辑物理结构、数据所有者和提供方式等信息。元数据管理是对元数据的创建、存储、整合、控制的一整套流程，能够支持基于元数据的相关需求和应用。元数据管理的目标是提供数据的准确说明，帮助使用者理解数据来源、关系及相关属性，提高数据可信度，减少数据冗余，提升数据共享率，降低维护成本，提高系统运行可靠性。

7. 注意做好数据应用管理

数据应用是基于银行数据存储和应用类系统，提供数据查询、报表定制、数据分析与深入探索等数据支持与运用，发挥数据资产价值。数据应用的内容包括监管报表、管理报表等报表应用，KPI管理仪表盘、数据查询和业务领域专项分析类应用等。数据基础平台是各项数据应用的技术工具支撑，面向业务分析和管理决策提供工具支持，可支持复杂的信息检索及快速在线访问，处理大量数据。

8. 注意做好数据资产管理

银行应当从资产管理的视角来推动和落实数据治理，实现对数据资产的有效管理，从数据资产入口进行规划，兼顾银行内外部数据，实现从数据到系统的高度整合，打破业务藩篱，实行数据与业务双驱动、业务与数据相适应的敏捷组织。银行应充分发挥数据资产的外部公共性，合理设计数据资产所创造价值的分配机制，激励数据资产的合理使用与生产高质量的数据资产，让更多的客户能更好地使用数据资产。

14.6 本章小结

数字化转型是银行伴随金融科技发展的必然趋势，而银行数据管理应用及个人信息的保护是实现银行数字化转型的重要基础。特别是在普惠金融领域，数字化风控已成为银行服务广大小微企业、解决小微普惠金融核心痛点的关键。本章在介绍自然人与中小企业数据管理与应用的基础上，将银行数据管理与个人信息保护的具体工作总结为"三大纪律、八项注意"，以方便读者学习与理解。

第 15 章

农村数字普惠金融

长期以来，由于农业生产周期长，资金投入见效慢，各类风险相对高，融资难、融资贵成为制约"三农"发展的瓶颈。近年来，农村普惠金融呈现快速增长势头，其中数字技术逐渐成为重要的推动力量，农村金融服务数字化创新应用持续涌现。数字技术驱动农村普惠金融实践，不断为乡村振兴提供创新解决方案。

政府层面陆续出台相关政策文件，要求金融机构大力推进数字乡村建设，以数字技术赋能乡村公共服务，推动"互联网＋政务服务"向乡村延伸、覆盖，深入开展农村信用体系的建设，发展农户信用贷款。金融科技得以广泛应用，在帮助银行推进数字化转型的进程中，对解决"三农"融资问题、完善农村信用体系建设、盘活农户"沉睡"资产也起到了积极的作用。

本章主要介绍银行如何构建农村普惠金融数字化风控体系。

15.1 农村普惠金融的四大困境

近年来，我国县域数字普惠金融总体发展水平快速提升，但不同地区的发展不平衡，东部地区县域数字普惠金融的发展水平最高，中部地区次之，西部地区和东北地区发展水平较为滞后。大部分农村地区受地理环境、历史遗留问题等因素影响，普遍存在农业基础设施与金融配套服务发展较慢的问题。

时至今日，许多地区的农村普惠金融仍面临着金融科技普及推广难、金融市场供求不平衡、金融服务功能单一以及贷款准入门槛高等四大典型困境。

15.1.1 金融科技普及推广难

在大多数人的认知当中，数字经济、数字时代触手可及，但在广袤的农村地区，由于种种制约因素，推广普及金融科技仍面临重重阻碍。具体表现在以下4个方面。

- 农村互联网普及率低于城市。2022年第49次《中国互联网络发展状况统计报告》显示，截至2021年12月底，我国农村地区互联网普及率仅为57.6%，低于城镇地区23.7个百分点，数字化程度有待提升。此外，农村的智能手机普及率也远不如城市。
- 农村客户的金融知识水平有待提高。目前农村金融知识普及不充分，大多数农民普遍缺乏基础的金融知识，对投资收益、风险评估缺乏正确的理解，数字素养也有待提升，数字普惠金融服务在农村推广还需要一个过程。
- 农村信息不对称问题严峻。农村农业金融基础设施不完善，农村征信体系不健全，涉农数据存在碎片化问题，加上农民抵押担保难、贷后管理难等制约因素，使得农村数字普惠难度更大、要求更高，即使搭建数字服务平台，也需要较大成本投入。
- 农村第三方数字平台发展滞后。一方面，金融科技企业在农村市场尚未找到清晰的商业盈利模式，因无法满足股东利润最大化要求而内在动力不足；另一方面，由于地方政府支持力度不足，金融科技企业与金融机构无法深度互联互通，尚未真正形成具有市场影响力的第三方数字服务平台。

15.1.2 金融市场供求不均衡

当前，服务于农村普惠金融的金融机构以区域性中小银行为主，通过发挥线上线下协同优势，在解决农村金融服务不平衡、不充分方面发挥了重要作用。

总体看来，在金融市场供求关系上仍存在以下不足。

- 部分银行内生动力不足。当前农村金融体系的格局是农商行、农信社为主体，邮储银行、农业银行与农业发展银行适度补充，民间借贷等隐性参与。农村金融市场竞争度低，基本金融服务竞争格局尚未形成，服务供给量总体不足，导致部分银行内生动力不足。
- 银行村镇网点数量不足。各类银行在村镇一级的网点数量很少，在很大程度上制约了对农村客户的金融服务，很多金融机构都将网点开设在县乡一级，未能深入下沉到村镇一级，部分涉农金融机构更是因为扁平化管理的需要，在农村设立的网点不增反减。此外，部分县域银行缺乏信贷自主权。
- 银行贷款有效供给不足。一些涉农金融机构存在"离农、脱农"趋势，未发挥应有作用。在监管引导与市场竞争的双重作用下，农村普惠金融供给逐步多元化，不过，仍然有相当多急需贷款的农村客户无法获得信贷支持。过于宽泛的涉农贷款口径造成涉农贷款数据虽逐年增长，但实际投放仍然不足的局面。

15.1.3 金融服务功能单一

涉农金融机构在金融服务上存在较大不足，特别是服务功能过于单一，无法满足农村市场日益增长的金融需求，主要体现在以下3个方面。

- 从服务方式上看，数字普惠金融与数字乡村场景的融合度不够。欠发达地区的金融市场不健全，能够提供融资的渠道较少。受地域条件限制，农村金融机构普遍呈现网点分散、产品与服务单一等特点，金融服务功能单一，很多乡镇只能办理最基本的存款、贷款、汇款业务。
- 从服务渠道上看，银行线上渠道与线下渠道的联动支撑不够。不少银行将农户贷款业务线上化，但实际操作中客户还要多次往返线下网点，体验非常不好。此外，手机银行、微信公众号以及小程序等线上渠道与银行网点、取款服务点等线下渠道脱节，没有做到渠道融合与相互引流。

- 从服务场景上看，对农村金融场景与非金融场景的结合研究不够。农村的金融服务还远未达到"足不出户、触手可及"，银行仍是简单的渠道思维，线上场景金融服务滞后，缺乏适应农村生产生活需求的特色场景服务，特别是电商平台等非金融场景在农村的推广效果并不好。

15.1.4 贷款准入门槛高

从服务对象上看，农村弱势群体仍然难以获得信贷支持，主要原因在于银行传统的风控模式使得大多数农户无法满足银行贷款条件，主要体现在以下方面。

- 价格高。区域性银行的普惠金融借贷产品结构单一，贷款利率偏高，存在价格排斥，与农村客户的承受能力不符，导致借贷实际发生率不高。
- 担保难。为了缓释风险，多数中小银行的普惠金融产品均设有附加抵质押担保要求，这对轻资产的小农户而言无异于提高了准入门槛。
- 手续繁。农户贷款手续过于烦琐，金融服务也缺乏温度，出于风险防范的考虑，银行采取较多的限制性措施，间接抑制了信贷需求。
- 征信缺。银行获取农业大数据的渠道有限，难以获得农村贷款客户完整的信用信息，多数地区尚未建立农户信用信息数据库。
- 实力弱。小农户、脱贫户等农村弱势群体很难得到信贷支持，主要原因在于其种养规模小、缺乏产业链支撑，没有参与农民合作社。

15.2 当乡村振兴遇上金融科技

2021年6月1日，《中华人民共和国乡村振兴促进法》正式实施，这是第一部直接以"乡村振兴"命名的法律，是做好"三农"工作的重要指引，也是实施乡村振兴战略的法律保障。

随着以互联网、人工智能、区块链、云计算、大数据为代表的金融科技迅猛发展，金融服务模式与数字化产品发生重大变革，普惠金融也经历了微型金融→普惠金融→数字普惠金融的演进路径。

当乡村振兴遇上金融科技，农村数字普惠金融应运而生。

15.2.1　什么是农村数字普惠金融

数字普惠金融是我国农村金融破题的关键，也是实现乡村全面振兴、促进城乡协调发展、扎实推动共同富裕的重要手段。2021年，农村数字普惠金融首次被写入中央一号文件。中央对建设农村数字普惠金融体系提出了新要求，既要适应金融市场的规律，又要符合农业农村的实际需要。"三农"问题是乡村振兴的重点，而农村数字普惠金融的发展既能改善农业经济的发展模式，又能增加农民收入，更能做到维持农村稳定。

笔者认为，银行是推进乡村振兴的金融主力。在银行助力乡村振兴的过程中存在这样一个逻辑，即银行数字化转型需要金融科技的支持，而乡村振兴需要银行的支持。也就是说，银行需要发展金融科技来支持乡村振兴。笔者主导研发的银行数字化系列课程之一"金融科技助力乡村振兴"获得了各家银行的普遍认可，当是佐证。

15.2.2　农村数字普惠金融的3种模式

农村数字普惠金融经过多年创新发展，逐渐形成较为成熟的模式，下面介绍其中颇具代表性的3种模式：

1. 特色产业模式

银行基于批量获取的农户经营交易数据建立涉农贷款授信模型，支持当地优势特色产业与特色农产品，贷款对象一般具有集群化特征，如种植大户、养殖大户以及农产品深加工户等。该模式立足县域，支持特色产业，大力推广免抵押、免担保、利率优惠的信贷产品，能满足农户与农企生产经营资金需求，帮助农民扩大生产、增收致富。

2. 信用村、信用户模式

银行基于进村入户调查建档，积累农户经营、资产、收入及负债等数据，建立涉农贷款授信模型。该模式在逐步推进农村征信体系建设的过程中，借助央行征信与外部数据综合分析，逐村开展信用村、信用户评定，持续推进农户走访建档，全面融入乡村治理、信用村创建以及整村授信数字化等基础工作，提升农村普惠金融建档率。

3. 农业产业链模式

银行基于"供应链＋区块链＋物联网"的金融科技能力，运用数字量化工具，建立涉农贷款授信模型。该模式在提高农业产业链金融效率的同时，凭借信用评估、风险评估与反欺诈等数字化风控能力，全流程、多方位把控涉农贷款风险，深入农业生产环节之中，以数字化流程管理作为风控基础，为农村广大种养殖业客户提供信贷支持。

15.2.3 农村普惠金融的 6 个不足

在实践中，农村普惠金融在获客、资料收集、准入、信息核实、签约放款以及定期回访等环节，仍存在很多不足，需要用数字化方式加以改进。

- 获客：多采用信贷员集中上门方式，耗费时间长且转化率非常低，成本与收益极不匹配。
- 资料收集：信贷员需要根据银行的要求，在客户处获得相应资料，对工作经验及业务熟练度要求较高。
- 准入：银行通过客户提交的资料，结合授信审批进行综合判断，部分信息资料的核实难度颇大。
- 信息核实：传统模式中银行通过人工处理大量信息，如交叉验证、搜集行业信息及公司资讯等，工作效率不高，且准确率低、覆盖面窄。
- 签约放款：预约客户需要面对面签署协议，由于普惠金融工作量较大，对信贷员的统筹协调及管理能力提出了更高的要求。
- 定期回访：信贷员根据业务经验判断，选择需要实地走访的客户做定期回访，存在选择适合客户难度大的问题。

15.3 服务"三农"心中有"数"

农业、农村、农民简称"三农"。在脱贫攻坚战取得胜利后，全面推进乡村振兴已经成为"三农"工作的重中之重。中央及各省级行政单位在全面推进乡村振兴、加快农业农村现代化的战略部署中均提出了新的具体要求，如构建涉农信用信息数据库、完善新型农业经营主体信用体系以及发展农村数字普惠金融等。

15.3.1 "三农"数字征信

信息不对称是银行为"三农"提供金融服务面临的难题之一。普惠金融所需的相关信息基本上分布在税务、海关、工商等部门，尚未得到有效整合，银行也很难获取能够准确反映小微企业经营的用电、用工以及社会保障等信息与数据。因此，借贷双方的信息存在严重不对称，特别是广大农村地区的征信体系不完善，融资瓶颈一直是一个突出的问题。

在数字经济时代，农村数字普惠金融的发展可以有效弥补农户及农企信用不足的问题，帮助地方政府建立良好的征信监管体制与社会信用体系。在这一过程中，信用良好的"三农"客户可以获得融资便利，信用不好的客户可以被快速甄别。

建立有效的"三农"数字征信体系需要多方协同努力，具体而言，要做好以下工作。

1. 加速数字乡村基础建设

积极推进数字乡村基础设施的建设，针对中小农户小而散、标准化较差的现状，以县域或农产品产业带为基础，参与当地农业数字基础设施的建设，并对接全国性的平台和企业，构建大平台大企业→地方龙头企业→农户的现代化、数字化农业供应链，推动农村偏远地区的经济发展，共同建设符合当地特色和资源条件的数字基础设施。

2. 搭建农村信用信息平台

积极参与数字乡村建设，合作共建农村信用信息数字平台，探索将数字金融服务嵌入农业社会化服务平台；第三方机构可以尝试开展农村个人数字征信服务试点，改变传统信用评分过于依赖资产与收入的情况，将农村产业经营状况、农户素质、农户声誉等作为特色指标纳入信用评分体系，加强"三农"数字征信体系与银行信贷业务的关联。

3. 鼓励农户建设数字乡村

银行要不断积累农户生产生活消费数据，减少信息不对称，降低违约风险与交易费用，优化金融生态环境；优化金融服务方案，将更多的金融服务进行线上迁移，形成"全线上化、全交易时段、全业务品种"的非接触式服务，使农户、农企可以随时随地获得银行服务，同时通过创新应用模式和风控手段突破"三农"征信数据积累不足等瓶颈。

4. 建立数据信息共享机制

推动共建共享农村网络基础设施和数据平台，加强数据资源的互通共享，通过数字乡村建设促进商流、物流、信息流、资金流的深度融合，建立全国统一的数据共享交换平台，实现乡村征信数据平台专项管理。各级政府部门整合散落在各部门、各机构的"三农"数据，建立城乡信息数据库，实现不同平台之间的网络对接与数据共享。

简而言之，在推进"三农"数字征信体系建设的过程中重点要做好两方面工作。

- 政府部门应当立足于农村信用体系建设，搭建农业信用信息大数据平台，加强"三农"信用信息的整理与应用，建立健全的信息共享、交换长效机制，提升普惠金融政务水平。
- 银行应当构建多元化数字普惠金融服务产品体系，推动数字普惠金融在"三农"数字征信体系中的应用。通过区块链技术完善农村信用体系，破解长期以来"三农"客户与银行之间的农业征信差、农户贷款难问题，全面促进数字普惠金融的发展。

15.3.2 "三农"数字化风控

农村数字普惠金融的全流程数字化风控该怎么做？笔者根据以往工作经验，将其总结为"三一二"打法——贷前"三板斧"，贷中一评估，贷后双监测。

1. 贷前"三板斧"

- 第一斧：多维信息校验。通过获取确权、农户、三资等相关数据，结合自有模型，计算农户的家庭情况、经营情况、种植情况、农资采购指数等相关信息。
- 第二斧：实时反欺诈。通过查询检疫处罚、捕捞处罚、行政处罚等记录，清洗补助类、农机类黑名单，结合行业黑名单，实时快速地识别欺诈情况。
- 第三斧：精准画像。综合银行内外数据，通过大数据（农信数据和外部数据）分析对目标客户分层画像、精准定位，形成大数据客户分析报告。

贷前工作如图 15-1 所示。

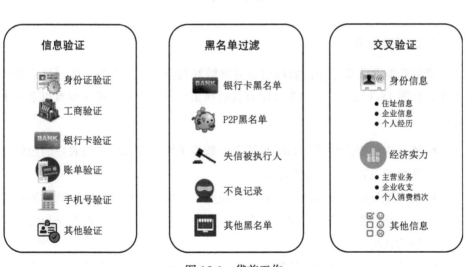

图 15-1 贷前工作

2. 贷中一评估

在贷中环节，基于农企、农户的各维度数据（如行业数据、企业数据、财务数据、公共数据等）构建信用评估模型，从身份特征、经营能力、偿债能力、稳定程度以及违约风险等维度对客户进行评估，并根据不同信用度划分信用等级。银行基于不同客户的信用等级对授信额度与风险定价进行决策，如图15-2所示。

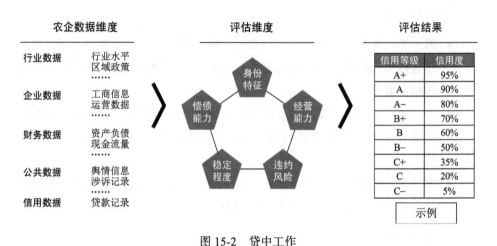

图15-2 贷中工作

3. 贷后双监测

贷后双监测主要是指涉农授信业务要做好农企与农户两类主体的贷后管理工作，如图15-3所示。国内先进银行贷后所采取的数字化手段主要有以下3个方面。

- 通过常规贷后监控与GIS相结合的监控手段，完成农企与农户的经营变化分析及客户还款能力评价。
- 使用卫星遥感技术结合农业风控模型，评估农户种植作物类别、种植经营面积、作物长势、受灾损失、收入情况，全面实时掌握农企与农户的经营状况。
- 借助县域养殖业数字管控平台，根据大规模养殖业的生产经营特点，以"科技监管+经营分析+动态估值+风险预警+电商数据"为核心，实施有效监控。

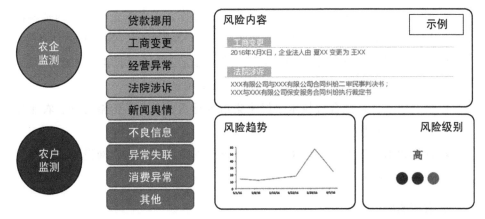

图 15-3 贷后工作

15.3.3 "三农"数据采集

发展数字农业需要农业大数据支撑，更需要银行等金融机构的大力支持。银行要提升数字化风控能力，与政府、第三方机构合作，一起制定农户信用信息采集标准，用多种方式广泛获取农业领域相关大数据，建立经济主体信用信息大数据平台，形成农户信用信息共享机制，进而为农企和农户提供金融支持。

1. "三农"数据的类型

- 农企数据：企业基本信息、企业经营数据、上下游供应链、企业规模、主营产品、行业排名、银行授信、信贷记录、还款记录等。
- 农户数据：家庭信息、种养殖信息、消费数据、家庭成员负债情况等。
- 农业行业统计数据：农林牧副渔相关行业历年生产指标、销售指标、分地区生产指标等。
- 农村统计数据：农村经济发展数据、生产条件数据、农机具数据、农村土地供应数据等。
- 农产品数据：产地、特点、价格、溯源信息等。

2. 数据采集的途径

- 农业产业链：与全国或区域性农业核心企业合作，采集核心企业与上下游企业、农户之间的交易信息以及电商数据等。

- 第三方数据：与专业的第三方数据机构合作，采集农企与农户的基本信息及金融信息，如企业社保缴纳信息、农户消费信息、银行贷款信息等。
- 政府数据：与当地政府部门合作，采集农企与农户的水电燃气缴纳信息、企业纳税信息、农村土地流转信息、土壤信息等。
- 公开信息：采用合规技术手段采集市场行情、农产品价格变动、农业热点等信息和数据。
- 其他数据：例如自动化采集的卫星遥感影像数据、物联网设备数据与农业气象数据等。

3. 数据的加工应用

将采集到的"三农"数据信息，经过格式化、脱敏、同步、清洗以及隐私处理等环节，归集于农业大数据库。农业大数据库应至少包括农业行业信息库、农业企业档案库与农户档案库等子库。

对来自卫星遥感及物联网的数据，结合农业统计信息、农业资源数据、农业气象数据等进行时空融合处理，构建农业相关的遥感监测预测模型；评估农户种植作物类别（粮食种植安全）、种植经营面积、作物长势、受灾损失、收入预测，实时、全面地体现农户的经营状况；将农户实际种植的作物类型、产量、长势、墒情等数据应用于贷前和贷中模型，实现线上授信、动态监测违约风险。

15.3.4 "三农"数据分析

完成涉农数据要素集聚，释放"三农"数据价值，加速"三农"数据资产的充分利用，改善涉农金融服务供需矛盾，推动农业产业升级和经济增长，是乡村振兴战略在农村数字普惠金融建设中的具体体现。

银行可借助以下模型及工具对"三农"数据进行分析与应用。

- 农村集体资质评估模型。基于农村三资、清产核资、产改、预警、合同、产权流转等数据，运用数理统计方法和大数据技术建立农村集体资质评估模型，可协助银行筛选优质信用村，再利用农户资质评估模型筛选出优质信用农户进行授信。
- 农户资质评估模型。基于农村土地承包经营权确权登记、永久基本农田划定、耕地质量调查监测、两区（指粮食生产功能区与重要农产品生产保护区）划定、农用地备案等数据，形成权属、面积、空间分布、质量、种植类型等大数据，建立农户资质评估模型。
- "三农"金融服务指标库。以农业农村信息化经验和大量的农村土地承包经营权、两区划定、宅基地、产改数据等数据信息为基础，借助大数据处理与模型构建能力，搭建"三农"金融服务指标库，建立并完善数据中台，实现"数据＋模型＋系统"一体化。

15.4 整村授信数字化

传统整村授信业务插上数字化翅膀，可以以极低的成本实现农村客户精准授信，摆脱对人的依赖，使银行授信决策更加精准及时，避免道德风险，同时极大地精简流程，提高工作效率。

15.4.1 整村授信数字化破解两大难题

传统整村授信业务发展到今天，存在两大难以解决的问题：一是风险评估完全靠人；二是成本高但效率低。因此，基于成熟的数字化涉农授信风控模型，将现场采集的客观信息与互联网大数据相结合，银行可以实现对农村客户批量化、自动化授信，并进一步提高整村授信业务风控的精准度，成功破解两大难题。

1. 风险评估完全靠人

对农户风险评估完全依赖人，主观性过强，会导致评价不客观，信息不准确，存在极大的道德风险，也使得银行资产质量面临较大的风险隐患，主要表现在以下两个方面。

- 依赖"村贤"，即银行与村两委[一]一起选出的参与村民信用风险评议人员。"村贤"生于斯长于斯，关系网络复杂，道德风险难以避免。

[一] 村两委就是村中国共产党支部委员会和村民自治委员会的简称，习惯上前者简称村支部，后者简称村委会。

- 依赖"客户经理"。"村贤"是银行客户经理根据现场调研与摸底选拔出来的,客户经理沟通能力与认知水平的差异会导致"村贤"选拔不当,从而引起风险评估偏差。

2. 成本高但效率低

传统的整村授信需要银行动员基层行政力量,特别是获得村两委的支持,方可在客户经理大范围上门采集农户的基本信息后,交由"村贤"采取"背对背"方式进行风险评议。银行在此基础上对评议结果进行审核,最终确定每户授信额度。整个过程耗时、费力、环节多,一个三四百户的中型村庄至少需要一个月或更长时间才能完成。银行需要组建庞大的客户经理队伍,造成的后果是投入成本很高,但效率极低,且授信规模增长有限。

15.4.2 整村授信数字化实现 3 项收益

银行借助金融科技手段建设整村授信管理平台,实现整村授信数字化,可以取得以下 3 项收益。

1. 降低运营成本

全程无纸化信息数据采集可帮助银行节约大量人力、物力。在乡镇及村组两级机构的支持下,客户经理可将下户采集的农户信息,如所属网点、所属村组、户名与身份证信息、联系方式等重要数据,通过小程序端及时录入整村授信管理平台,并将入户调查照片、实时定位信息等上传至平台。

2. 提升实施效率

开展线上农户批量授信评级可帮助银行大幅提高工作效率。在客户经理完成信息采集之后,整村授信管理平台可根据综合信息实时、批量完成农户信用评级工作。评级完成后,小程序端可自动将定位信息显示在地图上,同时将客户的评级结果按不同颜色进行分类。

3. 提高管理质量

实时统计整村授信数据可帮助银行有效提高管理水平。在批量完成整村授信业务之后，银行各级管理者通过可视化智慧大屏即可全面了解整村授信业务的覆盖及推进情况，实时掌握客户经理入户信息、授信情况以及指标完成情况等工作动态，员工绩效直观可见，银行管理效能得到大幅提升。

15.4.3　整村授信数字化实施 5 个步骤

整村授信数字化技术是传统授信的变革性升级，在帮助银行降本、提质、增效等方面发挥了极大作用。整村授信数字化的步骤如图 15-4 所示。

图 15-4　整村授信数字化

第一步，信用村筛选。基于全方位的"三农"数据和政务数据，根据银行业务需求与风险偏好，在众多候选村中筛选出符合标准的信用村。

第二步，农户筛选。银行以行政村为单位，通过合规采集的政务数据、"三农"数据以及其他第三方数据综合判定，制定白名单策略，筛选出符合标准的农户。

第三步，营销宣传。银行制定推广营销方案，在村两委的配合下，通过 App、短信、公众号、门户网站、村委广播、横幅、海报、彩车等方式全面宣传推广银行信贷业务。

第四步，前端辅助平台。银行联合村两委开展农户乡风文明评议工作，综合调查农户品行，通过微信小程序等前端展业工具引导农户自助申请、提交资料。

第五步，风控赋能。银行借助遥感信息、"三农"数据、第三方数据等，结合"三农"业务特点，构建涉农授信数字化风控体系，实现实时信贷审查和智能风险预警，为整村授信业务赋能。

15.5 本章小结

本章从分析农村普惠金融面临的四大困境入手，介绍了当乡村振兴遇上金融科技之后，农村数字普惠金融应如何做好数字化风控，特别是"三农"数字征信与"三农"数字风控工作，最后通过案例介绍了整村授信数字化的做法，加深读者对农村数字普惠金融的直观了解。

第 16 章
信贷资金流向监控

信贷资金流向监控一直以来都是银行业监管的重点。近年来，监管部门屡次发文，要求银行业金融机构加强贷款用途管控，严禁信贷资金流入房市、股市、债市、期市，严禁信贷资金用于购买银行理财、信托计划，严禁信贷资金用于民间借贷、P2P 等。

银行在为小微普惠客户创造便利资金使用环境的同时，也要积极防控贷款挪用风险。锁定重点关注的客户，根据其交易行为的特征数据，结合具体业务场景的分析，应用金融科技手段，加强信贷资金用途监控，预警信贷资金流向，是银行必须掌握的数字化风控技能。

16.1 传统监控无效的三大原因

信贷资金流向监控落实工作迫在眉睫。由于传统银行针对信贷资金用途的监控手段较为有限，因此普遍存在贷款挪用、回流等违规行为，其中原因主要有以下 3 点。

1）违规行为具有隐蔽性、欺骗性。按监管部门要求，信贷资金有两种划转方式。一种是自主支付。如银行往往会因为小微普惠贷款金额相对较低而采取此种方式发放贷款，此时就会有一些客户在贷前阶段包装客户或伪造信息，并在贷后组织多次、多人转账。另一种是受托支付。贷款不直接发放到申请人账户，而是由银行根据借款人的提款申请和支付委托将贷款资金支付给符合合同约定用途的借款人交易对象，目的是减小贷款被挪用的风险。但是在实际操作中，申请人的交易对象也可以帮助客户规避银行资金监测，导致银行难以闭环监测资金流向。

2）银行识别信贷资金流向的方式单一且效率低。因为受托支付的本意是为了规避贷款挪用风险，所以绝大部分银行会通过受托支付和约定资金用途的方式来约束借款人的贷款资金流向，但是也仅限于这种单一的方式。实际工作中，传统银行一般依靠人工来核查贷款借据、合同和档案资料等，贷后经理或风险经理要定期或不定期实地下户，通过查账的方式检查借款人的借款用途和担保情况，耗费时间长，效率也不高。

3）银行IT系统已有的数据孤岛或技术缺陷。银行IT系统的"烟囱"林立与数据孤岛已经成为制约银行数字化转型的一大痼疾，行内各个系统之间的数据无法有效打通，也使得信贷资金流向的核查工作无法有效协同。近年来，银行贷款业务的迅猛发展导致业务数据急剧膨胀，传统IT一般构建多层泛关联关系，并以此为基础实现深度链接的信息洞察，但仍存在固有的技术缺陷，难以有效挖掘多维复杂关系并进行可视化展示。

16.2 现金流核查的三大难点

对信贷资金进行预警监控，最重要的是根据企业现金流进行核查追踪。企业流水数据的复杂性导致银行无法依靠传统方式实现100%流水普查，也无从兼顾核查深度、广度与效率。银行对企业进行现金流核查的难点如下。

1. 全面持续监测难

一方面，银行难以做到对信贷资金的持续性监控，借款人在第一次使用银行贷款时往往都可以做到合规支付，相关的合同、发票、物流乃至实物都能够佐证，但是在第一轮回款之后或者在贷款期限内经过多轮周转之后，借款人很有可能将销售回款挪用于房市或股市，此时银行往往做不到及时监控。

另一方面，银行对跨行资金进行监测的难度大，银行的会计系统只能监控信贷资金的第一笔走向，资金一旦转入他行，一般银行是无法对跨行资金进行有效监测的。特别是一些中小银行，自身结算网络不发达，只负责发放贷款而不做结算管理，很难掌握借款人的支付信息，更遑论进一步掌握借款人交易对象的结算信息。

2. 资金需求估算难

如果银行对借款人所处行业不了解，对行业周期、季节性因素等信息掌握不全面，就无法准确估算借款人的资金需求。如何判断借款人申请贷款的真实目的，是生产所需必购原材料，还是以采购原材料为幌子融资而实际另有所图，也是银行必须认真考虑的关键问题。

另外，从银行的具体操作上讲，准确测算中小企业的贷款额度也很困难。大部分中小企业的财务制度不健全，核算不规范，测算依据不足，即使借助非财务因素测算，如水电费缴纳情况、纳税情况等，银行也难以给出具体额度。更有甚者，如果按照公式计算，企业就没有资金缺口，还会有部分银行人为调整参数以达到目的，这么做显然失去了额度测算的意义。

3. 市场竞争压力大

银行之间的竞争越来越激烈，特别是随着数字化转型进程的加快，大中型银行相对于区域性银行的优势越发明显。一些银行迫于生存压力，为争取优质客户而放弃了信贷资金监控，特别是面对一些资金集中管理调度的集团企业客户时，银行处于弱势地位，对资金支付的真实性难以把握。

一些银行明知贷款用途不合规，为了完成经营指标并且逃避监管，在尽职调查报告中模糊描述借款用途，隐瞒真实资金去向。更严重的，为了维系客户，极个别银行的工作人员还会主动帮助客户编造资金用途，导致信贷资金一旦发放出去就被挪用于股市、房市、债市等高风险领域。

16.3 监管要求与处罚案例

按由近及远的时间顺序，简单梳理一下有关信贷资金流向监控的监管脉络。

- 2021 年 3 月 26 日，银保监会、中华人民共和国住房和城乡建设部和人民银行联合发布《关于防止经营用途贷款违规流入房地产领域的通知》，提出了 9 项防止经营贷流入房市的具体要求，涵盖从银行业金融机构的贷前资质审核、贷中贷后管理到监管核查的多项措施。

- 2020 年 7 月，银保监会发布《商业银行互联网贷款管理暂行办法》。第二十四条"资金用途"指明，商业银行应当与借款人约定明确、合法的贷款用途。贷款资金不得用于以下事项：购房及偿还住房抵押贷款；股票、债券、期货、金融衍生产品和资产管理产品等投资；固定资产、股本权益性投资；法律法规禁止的其他用途。

- 2020 年 1 月，银保监会发布《关于推动银行业和保险业高质量发展的指导意见（银保监发〔2019〕52 号）》，指出应加强重点领域风险防控，银行保险机构要落实"房住不炒"的定位，严格执行房地产金融监管要求，防止资金违规流入房地产市场，抑制居民杠杆率过快增长，推动房地产市场健康稳定发展。

- 2019 年 9 月，中国银保监会浙江监管局办公室发布《关于进一步规范个人消费贷款有关问题的通知》（浙银保监办发〔2019〕213 号），银行机构要按照"金额越大、管控越严"的原则建立差异化贷后用途管控机制。对于在他行已有 3 家及以上消费贷款授信（用信）的须审慎介入，确有真实、合理消费需求的须实行更为严格的用途核实、支付管理和资金跟踪措施。

- 2019 年 8 月，银保监会办公厅发布《中国银保监会办公厅关于开展 2019 年银行机构房地产业务专项检查的通知》（银保监办便函〔2019〕1157 号），进一步推进银行机构贯彻落实房地产调控政策和监管规定，严厉查处各种将资金通过挪用、转道等方式流入房地产行业的违法违规行为，高度警惕房地产泡沫化、金融化，着力推动落实房地产长效管理机制，不断促进房地产市场健康有序地发展。

- 2019 年 1 月，银保监会发布《银行业金融机构反洗钱和反恐怖融资管理办法》（〔2019〕1 号令）。文件要求，银行业金融机构应当建立健全洗钱和恐怖融资风险管理体系,确保洗钱和恐怖融资风险管理体系能够全面覆盖各项产品及服务,有效履行客户身份识别、客户身份资料和交易记录保存。银行业金融机构应当建立健全和履行大额交易和可疑交易报告等各项反洗钱和反恐怖融资义务。

近年来,很多银行都因各种违规问题收到监管罚单,从被罚原因来看,贷款实际用途管控不严格、违反房地产行业政策导致信贷资金入市、授信业务违规、贷款风险分类不准确、影子银行、违规担保、内控管理缺失等问题是监管重点。

2022年1月6日,银保监会官网更新行政处罚,光大银行×市分行被罚210万元。该行主要违法违规事实如下:地产开发贷款被挪用于归还股东借款,实际置换前期投入的土地款;未按流动资金需求测算结果发放融资款;贷款调查未尽职,导致贷款资金回流挪用;票据业务管理不到位。处罚文书如图16-1所示。

×市银保监局行政处罚信息公开表2022-2		
行政处罚决定书文号		×银保监罚决字〔2021〕46号
被处罚当事人姓名或名称	个人姓名	林×红、姚×刚、王×星、朱×峰
	单位 名称	光大银行×市分行
	法定代表人(主要负责人)姓名	陈×
主要违法违规事实(案由)		地产开发贷款被挪用于归还股东借款,实际置换前期投入的土地款;未按流动资金需求测算结果发放融资款;贷款调查未尽职,导致贷款资金回流挪用;票据业务管理不到位
行政处罚依据		《中华人民共和国银行业监督管理法》第四十六条、第四十八条
行政处罚决定		(一)对光大银行×市分行处以罚款二百一十万元; (二)对林×红、姚×钢、王×星、朱×峰给予警告。
做出处罚决定的机关名称		中国银保监会×市监管局
做出处罚决定的日期		2021年12月28日

图16-1 监管处罚文书示例

16.4 智能监控与预警

使用传统方式监控信贷资金用途，既无法满足监管机构的监管要求，也无法做好银行自身的风险管理。因此，采用数字化方式对信贷资金流向进行智能监控与预警是银行的必然选择。

1. 监控目标

（1）对借款人的监控

- 通过智能方式实时监控借款人资金流向和异常交易信息，及时向银行相关岗位人员进行风险预警或提示潜在机会。
- 有针对性地深层次监控，及时发现违规、信用异常等行为，协助风险管理部门做好贷后管理工作。

（2）对重点人群的监控

- 提供监控人群的关键信息，如银行卡、监控时长、三要素（姓名、身份证号、银行卡号）等。
- 每天监控客户的交易行为，及时告知金融机构，做好风险预警工作。

2. 预警内容

（1）智能预警

- 贷款后客户发生跨行交易时，根据监控指标判断交易是否异常，并及时预警。
- 对比同一监控任务不同时间维度的预警结果，告知借款人异常交易的走势。
- 监控中的预警数据用于贷后借款人分析。
- 根据预警信息获取异常交易的资金用途、资金分档、交易时间，方便进行贷后管理。

（2）四类预警指标

银行持续监控借款账户贷后风险水平和信贷需求，以满足监管要求，可以基于交易数据结合用户行为、征信等数据进行多维度验证，在信贷资金流向的监控与预警上采用以下预警指标，如表16-1所示。

表 16-1 信贷资金流向监控预警指标

监控维度	预警指标	预警编码	预警频率	监控效果
资金流向	房地产商	C0101	日度	借贷账户在房地产商户上有交易的情况下通知客户
	房地产经纪中心	C0102	日度	借贷账户在房地产经纪中心有交易的情况下通知客户
	房产税、契税	C0103	日度	借款账户在有房产税、契税交易的情况下通知客户
	投资机构	C0201	日度	借款账户在证券投资相关类商户上有交易的情况下通知客户
	资产管理机构	C0202	日度	借款账户在资产管理机构类商户上有交易的情况下通知客户
	信托、基金	C0203	日度	借款账户在信托、基金类商户上有交易的情况下通知客户
评分异动	逾期风险	S010	月度	借贷账户存在未来逾期风险概率高的情况下通知客户
	套现概率	S020	月度	借贷账户存在套现概率高的情况下通知客户
交易异常	扣款失败	R010	日度	借贷账户在近期交易中发生扣款失败的情况下通知客户
	查询余额	R020	日度	借贷账户在近期查询卡余额行为异常的情况下通知客户
	大额交易	R030	日度	借贷账户在近期有大额资金流动的情况下通知客户
	凌晨交易	R040	日度	借贷账户在近期有大量不正常凌晨交易的情况下通知客户
	异地交易	R050	日度	借贷账户在短期内交易地点存在不稳定的情况下通知客户
	账户服务	R060	日度	借贷账户在近期存在较多账户服务的情况下通知客户
多头借贷	多头借贷	M010	日度	借贷账户在其他平台新增申请或还款的行为时通知客户

（3）智能资金流向监控及效果

银行对客户进行风险动态监控，包括资金流向、风险变化、异常交易行为等，有异常时系统自动预警，贷后管理人员可快速响应，开展排查、跟进、催收工作，如表 16-2 所示。

表 16-2 智能预警监控表

序号	姓名	手机号	身份证号	银行卡号	监控起始日	监控终止日	预警日期	预警编码	金额分档
1	f25afe****	5912c1****	6fc9ed*********	3bb52b*********	20200324	20200625	20200610	R030	2
2	b0ff8b****	850a35****	93b4a5*********	9a856c*********	20200324	20200625	20200610	S010|M010|S010	
3	4bb890****	850a35****	5c124e*********	6b43f9*********	20200324	20200625	20200610	C0201	3
4	c61dec****	a95831****	0c7a44*********	4fda2c*********	20200324	20200625	20200610	M010	5

注：资金流向金额分档：1 为（0，10 000］；2 为（10 000，30 000］；3 为（30 000，50 000］；4 为（50 000，100 000］；5 为（100 000，200 000］；6 为（200 000，+∞）。

3. 智能预警监控平台

银行搭建信贷资金流向智能预警监控平台，需要满足监控任务可视化、操作简单便捷、预警数据支持回溯下载以及可以云端或本地化部署等条件，如图 16-2 所示。

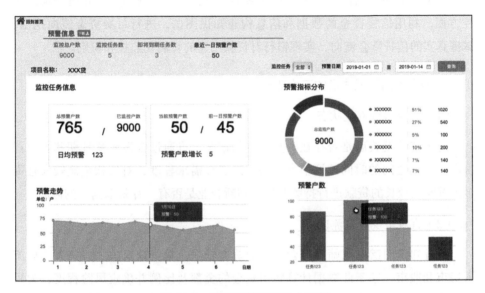

图 16-2　智能预警监控平台示例

智能预警监控平台具有以下特点。

- 监控周期灵活：监控周期可根据需要自主调整，全周期观测借款账户，在最佳时机捕捉信用风险。
- 自动化省心省力：全自动化风险扫描，每日定时稳步更新，及时反馈借款人资金变动的情况。
- 维度多、指标全：预警指标多样化，监控维度广，数据支持回溯且支持金额分档。
- 信息可视化：监控结果可视化直观展现，预警数据可以下载至本地进行进一步分析。

16.5 资金流向知识图谱

知识图谱是构建大规模关系和基于图进行知识发现的有效工具,以知识关联为基础的知识图谱能够多角度、多层次刻画事物关联的事实情况与规律。

资金流向知识图谱是金融科技在数字化风控上的直接应用。在资金流向监控方面,利用信贷资金的数据和信息构建知识图谱,进行可疑资金流向挖掘,掌握真实的信贷资金流向,实现银行对贷款用途的智能化监控和识别。

1. 资金流向知识图谱的三大功能

(1) 监控信贷资金状态

对于贷款发放后是否存在资金闲置的情况,可通过银行放款日期和客户首次动账日期之间的时间差评估客户的实际资金需求程度,对贷款金额较大且资金闲置时间较长的贷款进行持续监控,判断企业是否有"存贷双高"的倾向。

(2) 直观呈现资金流向

通过知识图谱重点筛查经营类、消费类贷款,看贷款发放之后是否违规流入房市和股市,基于此数据计算转出资金的金额及比例并确定风险程度,为后续风险排查提供充分依据。如有受托支付对象将信贷资金转回借款人的行为,表明贷款可能被挪用。

(3) 监测冒名贷款行为

如果借款人非实际用款人,或者实际用款人不符合银行贷款准入条件,无法直接申请贷款,就有可能出现冒名贷款的问题。对于银行而言,要重点筛查以下三类问题贷款。

- 担保客户借名贷款:主要筛查具有担保关系的借款人和担保方之间是否存在信贷资金全额转入担保方账户的行为。
- 受托支付借名贷款:主要筛查受托支付对象是否成立时间过短,是否是空头公司,是否通过虚假受托支付将信贷资金转移到其关联账户。
- 借款人与还款人不一致:在实际业务中,由于信用、资质等问题,借款人可能会以亲友的名义向银行申请贷款,导致借款人与还款人不一致。

2. 构建资金流向知识图谱的四大步骤

知识图谱的基本单位是"实体（Entity）- 关系（Relationship）- 实体（Entity）"构成的三元组，也是知识图谱的核心。若两个节点之间存在关系，它们就会被一条无向边连接在一起，那么这两个节点就称为实体，它们之间的这条边称为关系。在逻辑上，通常将知识图谱划分为两个层次：数据层和模式层。

将资金流向数据融合到知识图谱的构建过程一般要经过知识抽取、知识融合、知识加工与知识更新。

（1）知识抽取

知识抽取是指从不同来源、不同结构的数据中进行知识提取，将形成的知识（结构化数据）存入知识图谱。抽取后的信息以三元组的形式（客户/账户，关系，客户/账户）（客户/账户，属性，属性值）保存在数据组中，形成银行信贷资金流向关系网络中的知识关联。

- 结构化数据：简单来说就是数据库，以二维表形式呈现。结合典型场景会更容易理解，比如企业 ERP（Enterprise Resource Planning，企业资源计划）系统、财务系统、医疗 HIS（Hospital Information System，医院信息系统）数据库、教育一卡通、政府行政审批等。在银行信息系统中，核心系统、CRM（Customer Relationship Management，客户关系管理）系统、ECIF（Enterprise Customer Information Facility，企业级客户信息整合）系统等的数据一般为结构化数据。
- 半结构化数据：更具动态性和灵活性，以树形或图的形式呈现，如银行调用外部服务器返回的数据（XML、HTML、JSON 等格式）。
- 非结构化数据：具有不规则或不完整的数据结构，不方便用数据库来表现，包括图像、音频、视频、银行的企业财务报表等。

（2）知识融合

知识融合即合并两个知识图谱，将多个来源的关于同一个实体或概念的描述信息融合，如信贷资金流向监控会涉及客户与账户两个知识图谱的合并。在不同文献中，知识融合有不同的叫法，如本体对齐、本体匹配、实体对齐等，但它们的本质是一样的。

（3）知识加工

通过知识抽取和知识融合得到的是碎片化的事实，这些事实本身并不等于知识，想将这些碎片化的事实转化为网络化、结构化的专业知识并构建专业知识体系，就要经历知识加工的过程。在银行信贷资金流向知识图谱中，交易关系是客户之间最普遍的联系方式。知识加工即对账户之间的转账关系和客户、账户的关联关系进行分析，进而推断客户之间存在的隐性关系，识别银行信贷资金挪用风险。

（4）知识更新

知识更新是指对知识图谱进行更新的过程。知识图谱可分为静态和动态两种类型。静态知识图谱是指仅依赖现存数据构建的图谱，动态知识图谱是根据知识更新的动态数据构建的图谱。

静态知识图谱反映时点数据上银行信贷资金流向网络的情况，相较于动态知识图谱具有一定的局限性和时滞性。动态知识图谱实现了银行贷款客户资金交易情况的动态呈现，实时反映银行资金流向，让信贷资金流向监测具有时效性和前瞻性。

3. 资金流向知识图谱解决七大问题

在信贷资金流向监控上，银行可借助资金流向知识图谱解决以下问题。

- 客户资金闲置：贷款发放后，企业在较长时间内没有动用，如首次动账时间超过3个月，则有可能存在企业将资金挪用至非指定用途的情况。
- 贷款用途异常：一般是指经营性贷款并未投入正常生产经营活动中，也没有进行扩大再生产，包括非按揭贷款或二手房类贷款资金流入房市等情况。
- 受托支付对象公司成立时间过短：例如公司成立时间短于2个月。出现此类情况的原因大概率是借款人为逃避银行资金监管而新设立公司，资金被转移挪用的可能性极大。
- 借款人的还款账户非本人名下：此种情况出现往往意味着信贷资金并非

借款人自己使用，而是将资金转借他人。
- 借款人将贷款资金转移至亲属名下：与上一种情况类似，也说明信贷资金可能被挪用。
- 受托支付方冒名贷款：此种情况说明真实用款人因不符合贷款条件无法向银行申请贷款，所以套用受托支付方信用冒名贷款，银行信贷资金的安全性堪忧。
- 存在担保关联因素：借款人将贷款资金转至担保方账户或与交易对手存在担保关系。这两种情况往往说明借款人并非实际用款人，信贷资金极有可能被挪用。

16.6 本章小结

信贷资金流向监控是小微普惠金融风控的一大难点，也是一大痛点，既是监管部门重点关注的领域，也是银行做好风控工作的关键。传统风险管理方式无法有效解决这一问题，银行必须依靠数字化风控方式。本章介绍的智能监控预警平台与资金流向知识图谱技术，可以协助银行做好信贷资金流向监控。